Zu diesem Buch

Zurück in die Türkei! Das ist drohende Aufforderung an die lästigen Fremden, deren Arbeitskraft zur Zeit entbehrlich scheint. Zurück in die Türkei! Das ist auch Wunschziel unzähliger Familien, die sich bei uns unbehaglich fühlen, die in der harten Plackerei nur einen Sinn sehen, wenn sie dafür schließlich in der Heimat ein besseres Leben führen können. Die konkreten Umstände und Folgen einer solchen Rückkehr beschreibt eine Münchner Lehrerin, die mit ihrem türkischen Ehemann und ihren beiden Söhnen in eine Kleinstadt in Thrakien übersiedelt. Sie schildert den Schock der Armut, die enttäuschten Hoffnungen, die Beschränkungen des traditionellen Frauenlebens. Sie erklärt die Rätsel der verschlungenen Familienbeziehungen und die ungeschriebenen Gesetze, die die Nachbarschaft regeln. Aus Tagebuchaufzeichnungen und Briefen entsteht ein Alltagsbild des Morgenlandes, eine sehr persönliche Darstellung von Auswanderung und Eingliederung in eine fremde Welt.

Barbara Yurtdaş, Jahrgang 37, studierte Germanistik und Slawistik, arbeitete fünfundzwanzig Jahre lang als Lehrerin an verschiedenen Münchner Gymnasien, lebt heute zwischen München und Istanbul. Veröffentlichungen u. a.: Als Fortsetzung dieses Buches Wo *auch ich zu Hause bin. Eine türkisch-deutsche Familiengeschichte,* München 1994; *Gebrauchsanweisung für die Türkei,* München 1989; *Wenn Frauen reisen. Erzählungen aus der Türkei,* München 1995; *Herzraster, Gedichte für Frauen,* Hamburg 2000; *Im Bachbett des Schmerzes, Gedichte,* Hamburg 2002.

Barbara Yurtdaş

Wo mein Mann zuhause ist ...

Tagebuch einer Übersiedlung in die Türkei

Dieses Buch erschien erstmals 1983 im Rowohlt Taschenbuch Verlag, Reinbek

Der Allitera Verlag ist ein BoD™-Verlag der Buch & medi@ GmbH, München. Dieser Verlag publiziert ausschließlich Books on Demand in Zusammenarbeit mit der Books on Demand GmbH, Norderstedt, und dem Hamburger Buchgrossisten Libri. Die Bücher werden elektronisch gespeichert und auf Bestellung gedruckt, deshalb sind sie nie vergriffen. Books on Demand sind über den klassischen Buchhandel und Internet-Buchhandlungen zu beziehen.

Weitere Informationen über den Verlag und sein Programm unter:
www.allitera.de

April 2002
Allitera Verlag
Ein BoD™-Verlag der Buch & medi@ GmbH, München
© 2002 Barbara Yurtdaş
Umschlaggestaltung: Kay Fretwurst, Spreeau
Herstellung: Books on Demand GmbH, Norderstedt
Printed in Germany · ISBN 3-935877-36-6

Inhalt

I Ein Herbst der Enttäuschung 11

II Im Winter gehen die Augen auf 50

III Frühling – Zeit der Krise 86

IV Ein Sommer zwischen Anpassung und Widerstand 111

V Der zweite Herbst: Wurzeln schlagen 144

Im Jahre 1981 entschloß sich die Familie Bulut, in die Türkei zurückzukehren. Eine Rückkehr im eigentlichen Sinne war es allerdings nur für Ahmed Bulut, einen türkischen Fernmeldetechniker, 45 Jahre alt, der, mit kurzen Unterbrechungen, seit 1963 in Deutschland studiert und gearbeitet hatte. Frau Irmgard Bulut war Deutsche, die Kinder, Ayhan (6 Jahre alt) und Mesut (3) waren in München geboren. In den zehn Jahren ihrer Ehe hatten die Buluts für ein besseres Leben in der Türkei 120 000 DM gespart und davon zwanzig Baugrundstücke am Stadtrand von Izmir und ein Ferienhaus in einem Urlaubsort an der Ägäis gekauft. Zusammen mit der Rente, die Herr Bulut nach türkischem Recht schon jetzt beantragen konnte, schien eine finanziell gesicherte Zukunft garantiert.

Ahmed Bulut fuhr im April 81 voraus, um bei Izmir für die Familie Quartier zu machen. Seine Frau war als Lehrerin verpflichtet, bis zum Ende des Schuljahres Unterricht zu halten. Gute Freunde halfen ihr bei der Auflösung des Haushalts und beim Packen. Und am 31. August war es dann soweit: Sie flog mit den Kindern in die Türkei.

Angstkäufe – Schuhkäufe: mein fünftes Paar Schuhe in diesem Sommer vor der Abreise. Silbernes Eidechsenleder. Feinsliebchen, du sollst mir nicht barfuß gehn, in deutschen Schuhen sicher stehn. In der Türkei haben die Frauen breitere Füße; alle Schuhe sind mir dort zu weit.

Komm, wir ziehen ins Merhabaland,
Sonnensüßfrüchteland, Traumland, Morgenland.
Das Mutterwortbüchlein in Gegensprache
heimlich tief unten im Koffer verstecken.
Die Wurzeln, die Nabelschnüre nicht abschneiden
mit den stumpf gewordenen Kinderscheren.

Verführ mich, Kismet, ins Merhabaland,
Tausendundeins-Wunder-Verwandlungsland.
Den steckengebliebenen Schmetterling
endlich aus der Puppe meines alten Elends herausbohren.

Einheimisch sein im Merhabaland.
Das Märchen vom Pascha im Kaffeehaus nicht weiterspinnen.
Unter Goldschmuck und Häkelspitzenkopftuch
euer schmerzgekeltertes Lächeln erwidern,
Frauen von Merhabaland.

Dann doch nicht gehaltene Rede an eine Kollegin

Sehr geehrte Frau Muck!

Sie haben mich gestern gefragt, weshalb es denn unbedingt sein muß, daß ich »unser geliebtes Deutschland verlasse und mich einer ungewissen Zukunft ausliefere, noch dazu in einem Entwicklungsland wie der Türkei«.

Die größte Freude könnte ich Ihnen sicher mit der Antwort machen, daß ich meinem Mann folge. Dann könnten Sie mich verachten wegen meiner Hörigkeit, sich schon auf die Katastrophe freuen und – mich verstehen. Aber es ist nicht so. Der Wahrheit näher kommt, daß ich alles satt habe, die deutsche Leistungsschule, die deutsche Überheblichkeit, die deutsche Vorsichtspolitik, das deutsche Fernsehprogramm, die deutsche Hundehaltung ...»Wie pauschal und ungerecht ist dieses Urteil‹, höre ich Sie da sagen. Ja, satt haben darf man gar nichts, aber täglich jammern, muffig sein, sich mit Kopfweh in die Arbeit schleppen oder alle paar Wochen eine Krankheit brauchen, damit man sich ins Bett verkriechen darf. Nur grundsätzlich nicht mehr mitmachen wollen darf man nicht.

Jedoch: Protest, so berechtigt er wäre, treibt mich letztlich nicht, sondern Neugier, eben und gerade auf die »ungewisse Zukunft«, die Sie so gefährlich finden. Ich will eigentlich nicht heute schon meine Pension vorausberechnen und für die nächsten 20 Jahre Urlaub, Anschaffungen, Küchenzettel, Spazierwege geplant haben.

Da fällt mir auf, daß ich zu Ihnen rede wie zu meiner Mutter, als ich mit 16 aus dem Elternhaus drängte. Dabei glaube ich inzwischen nicht mal mehr an den ganz großen Aufbruch und Neuanfang, weil ich in alle Länder der Erde ja mich selbst mitschleppe, und weil überall die Labyrinthe schon gebaut sind, in die ich bereitwillig kriechen werde. Also wieder Anpassung, Einbindung, Verkleidung, sogar Unterdrückung. Wozu dann das ganze komplizierte Spiel?

Vielleicht muß ich auf diese Weise erfahren, was das Leben ist: ein Abschied, eine Reise, Heimweh nach dem jeweils anderen Land; die Bruderschaft der blauen und braunen Augen; Wehtun und Mißverstehen; ein Leuchten aus der Lumpenhülle ... oder etwas ganz anderes. Wenn ich schon vorher wüßte, was ich erfahren werde, brauchte ich nicht mehr zu leben. Die Antwort an Sie heißt folglich »Ich weiß es nicht« oder »Ich überlasse mich meinem Kismet«.

So verabschiedet sich Ihre I. Bulut

Ein Herbst der Enttäuschung

Erster Brief an die Freundin

S., den 10. September 81

Liebste Martha,

ich bin erst eine gute Woche weg aus Deutschland. Die Zeit erscheint mir aber wesentlich länger, denn es ist so viel geschehen. Noch sehe ich Dein gefaßtes Gesicht auf dem Flughafen beim Abschied – gleich wirst Du weinen. Mir war es damals nicht zum Weinen zumute – der Aufbruch nach Izmir war schön, voller Erwartung. Wir kamen auch gut an und wurden von Ahmed abgeholt. Jetzt stell Dir vor, wir fuhren noch in derselben Nacht (die ganze Nacht durch) nach S., das heißt zurück nach Norden. Da hätten wir lieber gleich Istanbul buchen sollen.

S. kenne ich schon von meinem ersten Aufenthalt in der Türkei vor 10 Jahren und hatte es in grauenhafter Erinnerung. Eine Kleinstadt ohne jeden Reiz, auch ohne schöne Umgebung. Ich hatte Ahmed schon in Deutschland beschworen, nicht etwa mit seinen Brüdern geschäftlich zusammenzuarbeiten – eben um nicht nach S. zu müssen. Wir hatten alles besprochen. Jetzt passiert mir genau das, was so viele Frauen erleben, die mit ihrem ausländischen Mann in dessen Heimat ziehen: Die Familie des Mannes bekommt Macht über alle Entscheidungen, und was die Ehepartner vorher gemeinsam überlegt haben, gilt nicht mehr.

Ein bißchen versuche ich Ahmed zu verstehen in der jetzigen Lage. Er hat ja vier Monate lang versucht, in Izmir Fuß zu fassen. Voraussetzung für alles weitere (Hausbau, Geschäftsgründung oder Kapitalbeteiligung bei einer Firma) wäre der Verkauf unserer Grundstücke gewesen. Doch wegen der neuen Hochzinspolitik der türkischen Regierung will kein Mensch Grundstücke, sondern jeder trägt sein Geld zur Bank, wo es ihm etwa 40 % jährlich einbringt. Alle sagen, das kann nicht mehr lange dauern, bloß, wir müssen inzwischen auch existieren. So hat sich Ahmed entschlossen, doch seine Brüder um Hilfe zu bitten, und das heißt konkret, vorübergehend hier in das leerstehende Haus des ältesten Bruders, der in Istanbul lebt, einzuziehen und abzuwarten, ob die beiden anderen ihn finanziell unterstützen, bis wir weiter können. Die Rentenauszahlung soll nämlich auch erst etwa nach einem Jahr beginnen – so lange dauert die Bearbeitung des Antrags.

Ich habe meine Enttäuschung verschluckt und erst einmal gar nichts gesagt. Statt dessen fauche ich die Kinder oft ohne Grund an und bin grantig zu Ahmed.

Nach einer Woche auf der Besuchsritze sind wir vorgestern in unser eigenes Haus eingezogen. Endlich allein sein, selber kochen können, am Abend in Ruhe lesen. Nun stell Dir vor, das Haus (drei Zimmer, Küche) ist völlig leer bis auf einen riesigen Einbauschrank, der gut riecht. Wir schlafen auf Matratzen am Boden, alle vier nebeneinander – kuschelig. Zum Essen sitzen wir nach alttürkischer Sitte auf dem Boden um ein großes rundes Tablett herum. Anstrengend finde ich das Kochen in der Hocke auf dem Gaskocher – aber die Primitivität hat auch ihren Reiz. So einen Alternativurlaub bucht ja mancher. Und noch scheint die Sonne warm, so daß man im Garten nach einem schattigen Platz sucht. Da ist auch das kalte, düstere Badezimmer kein Problem (ohne Wanne, nur ein Wasserhahn und ein Abfluß im Boden. Den ziemlich verrosteten Badeofen haben wir noch nicht ausprobiert). Wir waschen uns mittags einfach im Garten ab. Die Kinder finden das lustig. Überhaupt die beiden! Sie sind begeistert von den vielen Tieren. Esel, Kühe, Hühner laufen auf der Straße (die Nachbarn sind teilweise Bauern). Mesut hat ein bißchen Angst vor den herumstreunenden Katzen. Die türkischen Kinder rufen immer wieder unsere beiden zum Spielen, das heißt, bis jetzt können sie höchstens miteinander ums Haus rennen oder Sonnenblumenkerne knabbern, viel sprachliche Verständigung gibt es noch nicht. Heute früh hatte Ayhan einen Jammeranfall nach dem Park und seinem Fahrrad, nach Langneseeis und nach Dir. Eine schöne Heimwehmischung. Mir geht es ähnlich. Wenn ich den Brief noch mal durchlese, fällt mir auf, wie ich bemüht bin, Haltung zu bewahren, in allem einen Sinn und Zusammenhang zu sehen und das Unerträgliche zu entschuldigen. Ich habe das Gefühl, es braucht einen nichtigen Anlaß, und ich muß uferlos heulen.

Nimm mich in Deine Arme, tröste mich, schicke mir etwas von Deiner Kraft! Auf Deinen Brief warte ich sehnsüchtig. Dabei ist mir schon bewußt, Du hast jetzt zu Schulbeginn auch eine schwierige Zeit. Und Du stellst Dich wieder tapfer dem Trott, den ich nicht mehr mitmachen muß. Aber geschenkt wird mir das Aussteigen wohl doch nicht.

Ahmed hat versprochen, daß er in nächster Zeit noch einmal nach

Izmir fährt, um dort Arbeit und eine Wohnung zu suchen. Den Winter möchte ich nämlich hier nicht erleben. Es soll so kalt werden wie in Deutschland mit viel Schnee. Na, Schluß jetzt mit dem Jammern! Sobald sich alles ein bißchen normalisiert hat, fange ich an mit den Notizen für die Zeitung. Du kriegst eine Kopie. Behalte mich lieb.
Deine I.

13. September

Als ich Ayhan verbiete, die Katzen anzufassen, die ständig in den Abfalltonnen wühlen, wirft er sich heulend auf sein Bett, weint sich im Schmerz um die schwarzweiße Katze, die er schon auf dem Arm hatte, die ganze Erschütterung der letzten Wochen heraus. Plötzlich ein Blick, als sähe er mich zum erstenmal richtig. Wen sieht er da? Eine todböse Hexe? Die Abschneiderin aller Freuden?
Dann rettet er sich ins Spiel. Ich soll die Katze sein, die so weich ist und schmusig und die ihm allein gehört. Die Waage ist wieder im Gleichgewicht.
Was hat mir meine Mutter angetan, daß die Schale des Hasses überschwer wurde? Seit Jahren ist mir nur Haß eingefallen, wenn ich an sie dachte. Die Erinnerung war wie ausgelöscht davon. Hier nun sehe ich auf einmal Bilder, Situationen aus der Nachkriegszeit – da war sie etwa in dem Alter wie ich jetzt. Sie bringt sich in der damaligen »Ostzone« mit drei Kindern alleine durch, näht nachts Hausschuhe zum Tauschen gegen Lebensmittel, wird von den Russen zum Arbeitseinsatz geholt. Als acht/neunjähriges Mädchen muß ich tagelang auf die kleinen Geschwister aufpassen, für sie kochen. Einmal zerschlägt sie im Zorn den Kochlöffel auf meinem Rücken, weil ich den Topf mit der Kartoffelsuppe umschwappen ließ.
»Ihr Quälgeister, was wollt ihr denn eigentlich noch von mir. Laßt mich lesen, laßt mich doch eine Minute mal in Frieden. Kramt nicht in meiner Schublade. Ach Gott, schon wieder alles dreckig gemacht. Gleich kommt *sie*, und ich bin nicht fertig.«
Meine eigenen Kinder erlebe ich jetzt vorwiegend als Belastung. Wie soll ich es schaffen, die vom Durchfall verkackten Bettlaken zu waschen ohne Waschmaschine, nur im Kessel über offenem Feuer im Garten.»Gretel, hol Wasser und schür das Feuer an ...« Es könnte auch Spaß machen, so ein Waschtag im Grünen. Wasser ist reichlich da, und das Feuer lodert mutig. Aber da ist meine Verzweiflung. Ich bin ein kleines Mädchen, die Mutter ist weggegangen und hat mich sitzenlassen mit dem rußigen Kessel, dem heißen Wasser und den schweren Wäschestücken. Zur Strafe. Dabei ist es auch *ihre* Verzweif-

lung damals; Vater ist untreu; alleine steht man da in der schlimmen Zeit. Und hat man es geschafft und all die Jahre ausgehalten –»für die Kinder« – dann schläft er mit einer anderen. Da bleibt nur noch, sich zu Tode zu saufen.

18. September

»Mama, ich glaube, ich bin eine Fliege, weil ich den Gestank vom Klo so gerne mag.« (Ayhan)
Das türkische Plumpsklo: Es gibt keine Kloschüssel, keine Brille. Man hockt über dem Loch (sozusagen Loch zu Loch). Die Gedärme werden gepreßt, und es läßt sich leichter scheißen, wenn man einmal heraus hat, wie man die Füße auf die Tritte stellt. Fast nie gibt es eine Spülung, im Glücksfall Wasser, mit dem man sich den Po wäscht (noch im Hocken). So ein Klo muß stinken. In den saubersten türkischen Häusern stinkt es. Unser Klo stinkt auch, trotz Putzen und Desinfektionsmitteln. Weil man nichts herunterspülen kann und die Kacke nur langsam in der Röhre versinkt. Dieses Biest von Röhre scheint in unserem Haus besonders eng zu sein, denn die tägliche Kloverstopfung bleibt uns bloß in Durchfallzeiten erspart. Ich bin inzwischen Spezialistin im Stochern, Eimerwassernachgießen (vorsichtig, bloß nicht zu viel auf einmal) und Pumpen mit der Saugglocke.

Die Geschichte vom Großmufti, der am Beginn seines mystischen Weges die Toiletten der Großen Moschee von Bagdad reinigen mußte. Die Nonne in Bölls »Gruppenbild mit Dame«, die die Darmprodukte der Klosterschülerinnen überwacht. Mystik und Scheiße.

Die europäische Toilette gibt es neben der traditionellen türkischen in allen Neubauwohnungen. Sie wird in den seltensten Fällen wirklich benutzt, sondern dient als Sitzgelegenheit, als Ablage für schmutzige Wäsche, als Fußwaschbecken. In einem Hotelzimmer hatten wir einmal sinnigerweise die Dusche genau über der WC-Schüssel.

Unser kleiner Mesut wäre in Deutschland sicher in der Lage, allein aufs Klo zu gehen. Hier kommt er nicht ohne die Mamie zurecht, die ihn festhält über dem Abgrund, in den er zu fallen fürchtet. Ob Klößchen herauskommen, eine geschmeidige Wurst, Breihaufen oder dünne Soße, explodierender Spinat, Schleim ... – und wie das mit den vorher gegessenen Melonen, Mandeln, der Bohnensuppe und dem Zuviel an *börek* zusammenhängt – Mutter und Sohn führen da ihre Klogespräche über das Verhältnis von Input und Output, über die Korrigierbarkeit der Extremwerte.

Ich leistete mir neulich den Luxus, weißes Toilettenpapier zu kaufen, das es nur in der Apotheke gibt. Am nächsten Tag schon belehrte mich meine Schwägerin, ich könnte viel Geld sparen, wenn ich meinen Hintern mit dem blauen Kreppapier vom Krämer abwische. Der Apotheker ist ein guter Freund des älteren Schwagers. Welch interessantes Thema müssen doch die Klogewohnheiten der Deutschen für die beiden Geschäftsleute abgegeben haben.

20. September

Unsere Container (große Holzkisten, die die Deutsche Bundesbahn verleiht) sind in Izmir angekommen. Ahmed ist gestern hingefahren, um entweder die Sachen auf dem Lastwagen hierherzubringen oder unterzustellen, bis wir kommen. Freunde aus Izmir haben telefoniert, Ahmed könnte Geschäftsführer einer Druckerei für religiöse Bücher werden. Welch herrliche Hoffnung!

Im Augenblick genieße ich die Stille der Nacht allein im Haus. Nachdem die Kinder eingeschlafen sind, sitze ich noch lange im Dunkeln und schaue in die Bäume vor dem Fenster. Wenn manchmal ein Auto vorbeifährt, läuft auf der Zimmerwand ein Film ab: Die Schatten der federigen Akazienblätter bewegen sich wie unter einem großen Wind. Palmen am Meeresstrand.

Daß die Sterne hier auch ganz anders funkeln als im Norden, hat Ayhan schon in der ersten Nacht bemerkt. Die Geräusche von draußen sind ungewohnt und ein bißchen erschreckend. Um Mitternacht fuhr ein schwerer Lastwagen den kleinen Weg neben der linken Gartenmauer hinunter. Wohin wohl? Rudel wilder Hunde hört man kläffen, und manchmal quiekt einer. Gegen Morgen krähen die Hähne, und von vielen Moscheen ist der Ezanruf zum Morgengebet zu hören.

22. September

Hatice, meine ältere Schwägerin, war im Traum meine Stiefmutter und Ahmed mein Vater. Sie wollen meine Schreibmaschine aufmachen. Deutlich und bestimmt sage ich:»*Elleme!*« (was soviel heißt wie »Pfoten weg!« und ziemlich unhöflich ist). Angst um meinen letzten Hort.

Für die Zeitung vier kleine Artikelchen »Notizen aus der türkischen Kleinstadt« fertiggestellt. Die Distanzierung tut mir gut, gerade weil ich mich nicht wirklich distanzieren kann. Bei der Reinschrift erscheinen mir die Dinger jedoch seltsam dünn, wie keimfrei gemacht.

»Notizen aus der türkischen Kleinstadt« (1)
Die Kleinstadt

Wer kennt schon S., eine Kleinstadt (30 000 Einwohner) im europäischen Teil der Türkei, 160 km westlich von Istanbul. Hier gibt es keine nennenswerte Industrie – am Stadtrand einige Fabrikchen, die Mehl, Joghurt, Sonnenblumenöl herstellen –, ansonsten wird das große (und kleine) Geld im Handel verdient. Beispielsweise florieren 25 Möbelgeschäfte; nicht zuletzt, weil das neueste Statussymbol eine bombastische Wohnzimmereinrichtung ist, die sich nicht nur gut verdienende Ärzte und Kaufleute leisten, sondern, in Ratenzahlung, auch die Bauern der Umgebung. Daneben wird die Ernte, deren Aufkäufer ebenfalls weitgehend in S. sitzen, traditionell immer noch in Gold angelegt. Übrigens ist die bäuerliche Bevölkerung bei ihren Einkäufen in der Stadt gut zu erkennen. Die Frauen sind nämlich fast so gekleidet wie in Deutschland die Nonnen: mit schwarzem Schleier und schwarzem Rock oder Mantel über dem bunten *şalvar*, der weiten Hose.

Wer in S. nicht vom Geldverdienen fasziniert ist, muß sich schrecklich langweilen, denn es gibt nichts, aber auch gar nichts Interessantes. Ein Stadtbummel auf den staubigen, holprigen Straßen ist eine Enttäuschung; Schaufensterdekoration scheint weitgehend unbekannt zu sein. Die drei sogenannten Parks mit der Ausdehnung eines Gemüsegartens bieten zwar schattige Sitzplätze unter Bäumen, man kann Tee trinken oder sich die Schuhe putzen lassen, jedoch auf dem beschränkten Raum nicht spazierengehen, am allerwenigsten die Kinder toben lassen. Eine einzelne Rutschbahn wird als Attraktion hergezeigt.

Angeblich hat S. 80 Bars für stille Trinker, aber keinen Nachtklub. Wo das Bordell ist, wollte mir niemand sagen. Ins Kino zu gehen ist sogar ein Erlebnis, weniger wegen der Filme (Crime and Sex, Soldatenleben und Showgeschäft) als wegen der Atmosphäre. Kaum geht das Licht aus, setzt ein unheimliches Geräusch ein: Sonnenblumen- und Kürbiskerne werden geknackt, und unter den Sitzen häufen sich die Schalen. Lautstark wird das Geschehen auf der Leinwand kommentiert, dazwischen schreit schon mal ein Baby. Allerdings macht auch hierzulande das Fernsehen den Kleinstadtkinos den Garaus. Spannung und Seelentrost liefert nicht nur das eine türkische Programm, sondern – nahe an der Grenze – kann man außerdem zwei griechische und den bulgarischen Sender empfangen. Am Abend bei einer türkischen Familie eingeladen zu sein bedeutet neuerdings:

nach dem Essen Fernsehen neben einer schleppend geführten Unterhaltung. Wie unhöflich wäre es, dem Gast die Sendungen vorzuenthalten! Trostlos wie die Stadt selbst ist auch die nähere Umgebung. Die kahlen Hügel sind entweder Viehweide oder gehören zu einem der vielen Camps, die das Militär rund um die Stadt errichtet hat. Man muß schon etwas hinausfahren, um zu sehen, wie fruchtbar der Boden in Thrakien ist: Reis, Tomaten, Peperoni, Auberginen, Okraschoten, Weintrauben und Melonen wachsen hier und versorgen den Markt von S. mit wohlschmeckendem und dabei billigem Gemüse und Obst. Dann kommt, ehe die Straße zum Meer hin abfällt, Wald, mit viel Mühe auf dem verkarsteten Küstenstreifen neu angepflanzt. Bis zum Marmarameer sind es von S. aus nur gut 30 km, eigentlich kein weiter Ausflug, doch die wenigsten können sich den wegen der Benzinpreise leisten. Es hat sich noch kein cleverer Busunternehmer gefunden, der die Sonntagsfahrt an den Strand organisiert und erschwinglich gemacht hätte.

Als neugieriger und erlebnishungriger Mensch wäre ich gewiß nicht freiwillig nach S. gegangen. Doch das Kismet hat mich nun mal hierher verschlagen. Ich bin gespannt, was sich hinter dem Vorhang der Langweiligkeit verbirgt.

»Notizen aus der türkischen Kleinstadt« (2)
Yavaş

»Yavaş, yavaş!« empfiehlt ein bekanntes türkisches Volkslied beim Trinken. Dieses *yavaş*, das man im Alltag so oft zu hören bekommt, hat die Bedeutung von »langsam; immer mit der Ruhe; nur nicht hetzen«, aber ebenso von »einfühlsam sein; auf die Situation und den anderen achten«.

Sosehr die Autos auf der Landstraße auch rasen und lebensgefährlich die Verkehrsregeln mißachten (am unübersichtlichen Berg überholen, kilometerlang auf der linken Straßenseite fahren, wenn der Belag da besser ist) – in der *mahalle*, dem Wohnbezirk fahren sie *yavaş*, voller Rücksicht auf spielende Kinder oder plötzlich auftauchende Enten und Kühe.

Yavaş balanciert ein zwölfjähriger Junge die unwahrscheinliche Last von 18 aneinander gebundenen Plastikkanistern auf den Schultern über den Markt. *Yavaş* muß man gehen, will man sich nicht den

Fuß verknacksen auf dem rumpligen Steinpflaster, das sich Straße nennt; *yavaş* jeden Schritt bedenken, um nicht in ein Abfallhäufchen oder ein Rinnsal zu treten. Die Türkinnen stolzieren da ganz ungerührt mit den steilsten Stöckelschuhen durch.

Yavaş bedeutet auch, die Seelenruhe bewahren, wenn alles ganz anders kommt, als man denkt, oder wenn man endlos warten muß, wie beim Fotografen, der zwei Stunden lang kein Paßbild machen kann, weil wegen der morgendlichen Stromsperre die Atelierbeleuchtung ausfällt. In solchen Fällen hilft nichts als abwarten und Teetrinken im ursprünglichen Sinne des Wortes.

Den Schluß habe ich wieder gestrichen. Es kommt mir alles so künstlich vor, was ich schreibe.

»Notizen aus der türkischen Kleinstadt« (3)
Çöp - Abfall

Beim Betreten der türkischen Wohnung zieht man, wie in der Moschee, die Schuhe aus. Das bedeutet eine scharfe Trennung zwischen drinnen und draußen. Vor dem Hintergrund der peinlich saubergehaltenen Wohnungen fällt der ekelhafte Dreck auf den Straßen der *mahalle* (Siedlung) um so mehr auf. Zwar finden sich alle paar Meter offene Blechtonnen mit der Aufschrift *çöp*, doch liegt überall verrottender, stinkender Abfall, besonders um die Tonnen herum verteilt, so daß man oft nicht weiß, wohin man treten soll. Schuld an dieser Sauerei sind nicht in erster Linie Menschen, die die Abfälle einfach hinwerfen (auch das kommt vor), sondern Katzen und Hunde, die schon darauf lauern, daß irgendeine Hausfrau den Mülleimer ausleert. Oft sitzt eine Katze in der Tonne drin, wirft heraus, was ihr beim Suchen nicht paßt, und springt dann mit ihrer Beute weg. So werden die Tonnen eigentlich niemals ganz voll, und es reicht, wenn nur etwa alle 10 Tage die Müllabfuhr kommt. Da die Tonne so schwer ist, daß die beiden »Müllbeamten« sie nicht hochheben können, kippen sie den ganzen Inhalt erst mal auf die Straße und schaufeln diesen dann auf den offenen Lastwagen. Dabei wird wieder einiges »umverteilt«. Hinterher stinkt die ganze Gegend.

Was mich in München nicht interessierte, möchte ich jetzt wissen: Was kostet eigentlich ein moderner Müllabfuhrwagen, und was kosten die dazu passenden Müllcontainer, die für die einzelnen Haushalte aufgestellt werden? Selbst eine reiche Stadt wie S. kann sich diesen Luxus offensichtlich nicht leisten. Die Gemeinden müssen nämlich ihre Steuereinnahmen an die zentrale Finanzverwaltung in Ankara abführen und bekommen nur einen geringen Teil (3%) zurück. Aber das Ganze ist wohl auch »Ansichtssache«. Die Leute hier geben sich gelassen gegenüber dem ästhetischen und hygienischen Dauerproblem: »Auf der Straße ist es eben schmutzig. Was soll man da machen?«

»*Notizen aus der türkischen Kleinstadt*« *(4)*
Komşuluk

Komşuluk ölüyor – Die Nachbarschaftlichkeit stirbt. Dieses Problem, das kürzlich auf der Titelseite einer türkischen Tageszeitung angesprochen wurde, trifft tendenziell sicher auf die sozialen Beziehungen in den großen Appartementhäusern zu, wie sie auch am Rande von S. hochschießen. Ich konnte allerdings im Miethaus meines Schwagers nichts davon feststellen. Die Frauen aus den 17 Wohnungen treffen sich jeden Nachmittag, um zu handarbeiten, Tee zu trinken und zu klatschen, manchmal auch, um gemeinsam zu kochen. *Komşuluk* herrscht erst recht in den alten Einzelhaussiedlungen. Es wird nicht nur über den Zaun nach dem Befinden gefragt und das Neueste ausgetauscht, sondern die Nachbarn nehmen intensiv Anteil an jedem Geschehnis. Bei Hochzeiten kommen alle Frauen der Umgebung, um die Braut zu begrüßen. Daß allerdings Besuch von auswärts ebenfalls die Nachbarn ins Haus zieht, ist etwas für meine Begriffe Ungewöhnliches.

Besonders gepflegt wird *komşuluk* von den Frauen am Nachmittag zwischen drei und sechs Uhr. Entweder muß man in dieser Zeit sein Haus für alle öffnen oder selber weggehen. So tun, als sei man nicht da, hilft wenig. Ich hatte mich neulich mit einem Buch hinter dem Haus versteckt, als plötzlich eine Nachbarin vor mir stand und mich dringlich bat, doch zu ihr zu kommen, nicht alleine dazusitzen; mir sei es bestimmt langweilig oder ich sei deprimiert. Daß ich allein sein *wollte*, konnte sie sich nicht vorstellen. Das tägliche Beisammensitzen wird als Medizin angesehen gegen die vielfältigen Belastungen und Frustrationen des Frauenlebens. Berufstätige Frauen (in S. eine Minderheit) haben allerdings dafür wenig Zeit. Es fragt sich bloß, ob

die Kontakte am Arbeitsplatz ein ähnliches Gefühl der Geborgenheit vermitteln können.
In großen und kleinen Notfällen erlangt die Nachbarschaftlichkeit ihre volle Bedeutung. Die Witwe mit ihren vier Kindern nebenan braucht nicht zum Betteln zu gehen, obwohl sie keinerlei feste Einnahmen hat. Ist jemand krank, gehört es zum Anstand und zur Glaubenspflicht, nach ihm zu sehen, eventuell sogar seine Familie mit zu versorgen. So lasse ich mir gerne gefallen, daß jemand beim Wäscheaufhängen zupackt, der gesehen hat, wie ich mich mit den großen Stücken quäle. Doch problematisch wird die Hilfe, wenn die Nachbarin weiß, mit welchen Tricks ich meine zugeknallte Tür (Schlüssel natürlich drinnen) wieder aufbekomme. Eben mußte ich sogar ganz unhöflich sein. Als Fatma von gegenüber den Kopf ins Küchenfenster steckte und fragte, wem ich diesen »Brief« hier schreibe, verweigerte ich die Auskunft. Irgendwo fängt der Intimbereich an, finde ich.

23. September

Ahmed hat angerufen. Die Verhandlungen mit den Freunden von der Druckerei sind am Geld gescheitert. Er hätte ein paar Millionen Lira in die Sache stecken müssen.
Und ich wollte doch nach Izmir!!!

24. September

Mit einem Lastwagen hat Ahmed den Inhalt der Container hergebracht. Küchensachen, Elektrogeräte, Bettzeug, Winterkleidung, Bücher, Spielzeug. Viel Kleinkram, der das Leben erleichtert. Vielleicht war es dumm, den alten Kühlschrank und die Waschmaschine zu verkaufen. Ich wäre schon froh, wenn ich beides hätte. Aber Ahmed fand, man solle mit neuen Geräten hier anfangen, und zwar mit türkischen – wegen der Wartung.
So übermüdet und gereizt Ahmed von seiner nächtlichen Fahrt war, er mußte sofort die Frage mit mir klären, ob wir in diesem Haus überwintern oder lieber in eine Etagenwohnung umziehen wollen.
Vorteile hier: Garten, die Kinder können gleich raus, wir sind für uns allein, Abstellräume reichlich im Hinterhaus.
Nachteile: Es ist viel kaputt, das müßte alles gerichtet werden.
Alternative: die schönen neuen Wohnungen in der Nähe. Wir haben sie uns angesehen und mit dem Hausherrn gesprochen. Er be-

zweifelt, daß die Zentralheizung in diesem Winter in Betrieb genommen wird. Auch Wasser und Strom sollen erst noch angeschlossen werden. Anstatt sich mit den Tücken eines Neubaus herumzuschlagen, lieber dieses Haus hier instandsetzen.
Einverstanden!

25. September

Ahmed war von Izmir aus auch in Kuşadasi. Unser Sommerhaus wäre bis auf die sanitären Anlagen fertig, aber in der ganzen Siedlung fehlt die Kanalisation. Dort einzuziehen verbietet sich bis jetzt sowieso, denn außer den 100 Häusern auf freiem Feld, 5 Kilometer vom Ort entfernt, gibt es nichts, keine Einkaufsmöglichkeiten, keine Schule, nicht mal eine richtige Straße. Es wohnt auch noch niemand da. Also verkaufen, wie geplant. Bloß, wer kauft es? Ich kenne eine ganze Reihe »Gastarbeiter«, die ihr in Deutschland erspartes Geld in Immobilien angelegt haben. Wer nicht gerade jetzt verkaufen muß wie wir, mag das weniger problematisch finden. Ein Laden, eine Wohnung bringen ja alleweil auch Miete ein. Und ein Baugrundstück verliert, auf die Dauer gesehen, seinen Wert nicht. Enteignung des Grundbesitzes steht in der Türkei nicht zur Debatte. Wofür in den in Deutschland erscheinenden türkischen Zeitungen viel geworben wird, nämlich Beteiligung an einer der neu gegründeten Fabriken, schien uns aus der Ferne zu riskant. Am glücklichsten sind wohl diejenigen, die ihren Verdienst in Deutschland auf die Bank gebracht haben, (wo er wegen des Kursverlustes der türkischen Lira auch ohne Zinsen ständig wertvoller wird) und dann bei der Heimkehr sich einen Traktor für die eigene Landwirtschaft gekauft oder das Haus zum eigenen Gebrauch gebaut haben. Auch der Traum des Durchschnittsgastarbeiters, ein kleiner Laden, eine Imbißstube, ein Taxi, läßt sich verwirklichen. Dumm sind diejenigen dran, die wie wir, keine konkrete Vorstellung davon haben, was sie bei der Rückkehr in die Heimat beginnen wollen und deshalb das Kapital zwischenzeitlich investieren.

Unser Freund Ismet glaubte seine in München sauer verdienten Tausender gut angelegt in der Hühnerfarm, die sein Bruder bei Bursa aufzog. Jetzt muß er noch einmal anfangen zu sparen, denn die Hühnerfarm war ein Reinfall. Aber der Bruder hat schon eine neue Idee, wie er Ismet »helfen« kann. Schrauben werden doch immer gebraucht, oder? Also eröffnen wir eine kleine, ganz kleine Schraubenfabrik. Du wirst sehen, Ismet, wie sich dein Geld vermehrt hat, wenn du in die Heimat zurückkehrst.

30. September

Jetzt reicht es! Morgen haue ich hier ab. Mit meinen Kindern und zwei Koffern. Mein deutsches Geld genügt für die Fahrkarten. Was denkst du dir eigentlich, Mensch! Seit einer Woche wissen wir, daß wir in dem beschissenen Haus überwintern werden, und *nichts* ist geschehen!
Keine Möbel, keine Öfen, keine Teppiche, kein Kleinholz. Die Fenster sind nicht gerichtet, das »Wohnzimmer« nicht geweißelt, alles Zeug steht in Kartons rum, weil keine Schränke kommen. Die Elektrogeräte kann man nicht anschließen, weil du dich um den dämlichen Spannungsregler nicht kümmerst.
Heute war wieder das Klo verstopft, und ich habe eine halbe Stunde lang in der Scheiße gestochert.
Und du sagst mir noch, ich soll dich nicht drängen. Den ganzen Tag hockst du und trinkst Tee mit den Leuten und bist »nett«. Tu was, tu doch endlich was! –
Hör mal, ich rede mit dir.
Du wirst dich doch nicht jetzt schon ins Bett legen!

1. Oktober

Bisher war das Wetter sonnig, mittags fast heiß. Den Herbst spürte man nur an den Nebeln frühmorgens und den kürzer werdenden Tagen. Heute nacht kam ein Gewitter, nach dem die Temperaturen jetzt merklich abgesunken sind.
Es begann etwa um 23 Uhr. Der Wind war orkanartig. Unter dem Donner erzitterten die Fensterscheiben. Als der Regen stärker wurde, sickerte Wasser beim Schlafzimmerfenster durch. Die Matratze von Ayhan fing schon an naß zu werden. Ich weckte Ahmed. Wir stopften alle erreichbaren Tücher vor das Leck – die Matratze verlegten wir. Im »Wohnzimmer«, wo an den beiden Fenstern die morschen unteren Teile des Rahmens gleich beim ersten Öffnen herausgebrochen waren, floß der Regen unaufhaltsam herein, und uns blieb eigentlich nur, die Sachen – Kartons, hauptsächlich mit Büchern und Wäsche – in Sicherheit zu bringen. Das Wasser breitete sich bis zur Zimmermitte aus – wir sahen ratlos zu. Dann ging das elektrische Licht aus; bis heute früh kam der Strom nicht wieder. Glücklicherweise war die Gewalt des Unwetters aber gebrochen, so daß wir uns schlafen legen konnten.
Die Koffer habe ich wieder ausgepackt.

3. Oktober

Ein Lehrling hat die kaputten Fensterrahmen vom Wohnzimmer abgeholt. Im Schlafzimmer soll nichts repariert werden. »Es geht schon noch«, sagt Ahmed.

5. Oktober

Auf meine Frage, was mit den Fensterrahmen sei, kriegte ich von Ahmed die beruhigende Antwort, die würden nach *Kurban Bayrami* dem Opferfest (8.-10. Oktober) sicher fertig. Zum Glück ist es wieder sonnig. Aber das Wohnzimmer ist eigentlich unbenutzbar, weil es entweder (früh und abends) sehr kalt ist oder (tagsüber) voller Fliegen, Mücken und Wespen. Ich habe Angst wegen Einbrechern, die unsere offenen Fensterhöhlen vielleicht als Einladung betrachten könnten.

11. Oktober

Ich dränge etwas wegen der Fensterrahmen, weil bei einem neuerlichen Regenguß wieder Wasser hereinkam. Es stellt sich heraus, daß Ahmed gar nicht weiß, wo sie repariert werden, weil ein Bekannter seines Bruders wiederum einen anderen Bekannten, einen Schreiner, beauftragt hat, uns diesen Freundschaftsdienst zu leisten. Wenn es ein Freundschaftsdienst ist, darf man nicht drängen.

14. Oktober

Die Rahmen werden gebracht. Es wurde nicht nur das fehlende Stück ersetzt, sondern die Rahmen ganz neu angefertigt. Der eine ist nun um zwei Zentimeter an der Seite zu kurz, der andere zu breit. Große Verlegenheit. Wie kann man bei einem Freundschaftsdienst reklamieren?

15. Oktober

Ahmed hat beide Rahmen zum Geschäft seines Bruders mitgenommen. Hoffentlich ist der Bekannte nicht beleidigt.

17. Oktober

Die Rahmen kommen wieder; dieses Mal sind beide ein bißchen zu groß, aber das könnte ein Schreiner abhobeln. Wo ist der zu finden?

19. Oktober

Nachdem ich Ahmed buchstäblich gedroht habe, ich würde einen Schreiner holen, kommt er mittags mit einem Meister an, der die Rahmen einpaßt.
Abends will Ahmed die alten Scheiben wieder einsetzen. Beide Scheiben sind jetzt im Verhältnis zu klein.

20. Oktober

Ahmed nimmt die Rahmen mit zu einem Glaser. Es ist versprochen, daß die Scheiben bis zum Mittag drin sind. Dieses Mal klappt alles. Das kommt mir sehr merkwürdig vor.
Die Geschichte ist für meine Begriffe nicht zu vergleichen mit dem, was man in Deutschland mit Handwerkern erlebt. Ich bemühe mich zu verstehen. Für sehr viel Geld kann man auch hier alles haben, sofort und sehr gut. Wer wenig oder kein Geld hat, muß sich selbst helfen. So wie die Nachbarn in der Hütte gegenüber, die nach jedem Regen aufs Dach steigen und die Ziegel verrücken. Dazwischen liegt die Gruppe der Leute, die Beziehungen hat. Durch Beziehungen kommt man ohne große Ausgaben zu allem, was man möchte, doch braucht das unendliche Geduld.
Übrigens ist die Sache mit den Fensterrahmen kein Sonderfall, sondern wir haben ein ähnliches Drama auch mit dem Volt-Regler (das ist ein Gerät, das für eine gleichmäßige Spannung von 220 V sorgt) erlebt, auf den wir vier Wochen warten mußten, weil ein Freund vom Freund vom Freund ihn besorgen wollte und letztendlich auch besorgt hat. Jetzt hat Schwager Hasan sich großzügig erboten, Kühlschrank und Waschmaschine für uns zu beschaffen – auf dem Beziehungsweg.
Ich wäre bei derartigen Dingen bereit, den vollen Preis zu zahlen, um meine Nerven zu schonen. Mein Mann ärgert sich auch bis zum Herzanfall, aber er ist außerstande, die angebotenen Beziehungen und Freundschaftsdienste abzulehnen. Wir dürfen uns ja nicht wie steinreiche Leute gebärden, sonst hilft uns niemand mehr.
Als Frau sich einzumischen in diese Vorgänge, gilt als *ayip* (unerzogen, unmöglich). Die Frauen dürfen zwar einkaufen, was sie für den Haushalt brauchen, auch größere Sachen, wie Elektrogeräte und Möbel. Aber das eigentliche Geschäftsleben (Aufträge geben, Verhand-

lungen führen) geht sie nichts an. Soll ich dagegen rebellieren? Meine ich, daß ich es besser hinkriege als mein Mann? Müßte ich nicht froh sein, daß ich für einen Teil des sowieso schon schwierigen Lebens nicht verantwortlich bin? Ertappe mich, daß ich meinen Mann am Erfolg messe, und zwar nach europäischen Kategorien. Weil er es nicht schafft, die Rahmen schnell und exakt reparieren zu lassen, muß er irgendwie untüchtig sein.

23. Oktober

Seit einigen Tagen wird es wieder wärmer. Mittags ist es richtig heiß. Es reifen noch Brombeeren; Ayhan hat sie entdeckt auf dem Weg abwärts neben dem Haus.
Mein Garten erscheint mir jetzt wie ein kleines Paradies. Im Gestrüpp blüht es überall, vielleicht wegen der Regengüsse der letzten Wochen. Löwenmäulchen, Zinnien, gelbe Herbstzeitlose, Fuchsschwanz, lila Winden, alles wild durcheinander. Ein riesiger Asternstrauch läßt seine ersten sattgelben Blüten aufbrechen. Als wir ankamen, sah ich im Garten nur die vertrockneten Tomatenbüsche und das staubige Blattwerk der Miniakazien, die das ganze Grundstück einrahmen. Jetzt fange ich an, etwas zu gärtnern, Vertrocknetes auszureißen, eine Ranke hochzubinden. Dabei die Überlegung, was man im nächsten Jahr anpflanzen könnte. Ich richte mich auf Bleiben ein.

Zweiter Brief an die Freundin

20. Oktober

Du Liebe, Treue,

Du hast es wohl schon gespürt, wie sehr ich einen Brief von Dir brauchte und deshalb schnell geschrieben. Das war ein großer Trost in all dem Schrecken. Stell Dir vor, es wird nun doch nichts mit Izmir in der nächsten Zeit. Ahmed hat gar nichts erreicht, als er dort war, und so bleibt uns nichts übrig, als in diesem scheußlichen Nest zu überwintern. Da müssen wir beide wohl den Plan, uns in den Weihnachtsferien zu treffen, begraben, denn herkommen sollst Du nicht. Es ist alles so schrecklich, vor allem denke ich dauernd, es müßte sich doch mit mehr Geschick etwas ändern lassen an unserer Lage. Wäre ich nach Izmir mitgefahren, zum Beispiel ... Wie Du mir schriebst, ich müßte vor allem mit Ahmed zusammenhalten und zu ihm Vertrauen haben, das hat mich schon getroffen. Es ist schwer, diese Serie von Mißlichkeiten hinzunehmen und zu glauben, sie seien ganz unverschuldet. Ich muß mich bremsen, sonst schreibe ich mich in eine richtige Wut hinein.

Weißt Du, wovon ich träume? Von Kaffee, so banal es klingt. Schick mir ein Pfund von meiner Sorte, möglichst bald. Vielleicht konzentriert sich die Sehnsucht nach allem, was ich entbehre, jetzt auf diese kleine Tasse nach dem Essen. Wir haben keinen Zugang zum Schwarzmarkt und auch kein Geld dafür.

Etwas ganz Schönes hier: ich sehe den Mond, weil das Haus so frei steht, – und ich habe Zeit für ihn. Neulich bei Vollmond saß ich erst draußen auf der Treppe und nachher noch drinnen am Fenster und spürte so richtig seine stille Kraft. Dabei habe ich diese Verse gemacht:

Geht alle schlafen, ich will allein sein
Allein mit meinen deutschen Gedanken
Trost der Identität: das Nachtgefühl noch wie früher
Ausgesetzt dem sausenden Weltall
Mond – Empfängnis
Ein weißer Stein

Daß Du mich in meinen Zeitungsartikelchen nicht »erkennst«, sagst Du fast wie einen Vorwurf. Die Distanzierung habe ich gebraucht. Weißt Du, wie einem der stinkende Abfall auf die Nerven gehen kann, oder die Unberechenbarkeit oder die Aufdringlichkeit und Neugier der Nachbarn? Als ich darüber geschrieben hatte, war ich es los.

Die Sehnsucht, mit Dir einen langen Spaziergang im Englischen Garten zu machen; jetzt könnte ich seine gepflegte Melancholie vielleicht wieder ertragen. Sind die Blätter schön bunt? Weißt Du noch unsere Laubschlacht mit den Kindern im letzten Jahr? Ich rede wie Großmutter (»weißt du noch«) und dabei möchte ich doch nur Dein Bild beschwören, wenn ich schon Dich selbst nicht haben kann.

Ich bin unsinnig müde, mir fallen die Augen zu. Heute habe ich wieder gewaschen. Ich hab Dich lieb.

Deine I.

Sprachentwicklung der Kinder nach 8 Wochen

Mesut weigert sich, Vorgesagtes nachzusprechen. Das einzige, das er, wohl aus Liebe zu seinem Onkel, wiederholt, ist »*Mahmut amca*«. Er reagiert richtig auf »*gel*« (komm), »*ver*« (gib), »*al*« (nimm). Anstelle der deutschen Substantive verwendet er manchmal türkische in seinen ansonsten deutschen Sätzen: »Ich habe eine *kedi* (Katze) gesehen«,» Der *eşek* (Esel) hat die Karpusschale (Wassermelonenschale) gefressen«, »Ich will *su* (Wasser) haben«. In seinen Selbstgesprächen beim Spielen benutzt er ein Kauderwelsch aus Deutsch, einzelnen türkischen Wörtern und frei erfundenen Lautkombinationen, die ähnlich wie türkisch klingen. Er spricht auch zu mir so, wobei sein Gesichtsausdruck zeigt, daß er weiß, es ist nicht wirklich türkisch. Ich soll ihm dann in seiner erfundenen Sprache antworten. Manche türkische Wörter sagt er vor sich hin, ohne offenbar ihre Bedeutung zu kennen. Er kann bis 10 zählen. Er kann nichts übersetzen, außer einige ständig verwendete Grundwörter: *ekmek* (Brot), *su* (Wasser).

Ayhan kennt über 100 Wörter; zählt außerdem bis 50 und weiß auch, was die türkischen Zahlwörter bedeuten. Er übersetzt regelrecht und fragt, wie einzelne Dinge übersetzt werden. Antwortet auf einfache Fragen und bildet selbst einfache Sätze.

24. Oktober

Die Lust, sich ein Nest zu bauen. Das größte Zimmer mit den zwei Fenstern nach Süden, von Anfang an als Wohnzimmer bezeichnet, haben wir geweißelt. Japanische Reislampen an der Decke sind der Anfang der Gemütlichkeit. Außer Bücherregalen und einem Schreibtisch (beides bestellt), wollen wir keine Möbel, dafür Teppiche. Meine Enttäuschung, daß im alten Teppichland Türkei handgeknüpfte Ware als unerschwinglicher Luxus gilt. In ganz S. nur Maschinenteppiche zu kaufen. Ich möchte auf die einfacheren anatolischen ausweichen (die auch meine Schwiegermutter – das Stück in einer Woche – geknüpft hat, als sie jung war und dazuverdienen mußte), aber die gäbe es, außer in Anatolien, nur in Istanbul oder an Urlaubsorten zu überzogenen Preisen. Unter einem Kelim hatte ich mir ebenfalls ein handgemachtes Stück vorgestellt in erlesenen Farben. Was man hier als Kelim angeboten bekommt, ist aus der Fabrik – scheußlich grell und grob.

Die Vorstellung von einem weichen Zimmer, einem Zimmer zum

Träumen und Warmwerden, Spielen und Beieinandersitzen. Ein paar vertraute Sachen sind mit dem Container gekommen: Sofadecken, Kissen, Bilder und Gardinen. Mein Blumentischchen mit den gedrechselten Füßen. Altxylophon und Tischharfe. Die weißen Lammfelle. Unsere Kupferteller. Der kleine Wandteppich aus Izmir – mit Farben, als hätte er Blut getrunken. Nostalgische Seidenblumen vom Schwabinger Flohmarkt, die stelle ich in die türkische Wasserkanne.

Hier werden wir wohnen.

Heute hat Ayhan beim *bakkal* (Krämer) an der nächsten Straßenecke eingekauft: 10 Eier, eine Flasche Öl, vier Kekspäckchen, zwei Tüten Dauermilch. Er ist viermal hingegangen, für jeden Artikel extra. Er muß sich die Bezeichnungen für die Waren ja auf türkisch merken, wollte keinen Einkaufszettel. Es macht ihm Spaß.

26. Oktober

Ich werde ständig geprüft.

Die unausgesprochene Frage lautet: Warum hat er keine Türkin geheiratet? Was ist an dieser Deutschen besser als an uns? Mein Mann hat das Spiel nicht durchschaut. Für ihn soll ich es ständig vor allen beweisen, daß ich besser koche, mich hübscher zurechtmache, die Kinder sorgfältiger erziehe ...

Nervös reagiert er auf jeden Fehler.

Ich kann nicht perfekt sein. Und ich will das Spiel »Wer hat die beste Ehefrau?« nicht mitspielen – auch wegen der anderen Frauen nicht.

Aber wie soll ich ihm das erklären?

Da die Schwägerinnen finden, mit der Hand könne man Wäsche viel sauberer waschen als mit der Maschine, bekomme ich nun wohl auch keine.

Wenn ich mit meinen beiden Burschen zu Besuch bin, schwitze ich jedesmal, weil sie nicht ruhig sitzen, wie jedes »brave Kind«, sondern *spielen* wollen. Die Sofakissen kann man so schön stapeln und auf den »Möbelwagen« (Sessel) laden, im langen Flur reizen die Kacheln zum Schlittern, und wenn die Hausfrau in die Küche geht, will Ayhan helfen wie bei mir, was gar nicht gerne gesehen wird. Im Haus haben die Kinder sich hier möglichst nicht zu bewegen. Der Tröster Fernsehen fesselt unsere beiden »leider« nur kurzzeitig. Neuerdings packen wir immer eine Tasche voll Spielsachen ein, mit denen man sich still beschäftigen kann.

28. Oktober

Depressionen. Alles ist sinnlos. Jeden Tag tausend Fliegen in der Wohnung. Die Insektengifte atmet man selber ein – die Fliegen kommen wieder.

Du kannst putzen wie du willst, es stinkt aus dem Kloloch, und nachts riecht es nach Scheiße auch aus der Spüle (ob die Abflüsse unterirdisch verbunden sind?)
Die ekelhaften grauen Wände in Bad und Toilette, die abgetretenen Fliesen in Küche und Flur, der abbröckelnde Putz. Im kleinen Zimmer auf giftgrünen Wänden weiß die abgeplatzten Stellen.
Staub, Staub, hereingewehte Blätter, jeden Tag wischen, es sieht immer dreckig aus. Das Hausfrauentrauma, noch mal verstärkt durch die besondere Situation.
»Mama, ich glaube, bei mir ist ein Knopf eingebaut, daß ich immer weinen muß, wenn du weinst« (Ayhan heute zu mir).

»Notizen aus der türkischen Kleinstadt« (5)
Ein nationales Fest

Wochenlang schon wurde auf den Schulhöfen das Trommeln und Marschieren geübt; am Vortag haben die Kinder dann früher frei, und die Fenster der Klassen zeigen sich im Schmuck der Nationalfahne. Auch die Geschäfte und offiziellen Gebäude sind beflaggt, nicht aber die Privathäuser. *Cumhuriyet Bayrami* am 29. Oktober erinnert an die Ausrufung der Republik durch Kemal Atatürk 1923. Wann der festliche Umzug durch die Stadt beginnen würde, brauchten wir gar nicht zu erfragen: Trommeln und Fanfaren waren unüberhörbar. Ein gut Teil der Bewohner war auf den Beinen, angesichts des kalten Windes erstaunlich viele.
Gerade fahren das vom Militär eingesetzte Stadtoberhaupt und der oberste Kommandant der Streitkräfte von S. in einem Jeep durch das Spalier von Soldaten, Schulkindern und Zuschauern und wünschen allen ein frohes Fest. Die kurze Runde führt lediglich durch die beiden Hauptstraßen der Stadt. Dann werden, nach einer Strophe Nationalhymne, vom Rednerpult auf der Verkehrsinsel aus Ansprachen gehalten. Da ist bei den Leuten am Straßenrand keine große Aufmerksamkeit zu spüren. Leise, aber ungeniert wird geplaudert; anscheinend sind solche Festtagsreden immer gleich. Zu

hungern braucht auch niemand. »Hinter den Linien« haben die Händler ihre Stände mit Sesamkringeln, mit heißen Maroni und Süßigkeiten aufgebaut. Es kauen nicht bloß die Zivilisten, sondern auch einzelne Soldaten, ohne ihre stramme Haltung aufzugeben. Schließlich ist ein letztes pathetisches Gedicht verklungen, und es kommt Bewegung in die Reihen der Schulkinder. Angeführt von schuleigenen »Musik«gruppen (oft nur Trommeln), defilieren sie mit ihren Transparenten, auf denen Atatürkworte stehen, an der Tribüne vorbei, wo die Honoratioren mit ihren Frauen und Kindern schon frieren. Ein weißbärtiger Veteran aus dem Krieg gegen die Griechen (1922) hat ebenfalls dort einen Ehrenplatz. Danach marschieren die Soldaten, lediglich zwei Hundertschaften, und zuletzt werden die Waffen gezeigt – mit einigen Panzern und Kanonen keine Demonstration militärischer Stärke. Drei Hubschrauber fliegen über den Platz. Den Abschluß des Aufmarsches bilden die Ambulanzwagen – ein realistisches Erinnern daran, daß im Krieg auch Blut fließt.

Bei der Rückkehr nach Hause werde ich mehrmals gefragt, ob ich mir das Fest »angesehen« hätte. Ich weiß nicht recht, ob die Zuhausegebliebenen zu der Gruppe der Kritiker gehören, die in Atatürk nicht den Erretter in höchster Bedrängnis und genialen Begründer des modernen türkischen Nationalstaates sehen, sondern den Feind des Islam und Zerstörer der türkischen geistigen Identität. Öffentliche Kritik an Atatürk wäre unter der gegenwärtigen Militärregierung sowohl gefährlich (Gesetze verbieten, etwas Negatives über Mustafa Kemal zu äußern) als auch unwahrscheinlich: Die führenden Politiker aus der Zeit vor dem Putsch (12. September 80) sind zwar zum großen Teil aus dem Gefängnis entlassen, doch sind die Gerichtsverfahren gegen sie noch nicht abgeschlossen. Erstaunt war ich deshalb über das Fehlen jeglicher Spannung oder Angst bei den Teilnehmern der Feierlichkeiten. Daß nicht gerade Gaudistimmung aufkam, liegt wohl in der Natur solcher Staatsgedenktage, aber auch in der Art der Türken, die sich in der Öffentlichkeit nie ausgelassen geben. Daran gemessen war die Atmosphäre locker. So wie auch im Alltag der Stadt zwischen Soldaten und Bevölkerung ein normaler menschlicher Umgang zu beobachten ist.

Wer sich abends noch amüsieren wollte, fand im »Park« hinter dem Atatürkdenkmal bei Fackelschein eine Volksmusikgruppe, die den etwa 300 meist jugendlichen Zuhörern nicht gerade einheizte. Alte Männer saßen im Freien unter den Bäumen und tranken Tee, wohl endgültig das letzte Mal vor dem Winter.

»Das war doch ein herrliches Fest«, sagt die Nachbarin zu mir am nächsten Tag und ist ganz enttäuscht, als ich nicht gleich überzeugt zustimme.

Ende Oktober

Warum bloß will ich hierbleiben? Trotz aller Widerwärtigkeiten, aber nicht aus Trotz. Ich will wirklich. Weil, weil, weil ... Mir sind alle Argumente entfallen. Die Tatsachen sprechen dagegen. Das Gefühl aber hat sich schon eingesenkt in diesen Boden. Die kahlen Hügel und die große Ebene im Westen, über denen jetzt im Herbst immer ein Dunst liegt, so daß alle Farben pastellig erscheinen, wollen mich verliebt machen. Mein Blut ist schon geflossen in der Umarmung der Akazien an der Mauer, und mit Tränen sind die Räume des Hauses eingeweiht. Ich kann nicht mehr weg.
Da ist auch das Lächeln und die Sanftmut vieler Frauen. Und ein uraltes Ehepaar in der Nachbarschaft, zittrig und fast taub. Wie wurden sie so – »voll des Geistes«? Hierbleiben, um es herauszufinden, ist noch zu wenig. Dem Zuschauer erschließt sich das Geheimnis nicht. Nur wer es selber tut, wer den Weg geht, der versteht es vielleicht nach und nach.

»Für mich gibt es nur das Gehen auf Wegen, die Herz haben, auf jedem Weg gehe ich, der vielleicht ein Weg ist, der Herz hat. Dort gehe ich, und die einzige lohnende Herausforderung ist, seine ganze Länge zu gehen. Und dort gehe ich und sehe und sehe atemlos.«
(Castaneda, Die Lehren des Don Juan)

Das ist wie ein Noviziat: Schwere Arbeit, Abschirmung nach außen, Geprüftwerden für eine Zeit, Transzendenzbewußtsein.
Ich hatte mich für die Türkei entschlossen, aber nicht für S. und nicht für diese Verhältnisse. Und doch spüre ich, gerade so mußte es sein – wider alle Erwartung, und sehr schwierig. Da soll noch einmal ein großer Umbruch geschehen, jetzt in der Mitte des Lebens.

2. November

All die Wochen habe ich mit dem Gaskocher am Boden gekocht – jetzt ist ein Herd da. Obwohl es mühsam war, tut es mir ein bißchen leid um das Gefühl, am brodelnden Kochtopf zu hocken. Es hatte etwas von Hexenkocherei, Pythia über den Dämpfen. Das Kochen scheint hier überhaupt etwas mehr Magisches. Keine schnellen Rezepte, fast nichts ist vorgefertigt. Kochen dauert stundenlang, und hinterher schmecken die Speisen nach dieser liebevollen Mühe. Ich benutze den Dampftopf wenig. Es ist besser, wenn man umrühren kann, schauen, riechen, abschmecken, noch etwas nachgießen, ziehen lassen. Was ich koche, ist banal: Linsensuppe, grüne Bohnen, Nudeln mit Soße, Lammgulasch ... Die Familie leckt sich die Finger ab und findet, es hat noch nie so gut geschmeckt. Sicher machen die frischen Zutaten viel aus, besonders die vollreifen, herrlichen Tomaten. Aber der Kontrapunkt dazu ist das bedächtige Kochen.

An türkische Gerichte wage ich mich so langsam, nach dem Rat von Schwägerin Melek. *Köfte* gehen einfach, auch die *bulgur*-Suppe. *Börek* (gefüllter Blätterteig) finde ich ziemlich kompliziert. Mein Reis ist leider immer matschig oder zu hart, weil nicht »parboiled«. Die Schwägerin hat das Geheimnis für die Zubereitung anscheinend auch nicht.

Ayhan versucht, jede Katze zu fangen. Neulich hat er eine aus einem Kellerloch »gerettet«, für eine andere hat er eine Tüte mit Fischköpfen aus der Mülltonne geholt. So sehr es mich graust, ich kann gar nicht anders, als das hinnehmen, denn Erklärungen und Verbote haben nichts bewirkt. Einmal hat ihn eine Katze ziemlich am Kinn gekratzt. »Aber Mamie, was ich nicht verstehe, die kannte mich doch!« – Sie hatte sich gewehrt, als er versuchte, sie auf dem ausgestreckten Arm balancieren zu lassen.

Für zwei dicke Briefe nach Deutschland hatte ich auf dem Postamt heute zufällig nicht genügend Geld dabei. Die Beamtin hinter dem Schalter bedeutete mir, ich solle die Briefe ruhig bei ihr aufgeben und den fehlenden Betrag später nachbringen.

3. November

Mein verkniffenes Gesicht im Spiegel.

Warum kann ich Ahmed Vorwürfe machen, bittere, spitze Bemerkungen, leise maulen, beim Frühstück schon meckern – aber nicht sagen, was ich seit Wochen fühle: Du bist mein Mann, auch wenn du noch so fremd erscheinst. Tief drinnen bei mir ist unangezapft eine Quelle ganz frischer Liebe.

»Bei uns geht nichts ohne Kampf«, sagt Ahmed mit einem Seufzer der Verzweiflung.

DER BETT-KAMPF Leute, nicht was ihr vielleicht meint! Es geht um den Platz im neu angeschafften ein Meter zwanzig breiten türkischen Normehebett. Wie Millionen Ehepaare wohl auf so engem Raum auskommen? Umarmt einschlafen ist kuschelig, zärtlich, erspart die

Wärmflasche. Aber irgendwann will man sich doch mal drehen – und reißt damit dem anderen die Decke weg. Der seinerseits reißt, schlaftrunken, ebenfalls.

Ganz Schlaue meinen, die Lösung liege in einer zweiten Zudecke, damit jeder seine eigene hat. Aha, dann ist's aber im Bett so eng, daß man sich wirklich nicht mehr bewegen kann. Ein ganz neues Schlafgefühl: Du liegst wie die Mumie im Sarg und rührst dich nicht. Am anderen Morgen meinst du, jemand hätte dich verprügelt, so weh tun die Knochen.

Die feige Lösung: ausziehen aufs Sofa. Im Wohnzimmer ist es sowieso viel wärmer. Na, dann schlafen wir doch beide im Wohnzimmer! – Aber wozu haben wir dann das schöne Bett gekauft?

Endlich der geniale Einfall: Das neue Bettgestell verheizen wir, und dann legen wir uns Matratzen auf den Boden nebeneinander, soviel wir wollen. – Mensch, hatten wir das nicht vorher eigentlich auch schon so?

In einigen Märchen wird die Verwandlung eines Tier-Mannes in einen Prinzen erzählt. Froschkönig zum Beispiel ist paradoxerweise erlöst, nachdem die Königstocher ihn an die Wand geworfen hat, weil sie das Bett nicht mit ihm teilen will. Scheinbar verwandelt sich nur der Mann, in Wirklichkeit auch die Frau. Bis dahin wirkt sie in der Erzählung wie ein Kind, das vom Vater dirigiert wird; so wie sie ja auch den Wert der goldenen Kugel, die sie verspielt, nur im Verhältnis zum Vater sieht (sein Geschenk), nicht als etwas ihr sehr persönlich Zugehörendes. Als sie ihr Bett verteidigt, ist sie sich ihrer selbst als Frau bewußt geworden, und damit kann auch zum Mann eine andere Beziehung entstehen.

Wo das Märchen endet, bleiben Fragen offen: Was kommt *nach* dem Erkennen? Ist die Wandlung von Dauer, oder muß sich etwa der Prozeß auf anderer Ebene wiederholen?

Im Grunde möchte ich aber bloß wissen, wie lange es bei uns noch bis zum Wendepunkt ist.

Ein Traum: Bin eingeladen zu einem großen Fest bei der ehemaligen Kollegin W. Gleich am Eingang verliere ich im Gewühl der vielen Gäste meinen Mann. Ich muß weinen, weil das Haus der W. so schön und groß ist, fast wie ein Schloß. Zum Glück habe ich aber die Brille auf, so daß man meine Tränen nicht sieht. Als Tischherrn bekomme ich einen jungen Intellektuellen, der Querflöte spielen kann. Ich soll ihn heiraten und mich endlich von Ahmed trennen, der doch eigentlich mein Vater ist. Als Geschenk wird jeder Frau eine zarte Perlenkette auf den Platz gelegt.

»Notizen aus der türkischen Kleinstadt« (6)
Almanya

Wir fallen auf, die Mutter mit den beiden Söhnen (3 und 6). Dem Aussehen nach könnten wir vielleicht noch als Türken gelten, aber da die Kinder deutsch reden und oftmals in Begeisterung oder Ratlosigkeit nach der »Mamie« rufen, fragt man mich überall in den Geschäften, an der Bushaltestelle oder sogar auf der Straße, wo wir herkommen. Als *alman* (Deutscher) wird man zuvorkommend, ja mit Hochachtung behandelt. Irgend jemand hat dann auch immer ein paar deutsche Wörter parat, manchmal aus eigener Erfahrung, öfter vom Bruder, von der Tochter, vom Onkel gelernt, die in Deutschland sind oder waren. Ich muß mich ziemlich anstrengen, um »Gröbenzell« aus Türkenmund zu verstehen. Dabei leuchten die Augen der Erzählerin, als sei Deutschland das reinste Paradies. Meine Anmerkung, daß die Arbeit in der Fabrik doch nicht leicht sei und daß sich die türkischen Arbeiter in Deutschland ziemlich quälen müßten, um ein paar DM zu sparen, scheint auf taube Ohren zu treffen. »Ich in München Stadtwäscherei. Zwei Jahre. Ich glücklich. Kollegen sehr gut zu mir.« Möge es so gewesen sein. Jedenfalls habe ich kein einziges Mal den Niederschlag der deutschen Reserviertheit, ja Feindseligkeit gegenüber ausländischen Arbeitnehmern zu spüren bekommen. Ob es der Stolz der Türken nicht zuläßt, dergleichen zu registrieren? Oder ob der Prestigegewinn, den ein Aufenthalt in Deutschland dem Heimkehrer bringt, alle Demütigungen und Entbehrungen überragt? Jedenfalls gilt Ayşe, die in München mit ihrem Mann (Arbeiter bei BMW) und zwei Kindern in einem Einzimmerappartement haust, dort jeden Pfennig umdreht und sehr unter der Einsamkeit leidet, während des Urlaubs in S. mit ihrer Seidenbluse und dem modernen Haarschnitt als feine Dame, die es zu etwas gebracht hat. Ayşes Mann hat sich von dem ersparten Geld ein Haus und ein weiteres Grundstück gekauft. Gastarbeiter sein lohnt sich finanziell und vermehrt das Ansehen in der türkischen Gesellschaft.

Ein Vertreter der zweiten Generation ist Hikmet (14), der in Dortmund geboren wurde und aufwuchs und der jetzt hier den Mittelschulabschluß anstrebt. Mit seinem flüssigen Deutsch steht er meinen Kindern als Dolmetscher bei. Sie lernen, daß *deli* verrückt heißt und daß man zu einem, der beim Fußballspiel zu langsam ist, *kaplumbağa* (Schildkröte) sagt. Wie wichtig es doch ist, Schimpfwörter richtig anzuwenden, zeigt sich, als Fatma, die Nachbarstochter (12) mit süßester, herzlicher Stimme meine Kinder lockt: »Komm,

Ayhan, Arschloch, Mesut, Arschloch!« Sie ist enttäuscht, daß die Kinder auf ihr schönes deutsches Wort so abweisend reagieren.

Die entscheidende Frage am Ende jedes Gesprächs mit einem Almanya-Freund heißt:»Wo ist es schöner, in der Türkei oder in Deutschland?« So ganz allgemein kann ich, ohne arg zu lügen, die Türkei als schöner bezeichnen. Wenn aber die Entscheidung zwischen S. und München fallen soll, muß ich ehrlich sein, auch wenn das dem Gesprächspartner ein wehes Lächeln entlockt.

»Notizen aus der türkischen Kleinstadt« (7)
Das Ağabeysystem

Ercan und Arif, beide etwa zehnjährig, bringen mir den heulenden Mesut nach Hause. Er ist hingefallen, die Stirn blutet ein bißchen. Mit einem Pflaster auf der Wunde läuft er fünf Minuten später wieder zu seinen Kameraden auf das sogenannte Mandelfeld, ein Ruinengrundstück, wo die Kinder der Nachbarschaft zwischen den Bäumen mit Glasmurmeln spielen. Auch wenn ich das Mandelfeld vom Haus aus nicht im Auge habe, Sorgen um meine beiden Buben brauche ich mir nicht zu machen: Die türkischen Kinder sind gewohnt, auf die Kleineren aufzupassen. Und wenn Hikmet, der mit seinen 14 Jahren schon die ersten Ansätze eines Bartes zeigt, Ayhan und Mesut zu einem Gang auf den *pazar* (Markt) abholt, kann ich sicher sein, er bringt sie wohlbehalten zurück.»Mamie, es war soo schön. Wir haben zugeschaut, wie die Fische geschlachtet werden. Und der Hikmet hat jedem fünf Kaugummi und einen Bleistift gekauft.« Auch dem Großen hat es augenscheinlich Spaß gemacht, eine Weile den *ağabey* (älteren Bruder) zu spielen.

Jeder im Verhältnis zu anderen Kindern ältere Junge ist *ağabey*, jedes Mädchen *abla*, auch wenn kein Geschwisterverhältnis besteht. Ein *ağabey* kann von den Jüngeren Dienste und Gehorsam verlangen, aber er tritt auch in Gefahren als Beschützer auf. Das erinnert an das Lehensverhältnis im Mittelalter. Das System erleichtert den Eltern ihre Aufgabe ungemein. Dem *ağabey* und der *abla* werden Erziehungsgewalt und Verantwortung für die Geschwister übertragen. Dabei haben sie weitgehend freie Hand – bis zum Recht auf körperliche Züchtigung –, ohne daß sie von den Eltern wiederum zur Rechenschaft gezogen werden. Gewiß keine unproblematische Lösung, vor allem für die Kleineren. Aber so wird jedenfalls die Verantwortung nicht als zu belastend erlebt. Zudem findet ja auch das erstgeborene Kind einer Familie im Kreis der Spielkameraden wiederum einen *ağabey*, der ihn beschützt – und ein bißchen unterdrückt. Und das Nesthäkchen kann für die jüngeren Nachbarskinder Verantwortung übernehmen. Die Rollenzuweisung ist also nicht starr und einseitig.

Im Leben der Erwachsenen hat das *ağabey*-System ebenfalls eine gewisse Bedeutung. So wie insgesamt die Verwandtschaftsbezeichnungen als Anredeformen auch für Fremde benutzt werden – eine wesentlich ältere Frau ist *teyze* (Tante), eine etwa gleichaltrige *yenge (Schwä*gerin) – so nennt man den älteren Mann *ağabey*; ist er jedoch um eine ganze Generation älter, wird er zum *amca* (Onkel), der gleichaltrige oder jüngere ist *kardeş* (Bruder). Inwiefern diese Spracheigentümlichkeit auch gegenwärtig noch das Bewußtsein prägt, etwa in dem Sinne, daß alle zu der einen Familie der Kinder Adams gehören, wage ich nicht zu sagen. Tatsächlich bedeutet es aber einen Unterschied im Umgangsklima, wenn man den Ober im Restaurant mit *kardeş* anredet, statt, wie einige moderne Türken es tun, mit *garson*.

Darüber hinaus ist auch in der heutigen Türkei die Vorstellung von der besonderen Verantwortlichkeit der älteren Geschwister erhalten geblieben, obwohl die traditionelle Großfamilienstruktur am Zerbrechen ist. Jedenfalls besteht die Erwartung, daß der *ağabey* dem Jüngeren die Ausbildung finanziert, das Geschäft einrichtet, ihn bei Behörden protektioniert; daß er der jüngeren Schwester den passenden Mann aussucht und über deren Ehe wacht. Wie viele *ağabey*s sich diesen Aufgaben entziehen, und wie viele jüngere Geschwister sich einfach nicht mehr bevormunden lassen, das kann man bloß ahnen – zumal die türkischen Zeitungen (ebenso wie die deutschen) über den Normalfall viel weniger berichten als über Extreme. Da kann man fast täglich eine andere Mordgeschichte lesen von einem *ağabey*, der nicht mit ansehen konnte, wie seine Schwester auf die schiefe Bahn geriet, und sie umbrachte (manchmal auch den Liebhaber), um die Familienehre zu retten. Weder die islamische Moral noch das türkische Recht billigen diese Interpretation der *ağabey*-Verantwortlichkeit. Das »Volksempfinden« dagegen ist geteilt. Die einen, selbst aufgeklärt und vernünftig, möchten am liebsten abstreiten, daß es solche Vorkommnisse überhaupt gibt und sind empört, wenn man sie als typisch für die türkische Mentalität bezeichnet. Und die anderen geben dem Mörder recht: »Er mußte es tun. Als *ağabey* war es seine Pflicht. Und nun wird er dafür noch bestraft.«

5. November

Der Wettstreit der Brüder um den *ağabey*. Anfangs sah es so aus, als rissen sich die beiden jüngeren Brüder meines Mannes darum, ihm Starthilfe zu geben, das Haus auszustatten und ihn geschäftlich einzugliedern. Dieser edle Wettstreit war in Wirklichkeit ein Teil des seit Jahren andauernden erbitterten Kampfes der beiden Geschäftsleute, dem unser Eintreffen nur neuen Anstoß gab. Hasan, der ältere von beiden, hat eine Großhandlung für Getreide und Hülsenfrüchte, während Mahmut mit Material für Elektroinstallationen handelt, sowie diese Installationen am Bau durch seine Leute ausführen läßt. Beide sind wohlhabend und stolz darauf, ihr Geschäft mit eigener Kraft aus dem Nichts aufgebaut zu haben.

Der Streit ist für einen Außenstehenden wie mich eigentlich undurchschaubar. Aus Andeutungen, die mir erzählt werden, entnehme ich, daß die Triebkräfte des manchmal grotesken Schlagabtausches wohl in verletzter Liebe und ungeheurer Eifersucht liegen müssen.

Sobald sich Ahmed für den jüngsten Bruder, Mahmut, erklärte, war er für Hasan gestorben. Eine große Enttäuschung für meinen Mann, der auf Hasan immer viel gehalten hatte, und der es immer noch nicht glauben will, daß dieser ihn fallenläßt. Der jüngste triumphiert, denn er hat ja den *ağabey* auf seine Seite gebracht, und darüber hinaus hat sich augenfällig erwiesen, was für ein ... der andere ist. (Hier fiel das türkische Wort »Hure« als Beschimpfung für einen Mann – was so viel bedeutet wie »jemand, dem man nicht vertrauen kann, der sein Versprechen nicht hält«.) Ich werde insofern hineingezogen, als ich die seit zwei Monaten von Hasan versprochene Waschmaschine nun wieder nicht kriege. Das tut mir mehr weh als die Tatsache, einige Frauen, die mit der Familie des H. nähere Beziehungen haben, nachmittags nicht mehr besuchen zu können.

8. November

In diesem Laboratorium filtert sich heraus, wer er ist – und wer ich bin.

Mein Mann ist edel. Seit Wochen arbeitet er von früh bis spät in Mahmuts Geschäft, natürlich ohne Gehalt. (Es wäre unverschämt, eins zu verlangen – man hat ihn ja nicht gerufen –, bloß haben wir halt auch keinerlei Einnahmen.) Heute, am Sonntag, hat er von 8 Uhr morgens bis zum Dunkelwerden beim Umräumen des Lagers geholfen. Und ich Dummkopf sitze den ganzen Tag zu Hause und warte, abgeholt zu werden zur versprochenen Fahrt in den Wald. Gibt es kein Telefon, daß man Bescheid sagen kann? In der Türkei ist es üblich, daß die Frauen sich nach den Männern richten in ihrer Zeiteinteilung. Ich bin aber keine Türkin, und das sollte Ahmed wissen. Weggehen einfach? Vielleicht kommt er doch noch; im Wald wollten wir ja nicht bloß spazierengehen, sondern endlich die Tannenzapfen sammeln, die man zum Anbrennen von Kohle und dickem Holz braucht. Also wieder eine Woche lang nicht heizen: Ich werde wahnsinnig! – nicht, weil ich die Kälte fürchte, sondern wegen dieser Ohnmacht, dem völligen Ausgeliefertsein an den, der einen Lastwagen beschaffen kann und Säcke.

Hier sitze ich, bin verraten und verkauft, du Scheißkerl (das ist zu hart – ich tue dir unrecht). Ich gehe weg (aber wohin?), ich bringe mich um (nein, Mamie). Wer bin ich denn, daß man das mit mir machen kann? Ja, wer bin ich? Eine, die verzweifelt, obwohl im November die Sonne scheint und Blumen blühen (es ist aber kalt). Eine, die das nicht schafft, was Millionen türkische Frauen schaffen, nämlich sich einzurichten in dieser Lage (etwas wehrt sich in mir, mich so abzufinden). Eine, die trotz Studium und jahrelanger Berufserfahrung nicht weiß, wie man einen Ofen auch ohne die verdammten Tannenzapfen anzündet. Probieren wir's doch gleich mal!

Mit Kistenbrettern und Rindenstücken klappt es im zweiten Versuch, die dicken Holzbohlen zum Brennen zu bringen. Der neue Ofen stinkt zuerst fürchterlich nach Farbe, aber schließlich ist das Zimmer gelüftet und fängt an, warm zu werden.

Geschafft.

Geschafft ist gar nichts, bei der nächsten Gelegenheit drehe ich wieder durch. Die Kinder schreie ich ziemlich oft an. Alles, was sie wollen, stört mich, verletzt die dünne Schale um das rohe Ei.

Es muß etwas Grundsätzliches geschehen zwischen mir und Ahmed. Ich habe kein Vertrauen mehr, oder das Vertrauen hat sich zurückgezogen in ein unzugängliches letztes Reservat und wagt sich nicht mehr hervor, weil es Enttäuschungen fürchtet. Ich kann mich nicht mehr freuen, wenn er kommt. Ich will abends nicht mehr mit ihm reden. Was hilft alles Reden, wenn die besprochenen und versprochenen Dinge nicht erfüllt werden. Oder muß ich umdenken? Bin ich zu wenig großzügig? Will ich ihn festnageln auf Bestimmtes, während er das Mögliche versucht?

Um gerecht zu sein: Welche Wege bleiben einem Mann von Mitte vierzig, der die Rente beantragt hat? Er darf kein Angestelltenverhältnis eingehen – die Chancen wären sowieso gleich Null bei der hohen, statistisch gar nicht voll erfaßten Arbeitslosigkeit –, sondern kann sich höchstens selbständig machen oder Teilhaber eines Geschäftsmanns werden. Dafür fehlt uns das Kapital.

Also, was werfe ich meinem Mann vor? Daß er das Geld nicht doch herbeibringt, herbeizaubert vielleicht? Ich ertappe mich bei dem Tagtraum, Ahmed sei ein großer Gauner, der mir ein Leben im Reichtum ermöglicht. Dabei habe ich immer seine absolute Redlichkeit und Zuverlässigkeit bewundert.» Du kennst mich nicht«, hat er einmal in einer Auseinandersetzung gesagt, als sei das mein schlimmster Fehler.

9. November

Ich habe mich beherrscht, mich heute mittag nicht ins Bett verkrochen, als Ahmed mich wieder wegen einer Nichtigkeit anschrie. Ich habe auch die Kinder sanft behandelt, habe den Ofen angezündet. Und dann saß ich auf dem Teppich, ohne Gedanken, ohne Empfindung. Da war nur eine ganz große Leere und Unwirklichkeit, Gefühllosigkeit, auch körperlich. Unfähigkeit, sich zu rühren. Sitzen wie in einem Nebel. So wird es vor dem Tod sein. Der Kleine fragt etwas. Ich kann den Mund nicht aufkriegen zur Antwort.»Mamie, was ist?« Ich hoffe, daß es nichts ist. Daß es nicht der Anfang vom Wahn ist.

Schreiben hilft – jedenfalls besser als Stricken. Es muß ja keiner lesen.

Mir fallen zwei Frauen ein, die im Ausland »wahnsinnig« geworden sind. Die eine, Renate, Frau eines deutschen Entwicklungshelfers, habe ich nie gesehen (obwohl wir weitläufig verwandt sind), bloß vor Jahren erzählen hören – wie man einer Gruselgeschichte zuhört –, sie sei in Bolivien so krank geworden, daß sie in die Nervenklinik mußte.

Die andere, eine Bekannte, war – erst kurz vor meiner Abreise – nach Deutschland zurückgekehrt aus Damaskus mit ihren fünf Kindern, der Mann dort irgendwo verschwunden. Sie kam mir bei unserem Gespräch deprimiert vor, stellenweise völlig abwesend, dann wieder sehr aggressiv. Ich konnte mir gut vorstellen, wie man »so« sein kann, eigentlich als normale Reaktion auf ein Zuviel an Anforderungen. Man hat mir kürzlich geschrieben, sie sei »eingewiesen« worden.

10. November

Meine Prüfungsaufgabe heißt, nicht bloß das alles hier überstehen, sondern dabei lachen, als wäre es ein Spaß. Jeden Tag versage ich vor der Aufgabe, und mein Meister wird wütend. Klagen, Gesichtverziehen, Weinen, Seufzen, das alles scheint für Ahmed ein Signal zu sein, daß ich mit seiner Heimat nicht zufrieden bin. Ich soll nicht nur tapfer sein, sondern so tun, als wäre alles wunderbar – ach, nicht so tun, ich muß glücklich *sein*, da gibt es kein Mogeln.

Wenn ich das nun zu Ahmed sage, streitet er ab, derart borniert und unmenschlich zu sein. Der Fehler läge bei mir, daß ich nicht einsähe, wie unerheblich unsere kleinen Schwierigkeiten seien gegenüber wirklicher Not.

Tatsächlich haben wir – dank dem Schwager, der uns das Geld leiht, keine Sorgen, wie wir das tägliche Essen bezahlen sollen. Die Kinder können Obst haben, es gibt Milchprodukte, ab und zu Fleisch, Nüsse und sogar Süßigkeiten. Kohlen und Holz für den Winter lagern im Keller, zum Kochen werden große Gasflaschen gekauft. Unser Wasserspeicher auf dem Dach sorgt dafür, daß wir von den täglichen Sperrstunden nichts merken. Das Telefon funktioniert, wenn auch mit Krachen, und man kann sogar nach Deutschland anrufen. Was will ich eigentlich?

Das frage ich mich jetzt auch, beschämt.

Der türkische Grundschullehrer verdient 12 000-15 000 Lira im Monat. Das ist soviel, wie wir für unser gar nicht üppiges Essen ausgeben. Die Miete kostet aber darüber hinaus 6 000-8 000 Lira in einer einfachen Wohnung. Dazu kommen Kleidung, Heizmaterial, Elektrizität, Telefon, Auto, Urlaub, Feste, Geschenke ... Wie reicht dem Lehrer sein Gehalt? Entweder arbeitet auch seine Frau, oder er gibt Privatstunden, oder er hat eine Eigentumswohnung (die könnte er sich aber niemals erspart haben), oder er schränkt sich beim Essen ein, hat kein Auto, kein Telefon, verreist nicht ... Ein finanzieller Anreiz, Lehrer zu werden, besteht bestimmt nicht. Aber die Sicherheit des Beamtenstatus (wie in Deutschland) – und der Trost, daß andere Löhne auch nicht wesentlich höher sind.

Besser als dem Durchschnitt geht es den Offizieren (sie bekommen viele Service- und Gratisleistungen neben dem Gehalt); den Ärzten und Juristen als Freiberufler, sowie den Unternehmern und Geschäftsleuten trotz der spürbaren Rezession in der türkischen Wirtschaft.

11. November

Draußen tobt ein Unwetter, der Sturm rüttelt an den Fenstern und wirft den Regen dagegen. Die Bettlaken, die ich zum Abdichten vor die Ritzen stopfe, sind schon naß. Es ist bald Mitternacht und Ahmed noch mit dem Firmenwagen unterwegs. Was auf der Landstraße passieren kann ...

Ohne Ahmed wäre ich hier in großen Schwierigkeiten – aber wenn … ich würde versuchen zu bleiben, nicht nach Deutschland zurückgehen. Kalkuliere durch, wie weit unser Kapital mir und den Kindern zum Leben reichen würde. Die Angst wird betäubt durch solche Rechnungen. (Wenn ich es als Kind mit der Angst bekam, daß meine Mutter sterben könnte, stellte ich mir immer vor, was ich erben würde.)

Eigentlich am schlimmsten, daß dann die Entwicklung unabgeschlossen bliebe, in der wir miteinander sind, die Entwicklung zum Einverständnis, zur wirklichen Liebe – nachdem man schon weiß, daß man »füreinander bestimmt« ist, es zeigt sich bloß noch nicht.

Ein Ehemärchen ist »Rapunzel«. Der Königssohn wird durch Rapunzels süßen Gesang zum Turm gelockt. Dort lieben sich die beiden »unerlaubt«, jedenfalls in den Augen der Alten (einer Urmutter, die ihre Tochter nicht hergeben will). Ihre Macht ist so stark, weil die Bindung der Liebenden noch schwach ist. Erst nachdem der Mann jahrelang »geblendet« in der Welt umhergeirrt ist, findet er Rapunzel, die in der Einöde ihre Zwillinge ganz allein großgezogen hat. Ihre Tränen heilen ihn. Als sie in das Königsschloß reiten, sind sie schon ein »altes« Ehepaar.

Übrigens habe ich das Märchen lange so interpretiert, als würde auch Rapunzel geheilt, nämlich von ihrem Wahn, alles allein zu können. Der Text wäre damit aber sicher überdeutet.

12. November

In unserem Garten schlachtet Schwager Mahmut ein Lamm zum Dank dafür, daß seine Frau nach fünf Jahren Ehe schwanger geworden ist. Das Tier hatte gar keine Angst. Es legte sich hin und ließ sich die Füße zusammenbinden. Erst wurde gebetet, dann dem Lamm die Halsschlagader durchschnitten. Beim Fellabziehen und Fleischzerteilen sahen die Kinder zu. Heute abend spielen sie das immer wieder nach, wobei einer von beiden jeweils das Lamm ist. Das ganze Fleisch haben die Armen bekommen.

Die tapferen türkischen Frauen! Was die täglich meistern, ohne zu klagen und ohne sich aufzuregen, das kann ich erst jetzt abschätzen, da ich selbst in die Tiefen des türkischen Alltags hinuntergestiegen bin. Die meisten waschen die ganze Wäsche mit der Hand. Das bedeutet Feuer anmachen, fast immer im Freien, Wasserschleppen, Rubbeln in der heißen Lauge, Spülen mit eiskaltem Wasser, natürlich ohne Haushaltshandschuhe. Unberechenbar ein paar Stunden Stromsperre täglich; folglich kann man sich auf Elektrogeräte nicht verlassen. Aber wer hat auch schon einen Staubsauger, einen elektrischen Rührer, eine Kaffeemaschine (wenn es sowieso keinen Kaffee gibt)? Allerdings benutzt man für viele Gerichte (z. B. Aufläufe, Nudeln, Käsetaschen) einen elektrischen Minibackofen. Wie peinlich, wenn das Essen in der Röhre steht und der Strom ausfällt. Oder du hast dir die Bügelwäsche hergerichtet, und dann bleibt das Eisen kalt. Besonders im Winter, wenn es früh dunkel wird, stört der Stromausfall. Abendbrotbereiten, Bettenbauen, Kinder waschen, aufs Klo gehen bei Kerzenlicht – wie romantisch! In Deutschland sitzt man zu der Zeit ja auch bald um den Adventskranz.

Wenn das Haus keinen Wasserspeicher auf dem Dach hat, fällt dazu noch für einige Stunden täglich das Leitungswasser aus, und man muß vorsorgen, daß Reserveeimer oder Kanister immer voll sind. Da konnte ich lernen, wie man wassersparend putzt oder Geschirr spült. Dann die Geduld beim Essenmachen: Reis, Linsen, weiße Bohnen, *bulgur* (Weizengrütze) müssen immer erst verlesen werden. Fertiggerichte, Tiefkühlkost, Puddings zum Kaltanrühren gibt es nicht. In vielen Häusern werden Nudeln, Suppeneinlagen, Tomatenmark selbst hergestellt. Vielleicht fällt einer Türkin nicht auf, wie zeitraubend diese Art der Essenszubereitung ist; auch sind sehr oft mehrere Frauen in einem Haushalt und teilen sich die Arbeit. Keine klagt über das Holzhacken oder über das Tannenzapfen- und Reisigsammeln im Wald, schon aber, daß der Kohleeimer zu schwer ist.

Wenn ich älteren Frauen bei der Begrüßung die Hände küsse, fällt mir auf, wie verarbeitet sie sind. Die Bäuerin Zeliha sagte mir einmal auf eine Bemerkung über ihre aufgeplatzten Finger: »*Yorulmadan olmuyor*« (ohne sich abzumühen geht es nicht) – und lachte dazu.

Eine türkische Hausfrau hat keine Zeit und keine Energie, mit ihren Kindern zu spielen; dafür gibt es zum Glück viele andere Kinder. Sobald sie endlich mal sitzt, greift sie zum Strickzeug.

14. November

Jetzt bringen mir schon die Kinder neue türkische Wörter bei, wie *mektup güvercin* (Brieftaube), *silgi* (Radiergummi), *misket* (Glasmurmel). Für sie keine abstrakten Vokabeln, sondern hinter jedem Begriff steckt eine Erfahrung. Den Radiergummi, ziemlich abgekaut, bekam unser Mesut von einem Schulkind als »Geschenk«. Glasmurmeln sind das beliebteste Spielzeug auf dem Mandelfeld, und natürlich auch Sammel- und Tauschobjekt. Von den Tauben berichtete mir Ayhan heute abend nach einem aufregenden Spielnachmittag. Wie gefährlich und schwierig es sei, zum Taubenschlag zu gelangen. »Mamie, der ist mindestens zehn Meter hoch. Wir sind auf einer einbeinigen Holzleiter, also ich meine, es war keine Sicherheitsleiter, da hochgeklettert. Und als ich mich nicht gleich traute, haben die Kinder Tauben zu mir runtergeschmissen, die fielen aber nicht direkt auf mich, die sind so geflattert. Dann hat mich der Arif einfach gepackt und da hochgetragen.« (Mir kommt das Grausen, wenn ich mir die wackelige Leiter vorstelle.) »Du, die haben mit den Tauben geübt und die in die Luft geworfen, und die kamen immer wieder. Und wie es stinkt da – wie eine seit fünf Jahren tote vergammelte Maus.«

Sprachentwicklung der Kinder nach 12 Wochen

Mesut. Der Abstand zwischen den beiden Kindern verringert sich insofern, als auch Mesut in einzelnen Situationen sinnvoll türkisch spricht. Er kennt allerhand kurze Ausrufe, wie sie im gemeinsamen Spiel mit anderen Kindern dauernd vorkommen und reagiert richtig darauf. Auch ein Register von Beschimpfungen benutzt er, alles Tiernamen. Ich muß mir das Lachen verbeißen, wenn er, Ayhan imitierend, übersetzt. Weil das, was er da als Übersetzung bringt, überhaupt keinen Bezug zum Übersetzten hat.

Neulich versuchte er zu erzählen, daß bei uns zu Hause noch keine Stromsperre war, als wir weggingen, beim Onkel im Laden aber nun das Licht aus sei. Erstaunlich, mit wie wenigen Worten er sich ausdrücken kann.

Was mich betroffen macht, daß er mich vorwiegend »*anne*«, kaum mehr »Mamie« nennt.

Ayhan spielt mit dem Vater gerade »Mensch ärgere dich nicht« und redet dabei nur türkisch. Seine Fortschritte sind, im Vergleich zu denen des Kleinen, nicht so auffällig. Er bekommt sehr viel mit von dem, was geredet wird. Er fragt nach einzelnen Wörtern, die er im Gespräch nicht versteht und kann diese Wörter sehr sicher isolieren. In seinem Schreibheft übt er das Pensum der ersten Klasse Volksschule. Ich bin froh, daß er noch ein Jahr Zeit hat, sich einzugewöhnen. Im Moment hat er allerdings eine Phase, in der er deutsch lesen und vor allem vorgelesen haben will.

Beide Kinder verwenden Mischsätze, in denen deutsche und türkische Teile durcheinander vorkommen. Sogar türkische Verben und Substantive mit deutschen Endungen werden gebildet. Diese Art Sprachungeheuer lasse ich nicht durchgehen.

»Notizen aus der türkischen Kleinstadt« (8)
Der Überfall der Nachbarinnen

Um 11 Uhr erscheint die Oma aus dem Nachbarhaus und fragt ganz harmlos, ob sie heute nachmittag mit ihrer Schwiegertochter zu Besuch kommen könnte. Ich sage: »*Buyurun, hoşgeldin!*« *(Bitte, sei willkommen).* Sie fragt mich noch mal, ob ich keine größere Arbeit vorhätte. Dann verabschiedet sie sich. Wüßte ich nicht aus Erfahrung inzwischen, was diese Anfrage bedeutet, so würde es mir Müşerref von gegenüber, die alles mit angesehen hat, was sich da vor meiner Tür abspielte, gleich noch einmal erklären. Sie schießt, kaum ist die Alte weg, herüber und bietet mir ihre Hilfe an, denn nun müßte ich doch Kuchen backen, heizen, alles putzen, und das ist nicht wenig Arbeit, wenn um 3 Uhr mindestens 12 Gäste anrücken!
  Ich bin ziemlich nervös, glaube aber, daß die Kinder besser helfen können, weil wir aufeinander eingespielt sind. Mesut und Ayhan werden losgeschickt, Backpulver zu holen, dann Äpfel, dann noch einmal Joghurt. Um 12 Uhr steht ein Apfelkuchen (doppelte Größe) im elektrischen Backofen. Wenn bloß der Strom nicht ausfällt! Jetzt schnell das Mittagessen. Wenn Ahmed heimkommt, kann er mir ein paar Eimer Wasser holen, denn gerade heute ist das Depot leer. Ich mische den zweiten Teig. Das Rezept stammt von Müşerref und ist grundeinfach: Mit je einer Tasse Joghurt und Öl, viel Mehl, Backpulver und zwei Eiern wird ein dicker, aber geschmeidiger Kloß gemacht, aus dem ich dann in der Hand kleine Runden presse, in die ein Stückchen Schafkäse kommt. Zusammenklappen und fertig. Während wir als Mittagsmahl die ziemlich faden Salzkartoffeln ohne Beilage herunterwürgen, wird ein erstes Blech Käsetaschen im Ofen goldgelb-bräunlich. Der Apfelkuchen scheint ein bißchen zu hart. Irgend etwas hat wieder mit dem Backpulver nicht gestimmt. Der Rand läßt sich kaum schneiden. Die Käsetaschen aber sind nun soweit und riechen herrlich. Ich atme auf. Das Backen war das wichtigste. (Die letzten beiden Male, als plötzlich Gäste kamen, wollte ich mir diese Arbeit sparen und habe vom Konditor Gebäck kommen lassen. Das war ein schrecklicher Reinfall, alles alt und ekelhaft. Man deutete mir dann auch diskret an, hier kaufte keiner was von der *pastahane.)*
  Nun muß es im Wohnzimmer warm, nein heiß werden. Also Kohle und Holz holen und den Ofen krachen lassen. Rasch noch staubsaugen, zwei weitere Sitzmatratzen auf den Boden und Kissen als Lehne dazu. Im Klo, im Kinderzimmer, in der Küche, überall muß noch et-

was gerichtet werden. Dann ist es Zeit, Teewasser aufzusetzen und Geschirr bereitzustellen. Ich sitze gerade zwei Minuten am Schreibtisch, um mich zu entspannen, als es klopft. Müşerref. Sie kommt eigentlich immer zu früh, heute vielleicht, um noch zu helfen. Sofort inspiziert sie das Wohnzimmer und legt erst einmal sämtliche Kissen anders hin. Ich finde das ziemlich unverschämt, sage aber nichts. Es stellt sich später heraus, daß sie richtig kalkuliert hat: In der Enge würde meine malerische Anordnung der Kissen bloß stören. Es kommen 16 Frauen und vier Kinder, mehr als ich erwartet hatte, und das Gebäck reicht gerade eben aus. Zum Glück haben einige schnell aufgegessen, so daß wir Teller und Gläser wieder frei haben, als die letzten Gäste kommen. Müşerref hilft mir, Tee einzuschenken und den Kuchen zu verteilen. Jede Frau bekommt eine Serviette auf den Schoß, darauf den Teller, das Teeglas wird in der Hand balanciert; auf diese Weise spart man den Tisch. Im Zimmer ist eine Hitze und ein Mordskrach, nach türkischer Vorstellung eine prima Atmosphäre. Der Apfelkuchen wird sehr gelobt. Da man Obstkuchen hier gar nicht kennt, fällt niemandem auf, daß er eigentlich etwas mißraten ist.

Im Kinderzimmer plötzlich große Aufregung, weil Klein-Sezen (2) sich mit nassen Höschen aufs Bett gesetzt hat. Ihre Oma haut ihr vor allen Leuten den Po voll und geht dann nach Hause, trockene Wäsche zu holen. Die Autos, Männlein, Bauklötze und Strickpuppen von unseren beiden sind für die türkischen Kinder, die im allgemeinen kein Spielzeug haben, traumhaft, und so sind auch die kleinen Gäste zufrieden.

Zur Gebetszeit betet etwa die Hälfte der Frauen das Nachmittagsgebet, während die anderen weiterratschen. Mit anatolischer Tanzmusik vom Cassettenrecorder kommt eine tolle Stimmung auf, besonders als die Mutter von Ercan sich den şalvar (die weite Baumwollhose) vor dem Bauch festknotet und ihre Rundungen richtig schwanken läßt.

Alles schwitzt. Die Hitze muß aber sein, sie ist ein Zeichen meiner Gastfreundschaft: Ich verschwende Heizmaterial, damit es meine Gäste mal richtig warm haben.

Ein Baby schreit ziemlich viel in all dem Durcheinander. Die Mutter meint, es müßte jetzt schlafen. Sie nimmt aber den Vorschlag, doch ins Schlafzimmer damit zu gehen, nicht an. Das arme Wesen ist für meine Begriffe viel zu dick angezogen. Nun werden ihm mit einer Windel auch noch die Arme am Leib festgebunden und ein Tuch übers Gesicht gelegt, und so wiegt es die Mutter auf den Beinen. Als das nichts hilft, wird es in eine Wolldecke wie in eine Hängematte gelegt und von zwei Frauen geschaukelt. Das Baby

45

schreit trotzdem. Schließlich geht die Mutter heim, erbost über ihren *yaramaz* (Nichtsnutz).

Die Handarbeiten sind sichtlich gewachsen an diesem Nachmittag. Strickschuhe, Häkelspitzen für die Bettwäsche, dicke gemusterte Pullover und Schafwollhosen, damit der Opa nicht friert. Hier können die Frauen auch Okei, die alte Kunst, mit dem Schiffchen die feinsten Spitzen entstehen zu lassen. Daß die Gäste erst aufstehen, als es beginnt dunkel zu werden, ist ein Zeichen, daß sie sich wohl gefühlt haben. Mit Umarmung und Küssen trennt man sich, wobei jede die anderen ihrerseits zu sich bittet. Nach einem nirgends festgelegten System ist jede so etwa alle zwei bis drei Wochen »dran«. Dann erscheint die Einladerin bei ihr und fragt ganz harmlos, ob sie heute nachmittag kommen dürfte. Und in Windeseile spricht sich unter den Nachbarinnen herum, daß eine heute Kuchen backt und Besuch empfängt. Wer es erfährt, fühlt sich eingeladen.

Als ich in meine Küche komme und die abgegessenen Teller und leeren Teegläser sehe, habe ich das zufriedene Gefühl, es hat alles geklappt, und ich bin hier angenommen unter den Frauen.

19. November

Mein Mann sagt: »Wenn wir die Kinder nicht hätten, wäre es mir sicher schon langweilig geworden zu Hause.«

Ich bin beleidigt, was er gar nicht verstehen kann. Wahrscheinlich meint er: »Durch die Kinder ist unser Leben derart bereichert worden, daß ich mich freue auf zu Hause.«

Sind wir alleine, sprechen wir immer deutsch miteinander. Wenn ich dann Ahmed in Gesellschaft zuhöre, bin ich erstaunt, wie differenziert er sich in seiner Muttersprache ausdrückt. Ich unterschätze ihn offensichtlich, wenn ich ihn nur nach dem beurteile, was er deutsch äußert.

Man kann das auch umdrehen. Wie primitiv muß ich den anderen wohl erscheinen auf Grund meiner Minimal-Sprache? Sie lassen es mich nicht merken.

»Es ist ein Unterschied, ob man in einer Fremdsprache oder in der eigenen Sprache schweigt. Schweigend in der Fremdsprache verdränge ich weniger, das Gedächtnis wird durchlässiger.« (Frisch, Montauk)

Sehr einsam ist der Schweigende. Er kann das, was da unverdrängt ins Gedächtnis steigt, ja nicht mitteilen, bloß aufschreiben. Schreiben als Ersatz.

Schreiben als Notlösung.

Ein Traum: Ich bin in einem Café in München und bestelle ein großes

Frühstück. Es geht alles schief. Als ich den Kaffee eingießen will, fällt der Deckel in die Kanne, und heißer Kaffee spritzt mir ins Gesicht. Das erste Ei ist gar nicht gekocht, das zweite leer. So geht es weiter. Ich beschließe, noch im Traum, einen Werbefilm daraus zu machen, etwa in der Form der HB-Zigarettenreklame. Meine Idee muß mir der Café-Besitzer für 200 DM abkaufen.

20. November

Täglich fast klopfen Bettlerinnen – man erkennt sie schon am Aussehen als Zigeunerinnen –, die um Brot, Öl, Holz und abgelegte Kinderkleidung bitten. Sie zeigen auf meine beiden und sagen: »So ein kleines Kind habe ich auch, aber es muß frieren, deine haben einen schönen, warmen Pullover.« Ich gebe alles Entbehrliche, trotzdem fühle ich mich schuldig, weil wir mehr haben, keine bittere Not leiden müssen. Die Nachbarinnen raten mir, den Bettlerinnen gegenüber nicht so freigebig zu sein. »Jag sie weg, sonst kommen sie immer wieder.« (Was ist natürlicher?) Wenn der Ehemann stirbt, kleine Kinder da sind, so daß die Mutter nicht arbeiten gehen kann und keinerlei Sozialversicherung besteht, die in der Türkei eine freiwillige Leistung des Arbeitgebers ist, was soll die arme Frau tun? Sozialhilfe ist unbekannt. Normalerweise springt in Notfällen hier die Verwandtschaft und auch die Nachbarschaft ein. Aber wenn diese ebenfalls arm sind?
Ich habe keinen Zweifel an der »Echtheit« der Bettlerinnen.

22. November

Durch die unregelmäßigen Stromstöße während des letzten Sturms ist der Plattenspieler kaputtgegangen. Man hört, bei vielen Leuten seien die Kühlschränke hin. Jetzt erst mal eine Werkstatt finden, die uns nicht gleich einige Tausender für die Reparatur abknöpft. Wie viele Wochen wird es dauern, bis wir wieder Biermann hören können und Between, Ravi Shankar und Hindemiths Trautoniumkonzert? Die Kinder jammern ein bißchen wegen der Jandl-Platte, deren Gedichte sie zum Teil auswendig können.

26. November

Die Frauen, die sagen: »Ist es nicht schön hier?« haben doch recht, nur ist diese Schönheit so verborgen, daß man selbst erst einmal »verborgen« werden muß, um sie zu sehen. Die Färbungen des weiten Himmels, die Bäume in den Gärten, die ihr Laub jetzt allmählich abgeben, ohne daß es bunt geworden wäre wie in Deutschland, höchstens ein wenig gelb; der Rauch von Holz- und Kohlenfeuer in der Luft; die grauen Steine der Hütten und der Gartenmauern. Ist es nicht schön hier?

27. November

Briefe aus Deutschland. Es schneit. Bombenanschläge auf jugoslavische Restaurants in München.
Nervosität und Weltuntergangsstimmung vermitteln mir die Briefe der Freunde.
Alle bestätigen mich, daß ich auf dem richtigen Weg bin. Als ob ich stellvertretend für euch mir hier die Hände wundwasche, die Öfen einschüre und stellvertretend die Freiheit genieße vom deutschen Streß!

30. November

»Mamie, meinst du, die Schränke kommen wirklich heute nachmittag, oder hat der *baba* das nur auf *türkische* Art versprochen?« (Ayhan)
Die Bücherschränke sind gebracht worden, wenn auch nicht an dem Tag, für den sie zugesagt waren. Ich finde es langsam kleinlich von mir, so etwas überhaupt anzumerken.
Wir haben uns vom Schreiner einfache offene Regale aus Tannenholz machen lassen. Zwischen den beiden Südfenstern steht das eine, das andere neben der Tür schräg gegenüber. Gut 600 Bücher durften mit (der Rest lagert in einem Münchner Keller). Ich mußte zum Glück nicht das eine Lieblingsbuch für die einsame Insel benennen. So ist nicht bloß der »Faust« dabei, sondern die ganze Hamburger Goethe-Ausgabe. Nicht zum Protzen, auch nicht als letzte Bastion der deutschen Kultur – sondern zum Brauchen. Hoffentlich sehen die weißen Umschläge im Laufe der Zeit mal richtig »angegriffen« aus.

Jetzt bleibe ich hier sitzen bis morgen früh in einem Bücherhaufen. Doris Lessing, Irmtraud Morgner, Ursula Krechel, Maria Erlenberger – Frauen, die meine lahmen Gedanken auf Trab gebracht haben durch ihr Bewußtsein. Allesamt schon mißtrauend der Utopie und dem nur schönen Wort, und doch wortmächtig und kühn hinter dem Einhorn her durch ganz Europa. »Malina« von Ingeborg Bachmann lege ich mir unter die Schreibtischlampe. Auf die Gefahr hin,

daß ich es wieder nicht kapiere. Ihr Märchen von der Prinzessin in der Donau-Ur-Traumlandschaft. Märchenbücher, deutsche, türkische, arabische.
- Ja, Kinder, wir lesen jeden Abend vor. Nehmt eure Bücher rüber in euren eigenen Schrank, aber nicht rumwerfen damit, Bücher sind kostbar.
Ayhan buchstabiert mit schräggelegtem Kopf am Regal: Pe-ter Ha-nd-ke.
- Das ist nichts für dich, obwohl »Kindergeschichte« draufsteht. Überhaupt, laßt meine Bücher. Mesut, die sind »tabu« – wie der Schreibtisch.
- Mamie, warum brauchst du so viele Bücher?
- Die brauche ich, weil da die Sprache drin ist, die sonst niemand mit mir spricht.
- Aber wir reden doch deutsch mit dir.
- Ich meine nicht »deutsch«.
- Kann ich das später auch mal lesen? Ach lies uns doch gleich ein Märchen vor, bitte.

Im Winter gehn die Augen auf

Dritter Brief an die Freundin

S., 2. Dezember

Liebe Martha,

Dein Brief, der vor ein paar Tagen kam, hat mich ziemlich erschüttert, weil mir erst bewußt geworden ist, wie weh ich Dir getan habe mit meinem anscheinend leichtfertigen Verzicht auf unser Treffen an Weihnachten. Erschüttert auch, weil Du in allem Schmerz zu verstehen versuchst, weshalb ich so »abweisend« bin. Dabei sind es wirklich gravierende äußere Umstände, weshalb wir keinen Besuch einladen können, wenigstens im Winter. Hier schneit es zwar noch nicht, aber dafür regnet, nein, schüttet es alle paar Tage, und jedesmal sickert das Wasser durch die Fensterritzen. Neulich mußten wir die Teppiche aufrollen, weil ein Sturm den Regen geradezu hereindrückte. Wegen der Kälte in den beiden Räumen auf der Nordseite schlafen wir alle zusammen im Wohnzimmer. Wo soll da ein Besuch noch Platz finden? Auch hat sich herausgestellt, daß auf dem Schornstein ein Deckstein fehlt, so daß bei Wind immer der Ofen raucht. Bisher findet Ahmed es nicht nötig, das zu richten, vielleicht, weil er sich schämt, seinen Bruder schon wieder um Geld zu bitten. So gibt es täglich andere Überraschungen, abgesehen von dem, was wir schon kennen, nämlich, daß dauernd das Klo verstopft ist und der elektrische Strom unregelmäßig abgeschaltet wird.

Du schreibst, Du würdest alle Schwierigkeiten gerne mit mir ertragen und wärest in dem Sinne kein »Besuch«, dem man »was bieten« muß. Vielleicht vermutest Du ja zu Recht, daß ich die oben genannten Umstände nur vorschiebe, weil ich Deine Nähe und Gegenwart jetzt nicht will. Sollte es aber etwa notwendig sein, gerade das mir zu versagen, was ich am meisten entbehre, nämlich den vertrauten Menschen, die Freundin – notwendig, weil ich in noch tieferer Einsamkeit erst selbst Ja sagen lernen muß zu allem hier? Welche Antwort werde ich finden? Ich kann doch keine Türkin werden, und mit meinen »deutschen« Kategorien komme ich nicht weiter.

Im Moment bin ich an einem kritischen Punkt auch mit Ahmed.

Ich habe ihm im Streit gedroht, nach Deutschland zurückzukehren, und er hat ganz ruhig geantwortet, das sei wirklich das beste, wenn ich mich hier dermaßen in das Leiden hineinsteigerte. Da wurde mir bewußt, wie sehr meine Drohung Theater war. Ich will gar nicht fliehen – und ich müßte es auch schaffen, nicht zu leiden an Dingen, die im Grunde banal sind. Mit guten Vorsätzen und Bewußtmachung ist es jedoch nicht getan. Ich nehme einfach alles schwer, mache es mir schwer.

Wenn ich jetzt bei Dir sitzen könnte, auf Deinem Teppich, am Abend, ohne Licht. Von draußen scheint der Baum herein, und man hört die Turmuhr schlagen. Schon wenn ich es mir vorstelle, spüre ich etwas von Deiner Nähe, und mir wird wohl.

Als Ayhan sah, daß ich Dir schreibe, hat er dieses Bild gemalt für Dich. Man erkennt wohl, daß es eine Katze sein soll, »sein« Tier und Deins ja auch. Die Kinder fühlen sich mit den vielen Kameraden und dem freien Leben glücklich hier. Nur manchmal, nach dem Frühstück, halten sie mich noch fest zum Flugzeugspiel.

Erst werden die »Koffer« gepackt, dann setzen wir uns alle auf die Matratze, und mit schrecklichem Geheul startet das Flugzeug. In München werden wir von Dir abgeholt. Am ersten Abend gibt es das Traumessen: Putenwurst und Eis, so viel jeder will. Und dann vier Stunden Fernsehen. Trotzdem kann ich mir nicht vorstellen, daß die Kinder eine so große Sehnsucht nach Deutschland haben (Ayhan betet ja andererseits, daß er nicht mehr von S. weg muß wegen der Freunde), sondern sie versuchen wohl auf diese Weise, einen Zusammenhang herzustellen zwischen dem was war und dem was ist, sozusagen sich ihrer Identität zu versichern. Mir geht es ähnlich.

Was ich fürchte: durch meine Briefe eine Fremdheit zwischen uns heraufzubeschreiben, die gar nicht da ist, wenn ich an Dich denke. Bin ich in diesem Brief? Erkennst Du mich wieder?

Ich warte auf Deine Antwort

4. Dezember

Durch die Räumereien beim Umzug sind mir die Aufzeichnungen meiner Mutter über die erste Nachkriegszeit (den Zeitraum zwischen dem 7. Mai und Anfang Juli 45) wieder in die Hände gekommen. Ich bin erstaunt, nein bewegt, wie es die Frau voller Weitblick und Mut damals geschafft hat, mit uns drei kleinen Kindern aus Karlsbad in die »Ostzone« zu den Großeltern zu gelangen, d. h. das allgemeine Schicksal der Reichsdeutschen in der Tschechoslowakei zu umgehen. Auf 25 Blättern, meist Briefpapier, aber auch Schulheftseiten und Rechnungsformularen, hat sie da, nachdem alles vorbei war, sich das Zittern von der Seele geschrieben. Ich kann mich erinnern, wie sie daraus immer wieder vorlas, wenn abends Bekannte zu Besuch kamen. Und ich weiß, daß ich diese Vorlesungen haßte, nicht wegen der Wiederholungen (auch ich wiederholte ja jede Nacht im Traum das Erlebte) – sondern wegen des Pathos, mit dem da vorgetragen wurde, wegen der Stilisierung des Durchlittenen zu einem Theaterstück mit ihr als Hauptdarstellerin.

Wenn ich die Blätter jetzt selbst lese, fällt mir auf: Es gibt in ihrer Sicht nur das Grauenhafte und Erschütternde (Besetzung unserer Wohnung durch die Russen, Selbstmorde der Nachbarn, Beschossenwerden auf der Flucht) oder die Idylle (die herrliche Natur). Wie man im Schreiben die Wirklichkeit umdeuten kann bis hin zur Lüge! Eine Warnung für mich.

Sie hat es auch verstanden, den abwesenden Ehemann zu verteufeln. Daß er noch nicht zurückgekehrt war aus dem Krieg, wirft sie ihm wie eine Bosheit vor. Ganz früh hat sie mich eingespannt in ihren Kampf gegen den Ungetreuen als Mitwisserin und als Waffe. »Warum ist man so allein« hat sich dem Kind eingeprägt als die Grunderfahrung der Frau mit ihrem Mann. Und wie schwer wird es später sein, eine andere Erfahrung für möglich zu halten, geschweige denn, zu registrieren.

10. Dezember

Arbeit in der Küche nur noch in Etappen. Es ist da fast so kalt wie draußen; der Kühlschrank fehlt uns also wirklich nicht. Das Wasser ist eisig, die Hände sind überall aufgesprungen. Einzelne Vorgänge, wie *köfte* formen (das sind türkische Frikadellen), Kartoffelschälen, Linsen-, Bohnen-, Reisverlesen verlege ich ins warme Zimmer. Notgedrungen wird die Küche immer schlampiger.

13. Dezember

Durch Gewöhnung geht alles leicht.

Wenn die Hände wegen der Kälte schon voller Platzwunden sind, dann macht eine Abschürfung von der Holzarbeit auch nicht mehr viel aus. Wenn der Ofen bei jedem Sturm raucht und der Regen immer durch die Fensterritzen sickert, dann empfindet man das als normal – oder: Es jagt wenigstens keine Panik mehr ein.

Ascheausleeren, Holzhacken, Kohleschleppen kann Spaß machen als Außenarbeit, die den Kreislauf trainiert. Eiskaltes Waschwasser am Morgen und vor dem Gebet: wie gesund! Und wer wird sich noch ekeln, wenn Stochern im verstopften Klo zum Tagespensum gehört?

Das ist ohne Ironie gesagt, eher mit Erstaunen darüber, daß in so kurzer Zeit mir alles dieses so selbstverständlich geworden ist.

Nicht selbstverständlich, sondern unerträglich schwer ist die Abhängigkeit vom Ehemann bei Dingen, die früher durchaus von mir erledigt wurden. Nicht nur, daß ich über wenig Geld verfüge (klar, weil wir keins haben) – für vieles mir notwendig und vernünftig Erscheinende muß ich Ahmed bitten und bin auf seine Einsicht angewiesen. Ich darf z. B. keinen Maurer bestellen, der den Kamin repariert, so daß das Ofenproblem endlich ein Ende hätte. Oder nicht Mörtel kaufen und eine Leiter leihen, um es selber zu machen. Seiner Ansicht nach ist es nicht so schlimm, als daß es den Aufwand lohnte. Sehe ich denn die Tatsachen verzerrt?

Wenn Ahmed in dieser Weise stur ist, muß ich den Mund halten, sonst haben wir wieder einen Krach, bei dem ich den kürzeren ziehe, weil er irgendwohin ausweicht (ins Lokal, zu seinem Bruder) und ich mit den Kindern und dem täglichen Kram im Haus festgenagelt bin. In Deutschland konnte ich, wenigstens stundenweise, auch mal ausweichen. Hier habe ich das Gefühl, außer Haus ständig beobachtet zu werden (alle scheinen mich zu kennen). Und ehe ich nicht tatsächlich zum Äußersten entschlossen bin, nämlich für immer abzuhauen, muß ich die Form wahren.

Die Emanze in mir meutert: Diese Unterdrückung, diese Ungerechtigkeit kannst du nicht hingehen lassen! Das Weibchen dagegen beschwichtigt: sei lieb, schluck's runter.

Wenn ich aus der Verwirrung auftauche und meinen trotz seiner Macken so redlichen Mann anschaue, ist eigentlich nur eine dritte Position möglich, nämlich, weder Waffen noch Lockmittel zu benutzen und eine geduldige Aufklärungsarbeit nicht zu scheuen. Dazu muß ich mir selbst erst einmal klarmachen, was Wirklichkeit ist und was Mystifikation. Manchmal, wenn ich heule, wenn ich anklage und drohe, scheint es mir, als sei das gar nicht ich, als seien auch die furchtbarsten Worte (ich packe meine Koffer, ich zünde das Haus an, ich bringe mich um) nicht ernst gemeint, sondern ein Test, ob Ahmed darauf reagiert wie der alte Teufel (Vater), oder ob er es durchschaut, mich in die Arme nimmt – mich also wirklich liebt. Welche Feuer- und Wasserhöllen müssen wir noch durchschreiten, bis »des Todes düstre Nacht« gebrochen ist?

15. Dezember

Kindisch, Ahmed die Verhältnisse hier anzulasten. Als hätte er mich verschleppt, mit leeren Versprechungen hergelockt. Es ist wahr, wir hatten uns beide das bessere Leben anders vorgestellt. Aber wer sagt denn, daß das hier nun nicht noch besser als unsere Vorstellung ist?

17. Dezember

Seit zwei Wochen kommt eine Waschfrau, die mir die Wäsche mit viel Omo und viel Rubbeln wunderschön sauber wäscht. Sie hat vier Kinder, ihr Mann verdient als Pächter einer Teebude etwa 10 000 Lira im Monat, und das reicht natürlich nicht. Es wurden für den Waschtag 500 Lira als Lohn ausgehandelt. Ich nenne sie zuerst *abla* (ältere Schwester), kriege dann aber heraus, daß sie 10 Jahre jünger ist als ich.

18. Dezember

Hier gibt es seit Tagen nur ein Gesprächsthema in der Nachbarschaft: die *gelin* (junge Frau) aus dem Haus der Kerime-Oma ist weggelaufen, in der Nacht einfach auf ihr Dorf zurückgegangen. Angeblich hat sie sich geweigert, ihrem Mann die Hosen zu waschen, wollte nicht von einem Teller mit ihm essen, nicht mal im Bett neben ihm schlafen. Deswegen bezeichnen sie die Frauen als »nicht richtig im Kopf«. Mir ist von Anfang an ihr verzweifeltes Lächeln aufgefallen. Die Hochzeit hatte im Herbst ohne Musik und ohne den sonst üblichen Spaß für die Nachbarn stattgefunden. Die Schwiegereltern sind schrecklich arm; als Friseur verdient der junge Ehemann wohl auch wenig. Und was sonst? Von Liebe ist nicht die Rede. Den Ehevertrag haben die beiden Familien ausgehandelt. Wie die Leute so unbeirrt glauben können, daß die Braut allein schuld ist! Und daß vor allem die Frauen, die wahrhaft wissen, wie oft man nahe dran ist, alles hinzuschmeißen, die eine nicht verstehen, die es getan hat. Sie ist übrigens schwanger im dritten Monat. Die Klatschtanten erwägen auch die Möglichkeit einer Abtreibung.

»Notizen aus der türkischen Kleinstadt« (9)
Müşerrefs Hütte

»Wenn deine Seele bedrückt ist, komm und setz dich zu mir«, hatte Müşerref von gegenüber mich eingeladen.
Ja, heute war meine Seele bedrückt, und da ich ihr Gesicht am Fenster sah, wollte ich mich einmal auf diese hier übliche Weise

trösten lassen. Als ich in den Hof komme, öffnet sie schon die Haustür. Ich ziehe die Schuhe aus. Der Lehmboden im Flur ist kalt durch den dünnen Fleckerlteppich zu spüren. Sie führt mich ins Wohn-Schlafzimmer, wo es schön mollig ist, weil sie gerade ein paar Hände voll Tannenzapfen in den Ofen geworfen hat. Mit angezogenen Füßen setze ich mich auf das Sofa am Fenster und packe mein Strickzeug aus. Wir handarbeiten. Müşerref hat einen größeren Auftrag: viele Meter rote und grüne Okaispitzen als Umrandung für Kopftücher. So kann sie in drei Tagen 500 Lira nebenbei verdienen. In dem Zimmer steht neben dem Sofa noch das Ehebett, sonst gibt es keine Möbel, bis auf den dunkelbraunen Einbauschrank, der die ganze Rückwand ausfüllt. Doch – ein Fernsehapparat ist da, liebevoll geschmückt mit einem gehäkelten Überwurf. Die schräge Zimmerdecke besteht aus armdicken Holzbohlen, die die Unterseite des Daches bilden. Es sieht hübsch aus, aber ich kann mir jetzt vorstellen, weshalb Müşerref nach Sturm und Gewitter aufs Dach steigen muß: Die Dachziegel verrutschen, und es regnet ins Zimmer.

Nach einer Weile wird das obligate Glas Tee gereicht. Wir tratschen ein bißchen. Der Sohn kommt aus der Schule. Die Mutter ist stolz auf ihren Ältesten, der einmal »studieren« soll.

Müşerrefs Mann verdient als Hilfsarbeiter in einer Bäckerei 10 000 Lira monatlich. Die 14jährige Tochter betreut das kleine Kind einer Gymnasiallehrerin und kriegt dafür 3 000 Lira. Und die Handarbeiten von Müşerref selbst bringen ein paar Tausender dazu. Davon kann man satt werden, mit Suppe, Bohnen, Brot, Kohl, Nudeln, Reis ... und außerdem sparen: für die Aussteuerkiste der Tochter nämlich, die keine ganz arme Braut sein soll. Die Bettwäsche ist schon beisammen, herrliche weiße Laken mit einer selbstgemachten Spitzenborte, zwei Seidenkissen für die Hochzeitsnacht, eine große Doppelschlafdecke. Aber da fehlt noch allerlei. »Sie soll auch goldene Ohrringe haben, wenigstens«, vertraut mir Müşerref an. Und deswegen kauft sie keine Kohlen, sondern fährt im Sommer mit dem Handwagen in den Wald zum Tannenzapfen- und Holzsammeln; deswegen verzichtet die Familie auf den »Luxus« von Fleisch und Obst.

Ehe ich gehen muß, zeigt mir Müşerref noch die ganze Hütte. Da gibt es eine »gute Stube« mit zwei Sofas, wo die Kinder schlafen, normalerweise ungeheizt. Auch hier alles sehr einfach, keine Prunkmöbel. Und dann ist da noch die Küche mit einem gemauerten Herd, auf den ich fast neidisch werden könnte, denn hier muß die Hausfrau beim Kochen wenigstens nicht frieren. Die Wasserleitung befindet sich im Hof, ebenso das Klo in einem extra Häuschen.

Ja, meine Seele ist nicht mehr bedrückt, als ich nach zwei Stunden wieder zu Hause bin. Müşerref mit ihrem immensen Selbstbewußtsein und ihrer Fröhlichkeit hat mir vermittelt: Es geht. Man kann leben. Sogar mit noch weniger. Und glücklich sein.

20. Dezember

Heute habe ich das ganze türkische Tagebuch noch einmal durchgelesen und bemerkt, daß die Aufzeichnungen ziemlich selektiv sind. Die zwei kleinen Ungeheuer, die meinen Alltag mit ihrer Lebendigkeit ständig erschüttern, nehmen hier nur einen Randplatz ein – als Beispiele für die Anpassung von Kindern an eine neue Umwelt. Auch die Verwandtschaft kommt aus Diskretionsgründen lediglich stark verfremdet vor. Und der Ehemann ist in Gefahr, zu einem literarisch reduzierten Phantom zu werden, das ständig typisch Türkisches tut. Ich sehe jetzt, daß unbewußt die Aufzeichnungen doch unter dem Aspekt eines möglichen Leserinteresses konzipiert sind, so sehr ich auch beabsichtigt hatte, für mich zu schreiben (um nicht unterzugehen). Daher auch die Aussparung von Tabu-Themen, wie Sex und Religion.

Andererseits: Sex ist wohl das einzige, das bei uns ohne Probleme geht. Weshalb darüber schreiben? Auch wüßte ich nicht, inwiefern unser Eheleben repräsentativ wäre für türkisch-deutsche Körperverbindungen.

Bei meiner ersten Türkeireise vor 10 Jahren wurde ich einmal von Frauen, entfernt verwandten, beglückwünscht zu meinem türkischen Mann. Sie kicherten, als sie vorbrachten, die Amerikaner seien im Bett doch komisch (anscheinend setzten sie die deutschen Männer den amerikanischen gleich). Auf meine erstaunte Frage, woher sie über die Bettgewohnheiten der Amerikaner Bescheid wüßten, kam die Antwort: »durchs Fernsehen«.

Türkische TV-Filme zeigen keine Intimitäten. Über das Sexualverhalten des Durchschnittstürken weiß ich wenig. Mein Mann ist vielleicht kein Durchschnitt. Er ist zärtlich, einfühlsam ... Ach, das geht ja niemanden was an! Lassen wir die Bettdecke ungelüftet. Es ist sowieso kalt genug im Dezember.

24. Dezember

Wie unsere Waschfrau ißt! Sehr langsam. Sie legt nach jedem Happen den Löffel weg, redet nichts. Offensichtlich genießt sie. Sie will alles unvermischt, einzeln auf dem Teller haben, Reis extra, Gemüse extra, Fleisch extra.

Heute hatte sie ihr jüngstes Kind dabei, ein Mädchen von fünf Jahren, eine kleine dunkle Schönheit, so zart, daß ihr die abgelegten Pullover und Strümpfe von unserem dreijährigen Mesut passen. Das Kind ging der Mutter nicht vom Rockzipfel, erst am Nachmittag, als die Wäsche fertig war und die Frau sich bei einem Tee aufwärmte, fing es an, mit den Bauklötzchen zu spielen. Es wollte kein Spielzeug als Geschenk annehmen.

25. Dezember

Die Märchen der alttürkischen Nomaden, in Deutschland ziemlich verbreitet durch die zwei Bände der Elsa Sophia von Kamphoevener, sind in der Türkei kein Volksgut, wie etwa Grimms Märchen bei uns. Das türkische Kind kennt, neben Mickymaus und Tarzan, allenfalls Nasreddin Hoca, einen Weisen im Narrenkleid, der durch seine Antworten und Handlungen die Menschen verblüfft und zum Nachdenken anregt. Noch weniger als die Hoca-Geschichte mit ihrem versteckten mystischen Gehalt sind die Märchen eine Sache für Kinder. Daß auch die Erwachsenen sie nicht kennen, liegt unter anderem daran, daß das Milieu, in dem sie wuchsen (Nomadentum, Karawanen, Erzählen am Lagerfeuer) durch die Zivilisationsmaßnahmen des 20. Jhs. zerstört wurde. Und es gab keine sammelnden und edierenden türkischen Brüder Grimm, die diese Kulturschätze der Nation vermittelt hätten.

Heute las ich Ayhan die Geschichte der Sultana vor, die keinen Sohn gebären konnte. Um von ihrem Mann nicht verstoßen zu werden, präsentiert sie ihre jüngste Tochter als Knaben (mit Wachs wird dem Sultan das fehlende Glied vorgetäuscht). Die Mutter bittet sich aus, Osman bis zum siebten Lebensjahr ganz allein erziehen zu dürfen. Mit Hilfe eines verzauberten Pferdes und einer zarten Maus flieht das Kind kurz vor dein Geburtstag, an dem die Täuschung offenbar werden müßte, in die Welt und begeht Heldentaten, die es zum Mann wachsen lassen. Als Osman heimkehrt und zwei Bäume, die lachende Granate und die weinende Zitrone, in den verborgenen Garten der Mutter pflanzt, hat sich deren Sehnsucht (nach der Animusfigur?) erfüllt. Es scheint gar nicht mehr wichtig, daß der Sultan eigentlich einen Thronfolger wollte.

Die Geschichte, die mich sehr bewegte, fand Ayhan »gar nicht besonders«. Freilich ist die Symbolsprache nicht einfach, dem Kind nicht unmittelbar zugänglich, und die Thematik ist vom Erwachsenen her konzipiert. Die vielen Liebesgeschichten der Sammlung lehren Weisheit im Verhältnis der Geschlechter; manchmal ist die männliche

Sicht überdeutlich (Erzähler wie Zuhörer waren Männer). Wirklich Spaß gemacht hat meinem Ayhan bloß »Ali, der Meisterdieb«, weil es da handfeste Abenteuer gibt und viel Witz. Vergeblich die Versuche, Ahmed für die Märchen zu begeistern. Mein Mann will sich nichts erzählen lassen. Es wäre vielleicht auch grotesk, wenn eine deutsche Frau einem Türken »seine« Märchen vermittelte. Oder wehrt er sich gegen die versteckte Aufforderung, es sollte bei uns märchenhafter zugehen, mit blumigen Worten, Geschenken, duftendem Liebeslager?

Das Päckchen von Martha mit Kaffee, Schokolade, Handcreme. Die Kinder brachen in Freudentänze aus, weil auch kleine Büchlein dabei waren. Der Zoll kostete umgerechnet 20 DM (ein teurer Spaß).

Sprachentwicklung der Kinder nach 4 Monaten

Beide Kinder unterhalten sich mit den Freunden zwar einfach, aber in vollen Sätzen. Man bemerkt kaum einen Unterschied zwischen Ayhan und Mesut. Sieht man freilich genauer hin, dann kann Ayhan jedes Wort übersetzen und hat viel mehr Vokabeln im Kopf, während Mesut die Bedeutungen doch mehr pauschal und teilweise falsch erfaßt. Die Kinder sprechen auch miteinander beim Spielen viel türkisch. Ayhan liest, noch stockend allerdings, sowohl türkisch als auch deutsch.

Die Texte, die er entziffert, sind allerdings in beiden Sprachen von verschiedenem Schwierigkeitsgrad. Auf deutsch hat er zwei kleine Kinderbücher gelesen (und seine ersten Briefchen frei geschrieben), auf türkisch liest und schreibt er ganz einfache Sätze aus dem Lehrbuch für die erste Klasse Grundschule.

Mal wollte er mich verkohlen, indem er den deutschen Text so las, wie es ein Türke täte. Er weiß das ja von den Kameraden, die in der Mittelschule als Fremdsprache Deutsch haben. Die sagen ›butsch‹ (statt Buch) und ›ejn metken‹ (statt ein Mädchen).

Ende Dezember

Aus der türkischen Zeitung: »Die deutsche Sabine (19) heiratet den Sabahattin aus Izmir, nachdem sie zum Islam übergetreten ist.« (Mehrere Fotos des Brautpaares)

»Sie hat es leichter so«, sagt dazu mein Mann. Er meint wohl, es sei klug von dem Mädchen – zwar könnte sie auch einen Muslim heiraten, ohne den Islam anzunehmen, aber so gibt es keine Schwierigkeiten bei der türkischen Verwandtschaft. Sie wird herzlicher aufgenommen, nicht als Fremde betrachtet – wie ich es ja auch erfahren habe. Muslim werden ohne Überzeugung, sozusagen als Vorsichtsmaßnahmen gegen die Fremdheit, das möchte ich aber niemandem raten. Ich habe in München einige deutsche Frauen gekannt, die ihrem Mann zuliebe dessen Religion angenommen hatten, und sie waren ausnahmslos durch diesen Schritt, der ja ein Problem aus der Welt schaffen sollte, mit noch größeren Problemen konfrontiert worden. Denn nun verlangte der Mann Leistungen von ihnen, die eine große Belastung bedeuten, wenn man ihren Sinn nicht einsieht. Das beginnt beim Verzicht auf Alkohol und Schweinefleisch, geht über die Kleidungsvorschriften (keine kurzen Röcke, keine engen Hosen, Bedeckung der Arme und der Haare in Gegenwart von fremden Männern) bis zu den eigentlichen religiösen Pflichten: das Bekenntnis zu Allah als alleinigem Gott, täglich fünfmaliges Gebet, Fasten im Monat Ramadan, Abgaben an die Armen, Pilgerfahrt nach Mekka.

Diese Minimalforderungen wirklich erfüllen kann nur die, die sich aus echtem Interesse intensiv mit dem Gedankengut des Islam befaßt, selbst liest (es gibt einige deutsche und sehr viele englisch geschriebene Bücher) und sich mit Gleichgesinnten bespricht, was in Deutschland gut möglich ist bei den mehrmals im Jahr stattfindenden Tagungen deutscher Muslime. Diese herzlichen und anregenden Begegnungen vermisse ich hier sehr.

Die durchschnittliche Türkin hat ein geringes Wissen über die Religion. Die Männer sind insofern ein bißchen informierter, als sie in der Moschee die Freitagspredigt hören und dort wohl auch eher mit Schrifttum in Kontakt kommen.

Sogar wenn einzelne Mädchen – in der Nachbarschaft weiß ich drei – nach der Volksschule einen Korankurs besuchen: Sie lernen dort den Koran auf arabisch zu lesen, einzelne Teile auswendig zu rezitieren und bekommen eine sinngemäße Übersetzung vermittelt, aber eigentlich keine Bewußtseinsbildung, keine Anleitung zum Nachdenken, etwa über das Verhältnis der erfahrenen Realität zum Geist des Islam.

Bezeichnend war eine Diskussion über den Moscheebesuch. »Frauen gehen nicht in die Moschee«, kriegte ich von den Nachbarinnen mehrfach zu hören, als ich, aus Freude am gesungenen Gemeinschaftsgebet, anfangs mit Mann und Söhnen losließ beim Ezanruf des Muezzin, der zum Gebet auffordert.

Alle Argumente, daß ich in den Moscheen der großen Städte oft Frauen gesehen hätte, daß in Mekka die Pilgerinnen und Pilger sogar in bunter Reihe knieten, und daß zur Zeit des Propheten die Frauen mit den Männern gemeinsam gebetet haben – alle diese Gegenbeispiele verfingen bei den Nachbarinnen nicht. Sie sagten, das mag zwar alles wahr sein, aber »Frauen gehen nicht in die Moschee« (siehe oben). Damit gaben sie als ihre eigene Ansicht wieder, was die Männer wollten.

Das Beispiel zeigt übrigens gut, wie eine als Erleichterung gedachte Anordnung (Frauen haben nicht die strenge Verpflichtung, am Freitagsgebet und überhaupt am Gebet in der Moschee teilzunehmen aus Rücksicht auf Schwangerschaften, zu stillende Babies, Unwohlsein) in ein Instrument zur Verdrängung der Frauen aus einem wichtigen Lebensbereich umfunktioniert wurde. Auf gleiche Weise könnte man auch den Ausspruch des Propheten Muhammed fehlinterpretieren, daß eine Frau sicher ins Paradies komme, wenn sie ihre Kinder erziehe und ihrem Mann eine gute Ehefrau sei. »Aha, das bedeutet doch wohl die Begrenzung des weiblichen Tätigkeitsfeldes auf Haus und Kinder.« Weit gefehlt: In der Geschichte gibt es viele Beispiele weiblicher islamischer Gelehrter, Dichter und Politiker. Leider sieht es in der Gegenwart damit schlecht aus. Ich kenne nur eine Handvoll Frauen, die Bücher verfassen oder übersetzen, und viele, die Koranunterricht geben. Man sucht die überragenden Gestalten.

Mit Ahmed habe ich über den Ausspruch des Propheten geredet. Er bedeutet wohl ganz und gar nicht den Ausschluß der Frau aus den öffentlichen Angelegenheiten (das steht ja nicht zur Debatte), sondern eine Anerkennung des banalen weiblichen Alltags, der als Leistung dem gleichsteht, was die Männer an extra »Übungen« noch bringen müssen, um sich das Paradies zu verdienen. Wiederum darf man hieraus nicht schließen, daß den Frauen die anfangs genannten religiösen Pflichten nicht zugetraut werden.

Bei Diskussionen in der alten Heimat mit Leuten, die nicht verstehen können, weshalb ich den Islam angenommen habe, werde ich immer wieder auf die Minderbewertung und Benachteiligung der Frau in den islamischen Ländern hingewiesen. Im Koran wird demgegenüber die Frau dem Mann geistig gleichgestellt und ihre bis dahin total unterdrückte Lage in rechtliche und soziale Sicherheit verwandelt. So heißt es im Koran:

»Wer das Rechte tut, sei es Mann oder Frau, wenn er nur gläubig ist, den wollen wir lebendig machen zu einem guten Leben und wollen ihn belohnen für seine besten Werke.« (16, 99)

»Und er hat zwischen euch (Mann und Frau) Liebe und Barmherzigkeit gesetzt. « (30, 20)

Mein Mann hat mir erzählt, daß der Prophet Muhammed seine

Schuhe und seine Kleidung selbst in Ordnung gehalten und täglich seine Frauen gefragt habe, ob er bei einer schweren Arbeit helfen könne.

Ahmed hat sich das zu Herzen genommen.

Also auf der einen Seite die sogar für heutige Begriffe »fortschrittliche« Lehre, auf der anderen Seite eine bedrückende Realität. Mit dieser Spannung muß ich zu leben versuchen.

Weshalb ich Muslim bin? Dem, der jeglichen Glauben oder jede religiöse Bindung ablehnt, werde ich das wohl nicht erklären können. Bei mir war von Anfang an das Ausschlaggebende: Islam heißt »Ergebung in den Willen Allahs und dadurch Frieden.« (Wortbedeutung) Dies zu verstehen und zu tun, finde ich seit über zehn Jahren spannend. »Sich ergeben« bedeutet nicht das Opfer der Vernunft. Der Prophet hat gesagt: »Die Suche nach Wissen ist eine Pflicht für jeden Muslim (Mann und Frau).«

Und im Koran steht: »Sind die Wissenden und die Unwissenden etwa gleich?« (39,10)

Das Wissen schließt für mich auch Ehrlichkeit bei der Hingabe ein. Ekelhaft alle Frömmelei. Vielleicht sind deshalb meine Gebete nicht erhebend, immer voller Störungen, die Kinder »müssen« immer etwas ganz Dringendes gerade dann; und ich selber störe mich: Sorgen, Pläne, Erinnerungen drängen sich vor. Also noch nicht mal Konzentration, wieviel weniger »vollständige Versenkung«. Im Gebet sehe ich von Gott nichts, bloß mich selbst in meinen Störungen. Es ist aber richtig so. Ich stehe erst auf der untersten Sprosse der Leiter, und die will ich nicht überspringen. Es »stört« Allah sicher auch nicht, daß ich erst mal zu mir kommen muß, ehe ich zu Ihm kommen kann.

Gerade bei der religiösen Thematik bin ich ständig in Gefahr, in einen vorgeprägten Stil auszuweichen. Einerseits die Angst, mich preiszugeben, andererseits die Unsagbarkeit der Erfahrungen.

4. Januar

Ahmed holt mir neuerdings die Kohlen hoch, hackt Holz und leert die Asche aus. Diese Einsicht habe ich nicht herbeigeredet, obwohl ich genug geredet habe. Da half mir mein Kreislauf. Zwei Zusammenbrüche innerhalb weniger Tage; der erste war eine wirkliche Ohnmacht, aus der ich erst erwachte von Ahmeds Küssen. Vielleicht unterschätze ich auch den Lernprozeß, den mein Mann vollbringt, indem er sich wenigstens teilweise ablöst von den Wertvorstellungen seines anatolischen Heimatdorfes.

Wie oft höre ich: »Das ist Männerarbeit«, bzw. »das ist Frauenarbeit«. Die Grenze verläuft etwa so, daß alles, was mit Maschinen und Geschäften zu tun hat oder im öffentlichen Leben geschieht, als »männlich« gilt, während die Frauen die Arbeiten im Haushaltsbereich ausführen, auch wenn diese oft große körperliche Anstrengung erfordern. Auf den Feldern ist der Part der Frauen das Pflanzen und Einsammeln – mit der Hand –, während die Männer die Gespanne lenken oder den Traktor fahren. Mir scheint, als würde alles das zur männlichen Tätigkeit erklärt, was Prestige bringt. Im Berufsleben dringen allerdings auch in der Türkei die Frauen vor. Es gibt Ärztinnen, Apothekerinnen (als Inhaberin der Apotheke), Lehrerinnen und Bankangestellte in S. sowie Verkäuferinnen. Eher überlassen die Männer wohl einen Teil der Prestigetätigkeiten den Frauen, als daß sie selbst sich »erniedrigen« und bei der Hausfrauenarbeit mithelfen.

Ein Sonderfall ist jedoch die Kinderbetreuung. Da greifen türkische Familienväter schon zu – wenn sie daheim sind –, füttern und wickeln und tragen das Baby oder bringen die Kleinen aufs Klo und waschen sie. Der Prophet Muhammed nannte Kinder »Paradiesvögelchen« und »Blumen Gottes«. Diesen zu dienen, ist auch für den Mann keine Schande.

8. Januar

Der Hilfsarbeiter aus dem Geschäft des Schwagers kam vom Neujahrsausflug nach Istanbul nicht pünktlich zurück. Man meinte schon, er hätte sich dort eine neue Stelle gesucht. Heute ist er plötzlich wieder da. Der Schwiegervater habe ins Krankenhaus müssen, und da habe er doch nicht einfach wegfahren können. Mein Schwager fragt bloß, ob es denn kein Telefon gäbe, um Bescheid zu sagen. Keine Rede von Entlassung oder Lohnabzug.

10. Januar

Was ist beschreibenswert an diesem Sonntag im Januar?
Im Erwachen das Nachgefühl der Lust. Die Kinder rühren sich. Mesut sucht sein Teefläschchen. Seine verschlafenen Augen, seine Apfelbacken.
Mein Entschluß aufzustehen in die Kälte. Der strenge Frost von gestern scheint sich verzogen zu haben, jedenfalls kein Eis an den Fenstern. Feuer anmachen im Bad und im kleinen Zimmer. Ein paarmal pendele ich zwischen beiden Öfen, lege Kleinholz nach, bis eine Glut entsteht und die Kohlen anbrennen. Die Kinder kriegen einen

warmen Tee ans Bett. Das Frühstück wird auf dem Tablett hergerichtet. »Wird«? Na, wer macht denn den ganzen Service? Ich doch. Ich ziehe auch die Kinder an, schicke sie ins warme Zimmer rüber und kuschele mich noch einmal zu meinem faulen Mann. Der darf heute faul sein, ohne daß ich grolle. Und nach Zwiebeln riechen aus dem Mund, ich küsse ihn trotzdem. Das ist nicht der Lohn für ein bißchen Orgasmus, eher für eine Woche Kohletragen und Holzhacken. Es ist gar kein Lohn. Ich *sehe* ihn einfach bloß, sehe da einen, der sich wohl fühlt und will ihm das nicht vergällen, sondern auch dabeisein. Wie warm du bist, ich glühe an dir. Deine Hand zwischen meinen Schenkeln, die gehört dahin. Keine Erregung, nur Wohlgefühl. Die Kinder stürmen herein. »Das ist unsere Mamie, geh weg, du großer, grauer Wolf!« Sie jauchzen, weil der *baba* auf das Spiel eingeht und grimmig seine Beute verteidigt.

Das Wasser vom Badeofen ist richtig heiß. Eigentlich möchte ich es genießen, aber die Luft in dem Raum ist zu kühl dazu. Drei Eimer voll Wasser über den Kopf geschöpft und dann die Waschung zum Gebet.

Als wir frühstücken (Käse, Oliven, Weißbrot, Tee), ist es halb elf. Die Kinder schließen sich dem *baba* an, der Kellerarbeit machen will: Kohle zerkleinern, Holzhacken, Aschetragen, Eichenklötze heraufholen. Sie stürmen hinaus wie zu einem Sport.

Das Wetter ist diesig. Vom Dach tropft der schmelzende Schnee. Zum Glück ist der Haupthahn fürs Wasser nicht vereist gewesen. Man hört es in der Wand gluckern. Das Depot füllt sich.

Ich beschließe, »groß« zu kochen. Einen *pilav*; rote Bohnen, die ich schon gestern eingeweicht habe; der Joghurt setzt sich gerade ab von der Molke; Apfelkuchen, wenn ich es schaffe.

Endlich gelingt mir der Reis-*pilav*, mit Hilfe der Tips eines Restaurant-Kochs, nachdem ich schon fast verzweifelt war. Daß Reiskochen so eine Kunst sein könnte, habe ich mir als Verbraucherin von »Uncle Bens« auch nicht vorgestellt.

Erst mal den Reis verlesen, Steine sind immer drin; dann waschen, bis kein weißer Nebel (Stärke) mehr im Wasser ist; Reis ins Sieb geben zum Abtropfen. Gleichzeitig wird in einer Pfanne *şehriye*, das sind kleine Nudeln, angeröstet. Und wiederum gleichzeitig wird das Wasser, doppelt soviel wie Reis, mit Salz zum Kochen gebracht. Man muß im Gefühl haben, wie lange der Reis braucht; zuletzt sind die Körner glasig und kleben nicht mehr. Dann wird das kochende Wasser über den Reis gegossen, die hellbraunen *şehriye* dazugegeben, und alles zusammen zieht auf sehr kleiner Flamme, bis das Wasser verschwunden ist. So ein *pilav* ist keine Beilage mehr, sondern ein »Gang«.

Während ich koche, unterbrochen von einigen Aufwärmpausen, spielen die Kinder draußen. Freunde kommen in den Garten. Man hört auch den Fußball ein paarmal aufprallen und über den Zement schurren. Ahmed hat sich einen Anzug angezogen und ist fortgegangen. Was kann man schon unternehmen in S.? Allenfalls in der Teestube bei der Marktmoschee ein paar Leute treffen. »Vielleicht bringe ich euch Hackfleisch für *köfte* mit.« Das sind Klopse, aber anders. Als er dann um zwei Uhr kommt, ist von *köfte* keine Rede. Wie gut, daß ich das Mittagessen gar nicht darauf eingestellt habe. Ich bin ohne Vorwurf, bestehe nicht auf dem Einhalten von Versprechungen. Er hat mir ein Tütchen Zuckermandeln mitgebracht, auf die ich zeitweise wild bin. Ich schaue ihn an. Welche Bedeutung haben die Mandeln? Versöhnung? Freude machen? Sich-freikaufen-Wollen? Schlimm sind meine Hintergedanken; ich kann mich nicht spontan einlassen auf das, was ist.

Den Reis, die Bohnen muß ich noch einmal wärmen, alles ist wieder kalt geworden. Wir setzen uns in die Runde an den Boden. Ahmed findet den *pilav* endlich so, wie er ihn sich erträumt hat. Schmatzen und Schnaufen. Die rohe Zwiebel zu den Bohnen läßt Tränen in die Augen treten und die Nase laufen. Offensichtlich sparen sich die Kinder etwas Platz im Magen für den Kuchen auf.

Draußen sind schon wieder Freunde. Ayhan hält es nicht aus im Zimmer, er zieht sich Parka und Stiefel an. Nach zwei Minuten fragt er durch die Tür, ob er mit Hasan ein wenig weg dürfte, aber Mamie, noch zwei Stück Apfelkuchen für jeden. Zum Glück hat Mesut gar nicht gemerkt, daß der *ağabey* ohne ihn fortgeht, sonst gäbe es Geschrei. Dafür sitzt der *baba* am Boden neben dem Ofen, dem kann man auf die Zeitung hauen; und der tut auch, als hörte er zu, wenn man Lieder singt, wie der Junge gestern im Fernsehen bei der Tante. Willst du einen Kaffee? Nein? Aber ich.

Den Kaffee koche ich mir türkisch im Kupfergefäß, mit viel Zucker. Das Kochen dauert – und dann muß man warten, bis der Satz unten ist, und dann schluckweise trinken. Alles langsam. Die Zeit dehnt sich. Ich sitze auf der Matratze neben dem Ofen und schaue auf das Stückchen begrünte Erde vor der Nachbarshütte. Da lag gestern noch Schnee. Den Berg hinauf kahle Bäume und weiter hinten ein Haus, alles undeutlich durchs Fliegengitter. Ich will nicht aufstehen, weder in die kalte Küche noch zum *abdest* (Gebetswaschung) ins Bad. Der Ofen ist heute brav. Kein Rauch. Meine Zehenspitzen werden warm. Mesut hat sich in ein »Häuschen« zwischen dem Spielzeugkorb und der Fußbank gesetzt, um ungestört die Rosinen zu essen, die ihm der *baba* mitgebracht hat.

Gedanken an Ingeborg Bachmann. Als ich in »Montauk« (nun zum zweitenmal gelesen) an die Stelle kam, wo Max Frisch ihren Tod andeutet, mußte ich einhalten, weil mir die Tränen kamen. Die Ermunterung, mich selbst zu definieren als sensible Frau, die eine Sprache sucht für das, was sie sieht und erlebt. Meinen Wert nicht zu bestimmen (und bestimmen zu lassen) durch einen geglückten Reis und einen weniger geglückten Joghurt (von dem ich hier ja auch bezeichnenderweise geschwiegen habe). Schriftstellersein als Bewußtseinslage. Die selbstgestellte Aufgabe: eine Wirklichkeit erstehen zu lassen in Worten.

Was ist beschreibenswert an diesem Sonntag im Januar? Die Stille, mit der sich das Alltägliche vollzieht. Gelassenheit; den anderen sein lassen, dabei nicht interesselos. Die türkische Zeitung bringt eine Seite über die »Lebensmitte«. Hast du das gelesen, Ahmed? Es betrifft dich. Wir stehen auch in dieser gepriesenen Mitte. Ehe die Hormone abfallen und die Depressionen kommen. Er sieht da kein Problem und keinen Anlaß zur Freude, auch Brigitte Bardot (Großfoto) mit ihren 48 Jahren ist kein Anknüpfungspunkt. Aber eine Belebung des Baugeschäfts ist in Sicht, sagt die Zeitung. Die frohe Botschaft. Vielleicht erleben wir's ja doch noch, Lebensmitte hin, Lebensmitte her, ins eigene Haus zu kommen, weg von hier, in die Wärme, in eine kultivierte Umwelt, ans Meer. Nicht zu sehr ausmalen, was sein könnte, sonst schwappt der Unmut wieder herein, die Waage verliert ihr Gleichgewicht.

Ich wasche mich zum reichlich späten Mittagsgebet. Preis sei Allah, dem Erschaffer und Erhalter der Welten.

Ahmed liegt auf der Matratze und atmet tief. Als ich ihm eine Decke bringe, legt sich Mesut daneben.

Vielleicht mein Fehler, die beiden um 5 Uhr zu wecken. Weil ich spazierengehen will, nicht allein. Die Kinder, Ayhan ist inzwischen wieder zurück mit dem Freund, sind immer dabei, wenn etwas unternommen wird. Aber Ahmed ist stumm. Er tut, was ich gewünscht habe, aber etwas stört ihn. An dem Kasperlton, mit dem er zu den Kindern spricht, während er mich anschweigt, merke ich, daß ich nicht fragen darf.

Wir gehen in Richtung Grüne Moschee. Wo sich gestern noch Eisbahnen quer über die Straße zogen, läuft heute schon wieder das Wasser von den bergauf gelegenen Häusern. Die Enten suchen nach Abfällen darin. Neben dem Misthaufen an der Wegbiegung steht der junge Esel mit seinem zottigen Winterfell. Da laufen Kinder ohne Strümpfe, bloß in Latschen, von einem Haus zum anderen. Sie sehen nicht arm aus. Hinter der Grünen Moschee den Weg links runter sind wir noch nie gegangen. Er führt zum Friedhof der Stadt. Eine wüste grasbewachsene Landschaft voller Dornenbüsche. Die ungepflegten Gräber nur durch zwei Steine an Kopf- und Fußende bezeichnet, selten die Angaben von Namen und Lebensdaten, öfter die Aufforderung, für den Toten zu beten. Wir stolpern ohne Weg zwischen den Gräbern hin. Das Gerippe eines Hundes. Auf der Höhe des ansteigenden Geländes ein auffallendes Grab, weil ganz von Marmor umrahmt. Ein Kind liegt da begraben. Der kleine Yahya wurde nur fünf Monate alt. Inzwischen wäre er 20. Der Heimweg ist ermüdend. Es wird dunkel. Mesut will getragen werden. Es geht auf einer unbefahrenen Asphaltstraße immer unterhalb der Felder entlang, bis endlich ein schlammiger Weg abzweigt, auf dem wir zu unserem Haus hochsteigen können. Die ganze Zeit folgt uns ein verwahrloster Hund, weicht scheu zurück, wenn man sich umdreht. Ist er hungrig, krank? Ayhan klammert sich an meine Hand, es ist ihm unheimlich.

Rechts auf dem Feld 50 Bauruinen, Zweifamilienhäuser einer Wohnungsbaugenossenschaft. Parterre und erster Stock stehen im Rohbau, darüber ragen überall die Eisenstangen, die anzeigen, daß ein weiteres Stockwerk geplant war. Die Betontreppen hängen in der Luft zum Schwindligwerden. Seit Monaten war kein Arbeiter mehr auf dem Bau. Kapitalmangel.

Endlich unser Hoftor. Der fremde Hund ist in einen anderen Weg eingebogen. Ach Kinder, laßt mich jetzt in Ruhe, ich muß den Ofen im Wohnzimmer anheizen. Was, schon wieder Hunger?

Meine Kraft ist aufgezehrt vom langen Weg und vom langen Schweigen eines Menschen (was habe ich getan? – die automatische Frage). Kann niemand das Essen wärmen außer mir? Ich will jetzt sitzen und den heutigen Tag beschreiben, aber nur bis zu dieser Minute, mehr Leben ertrage ich nicht.

Die Kinder ziehen flüsternd ab. Hinter meinem Rücken gibt es anscheinend doch einen, der ihnen die Hände wäscht und das Essen hinstellt. Dann wird Ball gespielt im Wohnzimmer. Getobe, Geschrei, Spiellust. Es brandet an meinem Schreibtisch, zieht mich aus meinem Gehäuse.

Im Kampf um den Ball ist Mesut über Ayhans Beine gestolpert und heult. Wie immer gibt der *baba* dem größeren die Schuld. Der ist empört, seine Augen blitzen, weiß darüber die Stirn. Du mein schönes Kind! Ich würde dich verteidigen gegen den ungerechten Vater, gegen diesen, der mich stundenlang schon quält durch sein Schweigen.

Warte, Ahmed, wir werden das heute noch austragen, aber nicht mit dem Kind als Waffe. Tobt noch ein bißchen, ihr drei. Ich kann nicht Teddybär und Pferd und Räuber sein, wüßte keine Rolle in euerem Spiel.

Plötzlich wieder Geheule. Die Kinder hängen sich ihrem Vater ans Bein. »Bleib hier, bleib hier.« Der aber rüstet sich für den Gang zur Moschee, zum Nachtgebet. Die Aufforderung, doch mitzukommen, hat Mesut ernst genommen. Jetzt weint er richtig, weil der *baba* ganz schnell die Türe hinter sich zumacht.

Wir schleppen das Bettzeug ins Wohnzimmer – für die Kinder ein erneuter Anlaß zum Toben. Sie werfen mit Kissen, verkriechen sich unter den Decken. Ich bin wie gelähmt in dem Durcheinander. Mein letztes Mittel, ein Märchen zu versprechen für schnelles Ausziehen und Hinlegen. Erpressung, sagt Ayhan und blinzelt mir zu.

»Das Mädchen ohne Hände«, das von seinem Vater leichtsinnigerweise dem Teufel versprochen wurde, diesem aber entkommt um den Preis der Hände; dann durch seine Schönheit und Reinheit einen König zum Mann gewinnt, bloß nicht sprechen kann, auch nicht, als es verleumdet wird, es habe sein eigenes Kind umgebracht. Schließlich findet der König seine Frau mit dem Sohn nach vielen Jahren in der Waldklause. Ihre Stummheit löst sich, und sie kann die Mißverständnisse aufklären. Auch die Hände wachsen wieder.

Der Stumme kann auch unschuldig sein. Kinder, macht die Augen zu. Ich sitze hier noch ein bißchen im Dunkeln bei euch.

Draußen regnet es leicht. Das Picken der Tropfen an den Fenstern. Ein Klopfen im kälter werdenden Ofen. Einmal klingelt das Telefon, ich nehme nicht ab. Meine Einsamkeit wie eine Verzauberung. Der Anhauch von Glück.

Das Hoftor klappt. Ahmed. Sein Mantel ist naß. Er stinkt nach Rauch. Du warst wieder in der Teestube. Wir stehen im dunklen Zimmer. »Weshalb hast du nichts gesagt, heute nachmittag? Bist du deprimiert?« – »Woher weißt du?« Dankbarkeit in der Stimme, daß die Frau endlich etwas kapiert. »Sag jetzt nichts, wir reden morgen. Du bist meine Liebe.«

Sich ausziehen im Dunkeln. Das Bett ist kalt. Durchs Fenster scheint heute kein Stern. Die Kinder atmen tief.

Das Denken sollte gehenkt werden; zu schwer gemacht die Leichtigkeit des Lebens. Andere Vorstellungen, aber die sind falsch. Wieso? Ein helles Viereck rutscht zur Seite, ach laß doch, den Kopf. Mein Mund klafft. Die Füße kribbeln, und Zucker im Bauch. Dahin.

11. Januar

Endlich das Paket von meinem Bruder, das er im November abgeschickt hat. Es soll 9000 Lira Zoll kosten, was etwa 180 DM wären, oder, anders ausgedrückt, dieser Betrag reicht uns über zwei Wochen lang zum Leben. Auf geduldiges Bitten hin läßt der Postbeamte uns die Inhaltsangabe lesen: ein Pfund Kaffee, Pampers-Windeln, Handcreme und Wollsocken. Auch wenn man mit ein paar nicht deklarierten Kleinigkeiten rechnen kann, z. B. Knopfbatterien für meinen Fotoapparat, es steht nicht dafür. Wir lassen das Paket schweren Herzens zurückgehen.

Der Zoll soll wohl abschreckend wirken. Keine Importe durch die Hintertür.

Die Kinder haben einen jungen Hund angebracht, angeblich gerettet vor dem Verhungern aus einer Ruine. Das Tierchen, ein Wollknäuel, schwarzgrau mit einer weißen Pfote, gewinnt die Herzen der Erwachsenen. Er darf bleiben. In der ersten Nacht jault er auf seinem Lager in der Waschküche so erbärmlich, daß ich ihn fast ins Bett geholt hätte. Ein Rüde, ähnelt von ferne einem Schäferhund.

Rezepte aus dem Backbuch ausprobieren macht Spaß. Trost durch Backen und Kochen.

12. Januar

An einigen Stellen ihrer Aufzeichnungen erwähnt meine Mutter mich namentlich (sonst immer »die Kinder«). Einmal bin ich ihre Trösterin, als wir ausgerechnet am Muttertag in dem finsteren Versteck sitzen, weil die Russen uns verfolgten.

Bei der Beschreibung der Flucht über die Grenze heißt es: »Die beiden Kleinen heulten und hingen sich schwer an den Wagen, doch Irmchen schob tapfer mit, der Rucksack zog sie fast zu Boden.« Und eine Seite weiter: »Irmgard mit ihren ganzen sieben Jahren war meine Große, trug alles mit rührender Geduld und Selbstverständlichkeit.«

Damals wurde ich zur Großen geprägt (die beiden anderen durften klein sein), zu einer Stütze der Mutter, tapfer und geduldig über ihr Alter hinaus. In den Jahren danach, als es eigentlich nicht mehr notwendig war, hat sie diesen Zustand andauern lassen. Weil da kein Mann zur Seite stand, mußte ich sie tragen. Und ich habe es angenommen wie eine »Selbstverständlichkeit«. Fühlte mich verantwortlich für alle Notleidenden, Säufer, Dirnen, Ausländerkinder, für schwierige Klassen und schwierige Schülerinnen.

Und weil ich für das Schwere bestimmt bin, komme ich wohl gar nicht auf die Idee, etwas mal leichtzunehmen. (Es erscheint mir verdächtig, wenn Ahmed schon beim Aufstehen am Morgen das Radio laufen läßt.)

15. Januar

Die Kinder hereinzuziehen in meine »Zustände« ist ein Verbrechen, die einzige Schuld, die ich gegenwärtig zugebe. Daß wir in einer Bruchbude leben und die grauenhafte Häßlichkeit des Verfalls überall, das nehmen sie gar nicht wahr, wohl aber meine momentanen Anfälle von Verzweiflung darüber.

»Mamie, warum schaust du so? Bist du ohnmächtig?« Seit meiner Ohnmacht die ständige Frage des Kleinen, wenn ich mich erschöpft hinsetze und die Arme hängen lasse.

Ihre Angst, daß die Mamie weggeht, weil ich das einmal in der Wut gesagt habe. Dabei würde ich die Kinder nie zurücklassen (sowieso – von Trennung ist nicht mehr die Rede). Wie kann ich ihnen vermitteln, daß ich ein Recht habe auf Wut, Traurigkeit, Kraftlosigkeit, Depressionen (Recht? Es ist eine ziemliche Last), daß es sie, die Kinder, aber nicht betrifft (nicht betreffen soll), nicht mal den, an den ich das meistens adressiere.

Eine Maske aufsetzen – dazu fehlt mir die feine Erziehung, ich wollte es auch nicht. Meine Kinder sind in einem Maße mein Ein-und-alles, daß ich sie nicht weghalten kann von meinen Verwirrungen.

Wie soll ich die Schuld vermeiden? Das Gift und die Nahrung fließen durch die gleiche Nabelschnur. Gibt es kein Gegenmittel?

16. Januar

Alle sind krank. Die Kinder erkältet mit starkem Husten. Mesut wacht morgens mit zugeklebten Augen auf, weint, weil er fürchtet, blind zu sein, wie Jonny Blue. Ahmed hat seit einer Woche Fieber, bleibt aber nicht zu Hause. Ich fühle mich dusselig und bekämpfe Kreuz- und Kopfweh mit ein paar Aspirin täglich.

Der Arzt hat den Kindern gleichzeitig Penicillin und Sulfonamide verschrieben. Ich gebe beides nicht, sondern bloß Hustentropfen und ein harmloses Fiebermittel. Wir konnten den guten Doktor gerade noch von einer Spritze abhalten. Anscheinend wird auch hier mit Kanonen auf Spatzen geschossen.

18. Januar

Nun hat unser Badeofen den Geist aufgegeben, d. h. der Wasserbehälter ist durchgerostet. Langsam sickert das Wasser über die Ofenklappe, den Aschenkasten, die geschwungenen Füße herunter und bildet auf dem Zementboden ein Rinnsal; nicht bedrohlich, geplatzt ist der Behälter ja nicht. Das hätte passieren können, wenn man noch einmal eingeheizt hätte. Der Haupthahn befindet sich unter der Decke, etwa drei Meter hoch. Das Leiterchen der Nachbarin reicht nicht. Ich grinse nur und überlasse Ahmed das Schimpfen: »Hoffentlich sind wir aus diesem Scheißhaus ausgezogen, ehe alles zusammenbricht.«
Typisch für türkische Verhältnisse ist dieser Vorgang sicher nicht. Jeder, der in ein altes Haus einzieht, ohne es zu renovieren, kann derartiges erleben.
Die im Islam vorgeschriebene Ganzwaschung nach dem Sex wird ein bißchen ungemütlich werden jetzt. Den Wassereimer kann man ja auf dem Ofen wärmen, aber dann im kalten Bad sich abgießen! Huh!

19. Januar

Um die »Überfälle« der Nachbarinnen in geordnete Bahnen zu lenken, haben sich die Frauen der wohlhabenden Mittelschicht den *kabulgünü* (Empfangstag) ausgedacht. An einem bestimmten Nachmittag im Monat ist jede eingeladen, besonders natürlich die Nachbarschaft und jene Damen, zu deren *kabulgünü* man selber geht. Meine Schwägerin Hatice veranstaltet ihren »Tag« am 19. jeden Monats, Schwägerin Melek am 2. Ich war jedesmal dort, denn es wäre eine Beleidigung, wenn ich nicht käme.
Da wird der sonst unbenutzte Salon geheizt und schon am Tag vorher gebacken; jede Gastgeberin will mit der Vielfalt und Güte ihres Gebäcks die Gäste erfreuen und ein bißchen die anderen übertrumpfen. Eigentlich unterscheidet sich der *kabulgünü* in seinem Ablauf nicht von anderen Frauennachmittagen, höchstens ist der Rahmen etwas vornehmer: Plüschkanapees und Sessel, niedere Marmortische, gute Teppiche, Kristallüster, Büfett – der teure (geschmacklose) Salon, den man hier für »europäisch« hält.
Bei den reicheren Frauen sind statt Goldschmuck jetzt Brillanten in Weißgold Mode. Solche Massen von Ringen, Ohrringen, Armbändern, Nadeln hatte ich bisher bloß auf Juwelierreklamefotos gesehen. Die Kleidung ist durchweg stinknormal, nur eine schöne Seidenbluse machte mal eine Ausnahme und ein süßes Umstandskleid. Die gelockerte Atmosphäre wie bei den Treffen in der *mahalle* kommt bei

kabulgünü eigentlich nicht auf, wohl, weil die Frauen der Geschäftsleute, Zahnärzte, Rechtsanwälte, Apotheker sich bei jedem Wort überlegen, daß sie ja ihren Mann und dessen Firma repräsentieren. So verbietet sich auch ein persönliches bzw. tiefergehendes Gespräch. Eine halbe Stunde mindestens wurde heute das Thema »Öfen, Kohle, nasses Holz« behandelt. Mich beruhigt bloß, daß es bei den anderen mit der Heizerei ebenfalls nicht problemlos geht. Dann kam man auf die Notwendigkeit/Sinnlosigkeit von Abmagerungskuren, was wiederum eine halbe Stunde lang die Aufmerksamkeit fesselte. Schließlich der neueste Klatsch: Scheidungsgerüchte, Familienwäsche einer nicht Anwesenden. Das Gespräch erging sich in Andeutungen; ich verstand das meiste nicht. Das lag weniger an meiner Unkenntnis der Verhältnisse als an der Unkenntnis der dabei verwendeten Vokabeln. Am liebsten möchte ich nie wieder hingehen zu so einem *kabulgünü*. Ein verlorener Nachmittag. Alle sind lieb zu mir. Das reicht mir aber nicht. (Ob ich diesen Satz noch einmal bereuen werde?) Ich suche Übereinstimmung oder das gleichwertige Kontra. Beides werde ich hier aber gewiß nicht finden.

22. Januar

Der Hund rennt mir nach, sobald er mich sieht. Beißt mir in die Strümpfe, kriecht mir unter den Rock. Ich habe diesem Baby gegenüber fast Muttergefühle.

25. Januar

Es hat geschneit über Nacht und schneit weiter. Das erste Mal, daß der Schnee liegenbleibt. Die vielleicht 10 cm sind im Vergleich zu den Schneemengen in Deutschland geradezu lachhaft, aber das Leben hier ist dadurch gleichsam erstorben. Autos können nur noch auf den Hauptstraßen fahren. Ayhan traut sich nicht zum Einkaufen, die Waschfrau kommt ebenfalls nicht. Ich schaufele die Stufen zum Keller frei, damit wir wenigstens Heizmaterial holen können. Ahmed geht natürlich ins Geschäft. Er bringt uns abends frisches Brot mit. Es seien den ganzen Tag über keine Kunden gekommen.

26. Januar

»Darf ich mich etwas bei dir an den Ofen setzen?« fragt die Kerime-Oma. Die beiden Töchter sind zu einer anderen Nachbarin gegangen, und da lohnt es sich nicht, für eine Person zu heizen. »Freilich, setz dich her, ich habe aber noch Küchenarbeit.« Sie strickt an ihrem Strumpf und schaut meinen beiden zu, die ihr Spiel irritiert unterbrechen und zu raufen anfangen. Also muß ich doch einen Tee machen und reinkommen. Da erfahre ich das Neueste: Die Braut ist wieder da. Auf gutes Zureden vom *ağabey* des Bräutigams ist sie zurückgekehrt. Und zum Zeichen, daß alles wieder in Ordnung ist, lädt sie die Nachbarinnen für morgen zu sich ein.»Wir haben ihr keinerlei Vorwürfe gemacht, mußt du wissen, keiner hat sie gefragt, wie sie uns das antun konnte.«

Die Straßen sind spiegelglatt. Anscheinend fühlt sich die Stadtverwaltung für Räumen und Streuen nicht zuständig. Die Kinder in der *mahalle* freuen sich, weil auch die Schule ausfällt. Unser Hund hat keine Angst vor dem Schnee. Er versucht in den Besen zu beißen, mit dem ich den Weg zum Keller schon wieder freischaufele. In seinem »Haus« ist es nicht kalt. Er hat in den zwei Wochen bei uns zugenommen und ist gewachsen.

28. Januar

Als ich beim Frühstück heute die Frage stellte:»Was meinst du, wie lange unsere Kohlen noch reichen, eine Woche?« ließ Ahmed seinen Tee stehen und ging sofort ins Geschäft. Ich war wie vor den Kopf geschlagen, habe nichts kapiert. Es war keine Bosheit in meiner Frage gewesen. Was hatte er herausgehört?

Schlagartig die Erkenntnis, als er vorhin (abends) sagte, ich solle den Kindern lieber dreckige Sachen anziehen, als selbst zu viel zu waschen, solange die Waschfrau nicht kommt.» Du machst es dir schwer. Und nachher bin ich schuld, daß du Bandscheibe hast. Das kenne ich schon.« Da schwang die Enttäuschung mit, daß ich nicht sehe, wie er mir das Leben erleichtern will.

Und die Sache mit den Kohlen? – Er hatte ja vorher einen Eimer voll heraufgeholt und selber festgestellt, die würden nicht mehr lange reichen. Wann könnte man den Bruder ansprechen deswegen? Wie würde der reagieren? Vielleicht doch ungehalten sein. Die Frau aber tut so, als scherte man sich um nichts, als wäre es einem egal. Sie kennt einen nicht, hat in zehn Jahren Ehe nicht gemerkt, wie man liebt in der Tat, noch mehr in der Sorge, im Verantwortungsgefühl.

Wie soll ich ihm bloß vermitteln, daß ich etwas verstanden habe? Da war eine so große Verletztheit in seiner Stimme und auch Resignation. Meine Worte können nicht mehr durch. Nicht heute. Mit Worten haben wir uns schon zu viel angetan.

Das sagst du bloß so ...
Sag doch nicht immer ...

Auch die Körpersprache ist nicht mehr unschuldig. Mit Tränen habe ich ebenfalls gelogen.
Wenn ich die Wäsche nicht wasche, wird er das als Zeichen verstehen, daß ich mich bekehre?

Vierter Brief an die Freundin

Ende Januar

Martha,

entweder bin ich schon verrückt oder ich werde es bald. Ich muß mir vor Augen halten, wieviel schlimmer es noch im Gefängnis ist, um meine Lage erträglich zu finden. Meine Einsamkeit kann ich Dir nicht beschreiben (das ist ja ein Merkmal der Einsamkeit, daß man sie keinem Menschen mitteilen kann). Dabei möchte ich nichts lieber als ...
Aber mach Dir keine Sorgen. Ich will, daß Du Dir keine Sorgen machst. Am besten, ich schicke den Brief nicht ab. Alle diese Briefe nach Deutschland sind ein Betrug. Kommunikationsspiel.»Wir denken an Dich, ich umarme Dich, schreib, wenn Du was brauchst.«
Ich hätte schon viel gebraucht, elektrischen Strom z. B., der mal wieder seit drei Tagen ausfällt, oder meine Strickjacke aus dem anscheinend verlorengegangenen Paket. Und am meisten hätte ich einen Menschen gebraucht, nicht die paar aufmunternden Zeilen als Antwort auf den Notschrei von vor drei Wochen. Die netten Worte bringen keine Linderung mehr, brennen eher wie Hohn auf der unförmigen Schwellung meiner Not, die nahe am Platzen ist.
Meine einzige Sorge, die Kinder rauszuhalten. Aber wie?
Das Erwürgtwerden in der selbstgelegten Schlinge. Ein kreiselnder, saugender Wasserstrudel. Kein Entrinnen.
Martha, ich muß brutal sein. Wir haben uns eine Form des Miteinanderumgehens und Schreibens geschaffen, die weitgehend stilisiert ist. Zurückhaltende Selbstdarstellung, feinsinniges Eingehen auf den anderen, viele Anspielungen auf verklärte, sozusagen symbolische Ereignisse aus der Vergangenheit – und keine wirkliche Gegenwart. So habe ich Dich bis jetzt gebraucht (verzeih) als Statthalter für mein deutsches Ich. Laß uns aufhören, so zu tun, als seien wir beide hinter Glas gestellt. Ich möchte mit Dir keine Formeln mehr und keine Taktik. Liebe kommt erst noch und bedeutet Wahrheit. Und das sage

ich trotz aller vorangegangenen Umarmungen und Küsse. Und – umarme Dich doch wieder. Ich liebe Dich ja, sonst hätte ich dies alles gar nicht geschrieben.

Deine I.

2. Februar

Die Schwiegereltern sind aus ihrem Dorf in Anatolien gekommen. Sie wohnen bei Schwager Hasan, weil der ein komfortables Haus und am meisten Platz hat. Und so sind wir nach langer Zeit auch mal wieder dort am Abend. Man begrüßt sich, als sei »nichts« gewesen. Dabei hat man seit Monaten nicht miteinander gesprochen. Den Schwiegervater habe ich seit der Hochzeit vor zehn Jahren nicht gesehen. Er schaut noch immer so aus wie damals, klein, dünn, rotbackig, ein verschmitztes Lächeln in seinem faltigen Gesicht. Auch im warmen Zimmer behält er seine Wollmütze auf. Wenn er redet, nach langem Schweigen, wird viel geschmunzelt. Leider bekomme ich die Pointen nicht alle mit. Er setzt sich demonstrativ neben mich, eine Geste in einer Familie, wo die Trennung von Männlein und Weiblein noch streng beachtet wird. Ich soll immer wieder lachen, ich hätte so schön gelacht damals. Sicher bin ich die unbeschwerte hübsche Braut nicht mehr, die er in Erinnerung hat. Wie ich damals auf dem Esel geritten bin. Und wie zerstochen ich war von Flöhen und Disteln. Die langen Sommernächte unter dem anatolischen Sternenhimmel, wenn Ahmed nicht aufhören konnte, seiner Mutter zu erzählen, so daß ich mir die Bettdecke nach draußen holte und auf seinem Schoß einschlief. Die Weinberge und der große Obstgarten. Maulbeeren, Aprikosen, von Ahmed gepflanzte Apfelbäume.

Das Heimatdorf meines Mannes liegt unterhalb der anatolischen Karstberge bei Niğde. Der Weg zwischen den Obstgärten, zwischen den begrenzenden Steinwällen zu beiden Seiten, blauschattig durch Maulbeerbäume und Pappeln, wo die Sohlen einsinken in den immer ein wenig matschigen Boden. Spuren von Eselshufen und nackten Kinderfüßen. Stille vor dem Gebetsruf am Mittag, die Luft steht. An der Wegbiegung unerwartet die Schwiegermutter, gebeugt unter der Last des Rückenkorbes voller Aprikosen, erschrocken auch sie, daß sie gleichsam ertappt wurde in ihrem Beisichsein, eine Frau voller Mühe und unerfüllter Neugier. Da war sie schön in ihrem alten Leib und ihren ausgegossenen Zügen.

Am heutigen Abend stehen ihr öfter die Tränen in den Augen; das Zerwürfnis der Brüder belastet sie sehr. Sie mag gerne in den Arm genommen werden und will auch die Enkel immer wieder küssen.

»Dir habe ich den schönsten meiner Söhne gegeben«, meint sie und kneift mich in den Oberschenkel. »Wie viele weiße Haare er gekriegt hat, und die tiefen Falten in den Backen.« Ich sehe meinen Mann mit den Augen seiner Mutter. Wie mag sie es empfinden, daß er einer anderen Frau gehört, daß er ihr entwachsen ist, alt wird?

4. Februar

Auf türkisch bin ich witzig. Sage zu Schwager Mahmut, der momentan in einer geschäftlichen Schwierigkeit steckt: »Ich gratuliere dir.« Er hat es als geistreiche Anteilnahme verstanden. Ebenfalls nur auf türkisch kann ich kokett sein. Deutsch zu meinem Mann zu sagen: »Du gehst wohl zu anderen Frauen«, wenn er ein ums andere Mal erst um Mitternacht von der Arbeit, daß heißt vom Schuldeneintreiben heimkommt, fände ich ziemlich banal und unter meinem Niveau; auf türkisch hört es sich für Ahmed niedlich an.

Die Chance, die in der mangelnden Sprachkompetenz liegt, nutzen sogar unsere Kinder. Mesuts Antworten sind gerade dadurch so süß, daß er in *ein* Wort alles legt, was er ausdrücken möchte. Er kann herzbewegend *küçük* (klein) an passender Stelle sagen, die Tanten küssen ihn ab, weil er so klein ist und so klein spricht. Wahrscheinlich möchte ich auch »klein« bleiben – da ich gar nicht versuche, mein Türkisch systematisch zu verbessern. Seit ich hier bin, habe ich noch nicht einmal in die Grammatik geguckt und höchstens 20mal ins Wörterbuch. Es geht ja auch so.

5. Februar

Ahmed hat mir heute nacht gesagt, er mache sich große Sorgen, wie es mit uns finanziell weitergehen soll. Komischerweise bedrückt mich dabei gar nicht die Realität (wenig Geld), sondern mit welcher Verbissenheit mein Mann auf jeden Tausender starrt.

»Notizen aus der türkischen Kleinstadt«(10)
Das Hamam

»Komm mit uns ins *hamam*, am Donnerstag ist Frauentag«, hatte mir Sezen, eine Nachbarin, angeboten, als ich ihr erzählte, daß unser Badeofen zusammengebrochen sei.

Das berühmte türkische Bad hätte ich schon längst einmal kennenlernen wollen, mich aber alleine nicht hingetraut, vielleicht, weil ich, ganz zu unrecht, etwas Abenteuerliches, Pikantes dabei vermutete.

Tatsächlich stand Sezen am Donnerstag mittags um halb zwei vor der Tür: Wir gehen. Also schnell ein paar Badeutensilien in die Tasche gepackt und die Kinder instruiert. Die wollen ganz gerne eine Weile alleine mit den Kameraden draußen spielen, und in Notfällen können sie sich an Müşerref von gegenüber wenden. Ich hatte nämlich nichts vorbereitet, eine Einladung zum Mitkommen als höfliche, nicht ernst zu nehmende Formel verstanden.

Auf der Straße wartet die übrige Weiblichkeit der Familie, das heißt, die Oma, zwei Töchter von Sezen (12 und 14) und das dreijährige Nesthäkchen Murat – allerdings ein Junge. Unterwegs werden wir, wie üblich, öfter gefragt, wo wir hingehen, obwohl man das doch sehen könnte an den Frotteehandtüchern oben auf den Taschen. Das einzige *hamam* der Stadt liegt hinter der Grünen Moschee, etwas versteckt. Riesige, knorrige Holzkloben sind rings an den Außenmauern aufgeschichtet und geben einen Begriff, wie der Ofen beschaffen sein muß, in dem solche Trümmer brennen. In dem Gärtchen vor dem Eingang ergießt sich ein breiter Wasserstrahl, Erfrischung verheißend, aus einer Quelle in ein Becken.

Wir betreten den großen Vorraum, wo halbnackte Gestalten um einen Ofen herum Haare trocknen. Die Kassiererin, eine massige Blondine, sagt *hoşgeldiniz* (seid willkommen), als wären wir ihre Gäste, und weist uns Kabinen an zum Umziehen. Die Gebühr im voraus zu verlangen hält sie anscheinend für unhöflich.

In meiner Kabine ein wachstuchbezogenes Sofa, ein Tischchen mit Aschenbecher und Kleiderhaken die Menge. Wieviel soll ich ausziehen? Ist der Bikini angebracht? Und diese schrecklichen Holzlatschen, in denen der Fußpilz lauert, muß ich wohl benutzen, will ich nicht auf den schmutzigen Steinboden treten. Das nächste Mal bringe ich meine eigenen mit. Sezen schaut zur Tür herein und bedeutet mir, den BH wieder auszuziehen, Höschen reicht. Und dann komm, mit Seife und Shampoo, das Handtuch brauchst du jetzt nicht. Man drückt mir noch eine Schöpfschale aus Plastik in die Hand, ein *tas*. Daher die Redensart »*Eski hamam, eski tas*« – altes Hamam, alte Schale; in der Bedeutung: Es hat sich nichts geändert.

Die Kinder mit der Oma sind wohl schon drin. Nun führt Sezen auch mich durch einen nassen, kalten Gang, wo es nach Urin stinkt und überall Abflüsse sind, in das eigentliche Bad. Zuerst sehe ich vor lauter Wasserdampf fast nichts; die feuchte Hitze nimmt mir den

Atem. Murat ruft uns nach rechts in eine Art Nische. Er ist stolz, daß er einen Platz freigehalten hat. Ich lasse mich auf die warme Steinbank an der Wand fallen und versuche etwas zu erkennen. Die Nische hat drei steinerne schüsselgroße Wasserbecken, in die ununterbrochen heißes Wasser läuft. Ein Kalthahn ist zum Glück auch da, aber als ich mich kalt abgießen will, schreit die Oma, das sei ungesund. Sie wird es wissen.

Gedämpftes Licht fällt durch kleine runde Fenster in der Kuppeldecke. Der Raum ist jedoch nicht hoch, allenfalls drei Meter bis zum Kuppelscheitel. Insgesamt vier solche Nischen wie unsere gehen von dem ebenfalls überkuppelten Zentralraum aus. Dort kann man sich auf einem erhöhten Stein zum Schwitzen hinlegen. Die Abwasser aus den vier Nischen fließen da ebenfalls in eine breite Rinne zusammen, die nach draußen führt.

Sezen hat inzwischen angefangen, sich die Haare zu waschen, und ich tue es ihr nach. Alles wird sehr gemächlich verrichtet. Die Oma nimmt sich den kleinen Murat vor, der das *hamam* anscheinend schon kennt, aber doch ein bißchen quiekt, als sie ihm immer noch eine Ladung Wasser über den Kopf schöpft. Besonders beim Einseifen der Haare protestiert er, was ich verstehen kann – Kernseife hätte ich auch nicht gerne in den Augen –, aber mein Shampoo fürchtet er noch mehr. Die Mädchen sind verschwunden – wie ich später sehe, um in einer anderen Nische eine Zigarette zu rauchen. Nach dem Kopfwaschen kommt nicht etwa das Abseifen, so werde ich instruiert, sondern mit ausgewrungenem Lappen wird die Haut abgerubbelt, daß es »Röllchen« gibt. Du meine Güte, was da abgeht von Armen, Beinen, Bauch und Busen. Den Rücken kann man sich nicht alleine schrubben, das mache ich jetzt mit der Oma wechselseitig – die hat vielleicht einen Griff! Ich verbeiße mir den Aufschrei; daß ich stöhne, bringt sie zum Lachen. – Welch eine Erfrischung, sich danach heiß und kühl abzugießen. Und wenn man sich jetzt abseift, ist die Haut wie Seide. Bloß mein Gesicht glüht noch immer unangenehm.

Eine Alte mit hängendem Busen kommt herein und fragt, ob wir *kese* wollen, das heißt, das Abschrubben mit dem Frotteehandschuh. Sie macht es gegen Bezahlung.

Es ist ziemlich voll. Immer wieder sucht jemand ein freies Becken. Kondenswasser tropft von der Decke. Ich bin erschöpft, und am liebsten möchte ich raus. Aber nun kommen die Töchter von Sezen wieder, und da sie bis jetzt nur die Köpfe gewaschen haben, geht die Rubbelei unter Kontrolle der Mutter noch einmal los. Auch die Schamhaare und die Haare unter den Armen rasiert man sich gegenseitig ab. Junge Mädchen sind im *hamam* in der Minderzahl. Mir fallen die vielen alten Frauen auf, die mit riesigen Bäuchen, fetten Hintern und hängenden Brüsten wie Urmütter aus dem Nebel auftauchen.

Plötzlich stößt mich Sezen an: Im Zentralraum stehen zwei stattliche Damen, aus Zigarettenspitzen rauchend, abwartend. Außer pfundweise Goldschmuck an Hals und Armen tragen sie auch Fußkettchen. Ihre Haltung ist herausfordernd, der Kopf mit den schönen offenen Haaren zurückgeworfen, der Bauch nach vorne gedrängt. Die Abschrubberin vom Dienst macht den beiden eine ganze Nische frei, wirft die anderen Gäste einfach raus. Was müssen das für privilegierte Herrschaften sein! »Die Huren«, flüstert mir Sezen zu. Ich begreife: Sie meint das nicht als die im Alltag ziemlich freigebig verwendete Beschimpfung, sondern gibt mir eine sachliche Information. Hat das Freudenhaus also auch kein Bad?

Die aus der Nische Vertriebenen suchen sich neue Plätze, unter anderem auch bei uns. Neben mich setzt sich eine junge Frau ans Wasserbekken. Sezen scheint die Neuangekommenezu kennen, jedenfalls klärt sie sie genauestens über mich und die Verwandtschaftsverhältnisse meines Mannes auf, worauf mir die andere achtungsvoll zulächelt. Mein Eishampoo hat es ihr angetan. Ob sie es benützen dürfe?- Freilich ist die Enttäuschung groß, als sich herausstellt, daß es doch keine Haarfarbe ist zum Blondieren, wie sie gemeint hat.

Eigentlich sind alle sauber, man gießt bloß noch zum Spaß mit Wasser herum, und Murat fängt an, seine Schwestern zu kneifen. Es ist vier Uhr, als wir wieder in der Umkleidekabine sind. Wie schön könnte man jetzt auf dem Wachstuchsofa ruhen. Ob ich mir nächstes Mal eine Wolldecke mitbringe? Sezen reicht mir eine Mandarine herein. Ich trödele beim Anziehen, nur langsam weicht die Hitze aus dem Körper. Das *hamam* ist keine Sauna, es gibt keine Möglichkeit, sich richtig abzukühlen. Aber die Wärme ist ja ebenfalls nicht extrem, ich vermute keine 50 Grad. Meine Frage erscheint den anderen absurd. Wozu im *hamam* ein Thermometer? Wir trocknen uns die Haare am Ofen und mit meinem Fön. Die Kassiererin bringt Limoflaschen und erkundigt sich bei Sezen über mich. Wieder werde ich vorgestellt mit der Erwähnung der ganzen Verwandtschaft.

Ohne Mantel und Mütze ist Murat hinausgelaufen in den Garten, für seine Mutter ein Zeichen, daß wir nicht länger plaudern dürfen. Sie habe mich eingeladen, erklärt sie, und ich dürfe folglich nichts bezahlen, sie sei beleidigt sonst. Mich interessiert aber doch der Preis für den Spaß: 100 Lira pro Person, das heißt 1,80 DM – für türkische Verhältnisse relativ viel (man kann zwei Kilo Äpfel oder fünf Weißbrote dafür kaufen).

Die Luft draußen scheint wärmer zu sein als auf dem Hinweg. Zu Hause muß ich sofort viel Wasser trinken. Mein Mann kennt das hiesige *hamam* auch noch nicht. Er liest aus meiner Schilderung eine kleine Enttäuschung heraus. Was hat dir gefehlt, Marmor oder Erotik? – Ach, weißt du, ich hatte mal was von großen Wasserbecken gelesen, und daß man im Ruheraum Tee trinken könnte. Es war so ... unromantisch.
Na ja. Sauber bin ich, und ich fühle mich so leicht, so leicht und ziemlich müde. Wollen wir heute mal früh ins Bett gehen?

12. Februar

Der Computer hat endlich erfaßt, daß ich ein Abonnement möchte: Zeitungen aus Deutschland!
Was geht mich der Skandal (wieder mal) um die Spenden für die Parteien an? Wohl aber: das geplante Gesetz gegen die Diskriminierung der Frauen.»Es gilt, Wege zu finden, die es erlauben, sich mit einer weitverbreiteten Einstellung auseinanderzusetzen, die eine Diskriminierung gar nicht erst wahrnimmt, weil sie in ihr die mehr oder weniger natürliche Verhaltensweise sieht, die, wenn überhaupt, ein soziales, nicht aber ein rechtliches Problem darstellt.« (Professor Simitis, zitiert aus der »Zeit« 5 / 82) Das trifft sowohl für Deutschland als auch für die Türkei zu, wobei ich gewisse Unterschiede nicht übersehe.
Polen ist wirklich zu Herzen gehend. Es ist ein Unterschied, ob man die Nachricht vom Kriegsrecht als Information aus dem türkischen Fernsehen kennt oder ob man Berichte, Kommentare und Reportagen dazu in der Muttersprache liest. Gleich mehrere Artikel zum Thema der Kampf der Exilpolen in Deutschland um Essen, Wohnung und Arbeitsmöglichkeiten; die Mißachtung der Menschenrechte in Polen durch die Militärregierung; das Showgehabe der westlichen Staatsmänner dazu. So werden etwas die Maßstäbe zurechtgerückt. Ich bin nicht der Mittelpunkt der Welt. Es gibt aufregendere Not als unsere Mini-Misere hier.

13. Februar

Die Ankündigung der Schwiegereltern, den Abend bei uns zu verbringen, löst bei mir eine Panik aus, weil ich jetzt alles putzen »muß« und Essen machen, allein. Dabei ist mir die ganze Zeit klar, die beiden haben so schlechte Augen, daß sie den Staub gar nicht sehen könnten. Was für Zwänge treiben mich eigentlich?

Erneut der Versuch, die »Notizen« bei drei deutschen Zeitungen unterzubringen. Hoffnung auf journalistischen Erfolg als kleines Trostpflaster. Ich habe hier so gar nichts vorzuweisen sonst.

14. Februar

Die Kinder stellen fest, daß das türkische *büyük-anne* (Oma) nach dem gleichen Prinzip gebildet wird wie das deutsche »Großmutter«. Ayhan lacht. »Weshalb denn groß? – Wohl weil sie schon soviel durchgemacht hat.«

15. Februar

Zur Verlängerung meiner Aufenthaltserlaubnis waren wir heute in Istanbul. Der Antrag war noch nicht bearbeitet. Als Ehefrau eines Türken habe ich auch ohne diese Erlaubnis nichts zu befürchten. Es ist nur eine zusätzliche Absicherung, z. B. bei der Rückkehr von einer Auslandsreise. Der Beamte war sehr höflich, ließ Tee kommen, als wir ein bißchen warten mußten, und bot mir einen Stuhl an. Der Vergleich mit den demütigenden und angstvollen Gängen meines Mannes zum Einwohnermeldeamt in Deutschland drängte sich auf. Sicher fallen die Ausländer in der Türkei zahlenmäßig nicht ins Gewicht und werden nicht als Bedrohung angesehen. Und die noch selteneren ausländischen Ehefrauen türkischer Männer beanspruchen keine Arbeitsplätze. Daß dies in Deutschland anders ist, gibt den deutschen Behörden wohl das Recht, im Normalfall fies und verächtlich mit Gastarbeitern und ihren deutschen Ehefrauen umzugehen und ihnen Schwierigkeiten zu machen.

In Istanbul wehte ein eiskalter Wind. Nach dem ziemlich mäßigen Mittagessen suchten wir eine Tasse Mokka. Man gab uns einen Tip: in der Teestube bei der Kleinen Moschee. Da hatten wir im warmen Herbst im Garten gesessen.

Jetzt drängen sich die Männer, nur Männer, im geheizten Innenraum. Alle Plätze besetzt. Doch schon wird uns ein ganzer Tisch freigemacht. Man rückt noch ein bißchen mehr zusammen. Tatsächlich gibt es Kaffee, und nicht zum Schwarzmarktpreis. Für die Kinder bringt der Ober unaufgefordert kaltes Wasser, damit wir *Paşa-çayi* (abgekühlten verdünnten Kindertee) machen können. Ich habe Schmerzen im unteren Teil des Rückens hinunter bis zum Bein. Ischias. Ein Wunder bei der Schlepperei und Kälte? Eher ist es ein Wunder, daß ich den ganzen Winter über nicht ernstlich krank war.

16. Februar

Die Kerime-Oma wieder mal bei mir. Ein junger Mann hat um die eine Tochter angehalten, aber sie haben wegen der Hochzeit des Sohnes (Brautpreis) schon so viele Schulden, daß sie dem Mädchen keine Aussteuer geben könnten.
»Kann man nicht ohne Aussteuer heiraten? Sich entführen lassen«, frage ich. –»Woher weißt du denn das? So was macht unsere Tochter nicht.«
Ein Mädchen ohne Aussteuer zu verheiraten ist eine Schande und schwächt die Position der jungen Frau gegenüber ihrem Mann – es sei denn, es handle sich um den seltenen Fall leidenschaftlicher Liebe – dann fliehen die beiden nämlich, ohne die Eltern zu fragen. Diese müssen nach der Brautnacht notgedrungen der Verbindung zustimmen.
Die beiden Töchter der Kerime-Oma haben gerade einen Riesenauftrag: eine Spitzenbettdecke, die einen Arbeitslohn von 10000 Lira einbringt. Die feine Häkelei verdirbt die Augen. »Aber wir sind sehr froh, daß wir die Decke machen dürfen.«
Ahmeds Kommentar dazu: »Wenn die Tochter auf diese Art das Familieneinkommen verbessert, ist es ja klar, daß die Eltern sie nicht hergeben wollen.«

17. Februar

Der älteste Sohn unserer Waschfrau ist 11, Zeit, daß er sein Brot verdient. Sie erzählt stolz, aber doch wehmütig, daß sie ihn zu einem Teppichhändler, einem Verwandten, nach Bursa gegeben habe. Offensichtlich war der um ein Jahr jüngere Bruder davon so beeindruckt, daß er ebenfalls nicht mehr in die Schule wollte. Die Eltern erlauben also dem 10jährigen Burschen, als *gevrekçi* (Verkäufer von Sesamkringeln) durch die *mahalle* zu gehen.
Obwohl Eltern, die ihre Kinder der 5jährigen Schulpflicht entziehen, mit Gefängnisstrafe bedroht werden, arbeiten doch in den Familien der Armen viele Kinder »schwarz« als Straßenverkäufer, Schuhputzer, Bote. Die kleinen Bengel leisten irgendwelche Hilfsdienste auf dem Markt, beim Handwerk, in der Landwirtschaft (wo sowieso traditionell die Kinder des Bauern mitarbeiten). Die Bezahlung ist ausbeuterisch niedrig, und natürlich wird keine Sozialversicherung abgeschlossen.
Daß kleine Mädchen ebenfalls der Schule entzogen werden, fällt nicht so auf. Denn, während einem die Buben in der Stadt ja ständig

vor die Füße laufen – auch ihr Geschrei, mit dem sie ihre Dienste anpreisen, ist nicht zu überhören –, bleiben die Mädchen zu Hause als Hilfe für die Mutter. »Ich kann meine Tochter (7) doch nicht zur Schule schicken. Wie soll ich sonst Geld verdienen gehen? Sie muß die kleine Schwester hüten«, so wiederum die Waschfrau. Besonders unter den Zigeunern, das ist hier in S. die ärmste Bevölkerungsschicht, scheint die Ansicht vertreten, Schulbesuch sei eine für das wirkliche Leben überflüssige Sache. Damit stehen sie völlig im Widerspruch zur öffentlich verbreiteten Meinung, die auf Atatürks außerordentlicher Wertschätzung des Lernens und einer guten Schulbildung basiert.

Bei den vielen Sprüchen des Vaters der Nation zum Thema fällt es schwer, sich auf einige Zitate zu beschränken: »Der treueste Führer im Leben ist Wissen.« – »Von allen Feinden, die besiegt werden müssen, ist die Ignoranz die größte.« – »Die billigste Art der Landesverteidigung ist Erziehung.«

Diesen so richtigen Erkenntnissen entsprechend erwägt die Regierung die Einführung einer 8jährigen Schulpflicht. Es ist aber zu befürchten, daß dann der Prozentsatz der Schulschwänzer und Schulabbrecher aus materieller Not eher noch wachsen wird.

20. Februar

Jetzt warte ich schon darauf, daß jedesmal etwas »passiert«, wenn wir Besuch haben oder zu Besuch gehen, etwas, das mir bestätigt, ich bin ganz unverstanden, einsam, isoliert.

Letzte Woche Dienstag wäre es dabei fast ein lustiger Abend geworden. Melek hatte sogar das Abendbrot fertig gekocht mit zu uns gebracht, so daß ich damit überhaupt keine Arbeit hatte.

Danach tobte Mahmut mit den Kindern. Er spielte den Offizier, der seine Soldaten quält (was mag er selbst als einfacher Soldat in seiner Militärzeit ausgehalten haben!), aber unsere beiden funktionierten das Ganze um in eine Art von Dick-und-Doof-Film, wollten sich totlachen über den Befehlston und das sinnlose Exerzieren. Daß im Eifer ein volles Teeglas auf dem Teppich zerplatzte – macht nichts.

Später fragt die Schwägerin, die durch ihre Lektüre zur Schwangerschaft ziemlich verunsichert ist, weshalb eine Frühgeburt im 8. Monat denn weniger Überlebenschancen habe als im 7. Die »Expertin« wird zu Rate gezogen, ich kann es natürlich nur deutsch erklären und dazu sehr langatmig und »wissenschaftlich«. Alle warten gespannt, mein Mann versteht mich nicht, er wird nervös – und wirft das nächste Teeglas um. Jetzt sind die Flecken auf dem Teppich mit einemmal schlimm.

Die Gäste brechen bald auf. Stumm gehen wir zu Bett. Weil mir noch nicht klar ist, warum es so oft vor anderen eine Szene geben muß, wiederholt sich das gleiche bei nächster Gelegenheit.

Wir sind mit den Kindern abends bei Hasan. Stundenlang unterhält man sich gut, bis es der alten Tante einfällt, unserem Mesut den Schnuller wegzunehmen, weil das für ein so »großes« Kind schädlich sei.
- Wieso?
- Weil er dann nicht damit aufhören kann.
- Doch, unser Ayhan hat eines Tages den Schnuller von selbst nicht mehr gewollt. Ich möchte es dem Kind überlassen, wie lange es den Schnuller braucht.
– Es ist aber *ayip* (ungehörig, ungezogen, gegen die Sitte). Sobald etwas für *ayip* erklärt wird, ist die Sache erledigt. Mich macht diese vernunftlose Argumentation so narrisch, daß ich mich bei Ahmed beklage, der im Nachbarzimmer mit den Männern in ein Gespräch vertieft ist. (Das kleine Irmchen weiß sich nicht anders zu helfen, als beim Vater Schutz zu suchen gegen eine borniente Mutterfigur, die – scheinbar – alle Macht hat, die Situation zu bestimmen.)

Nun habe ich aber auch Ahmed wieder geärgert – das »wollte« ich nicht. (In der Sache selbst gibt er mir später jedoch recht.)

Mir fallen Situationen ein, in denen ich mich an meinen Eltern vor Fremden gerächt habe. Gerächt für den Zwang zur Wohlerzogenheit, gerächt für das viele Helfenmüssen, gerächt für die Zurschaustellung als kleines Genie. Und wenn meine Eltern dann ungehalten waren, mich bestraften, war es doch klar, daß sie mich nicht verstanden, daß ich gänzlich einsam war in einer fühllosen Umwelt.

Demütigungen gab es viele. Wie komisch wohl eine hochaufgeschossene Sechsjährige mit Zahnlücken für die kleineren Geschwister sein kann, wenn die Mutter ihre »Große« (die sie sonst braucht), der Lächerlichkeit preisgibt! Lange Bohnenstange. Halt dich nicht so krumm. Ich sehe mich in der selben Zeit (als Schulanfängerin) an einer endlosen Gartenmauer entlanglaufen, zu einem Kindergeburtstag. Ich bin schon zu spät dran, und das Kleid ist unmöglich oder die Hose naß (oder beides). Das hat sie mir angetan. Immer muß ich mich schämen vor anderen Kindern, mich weniger wert fühlen. Aber warte, vor versammelter Sonntagstafel sage ich, daß die Köchin den Salat mit den bloßen Händen gemischt hat, damit es die Gäste graust beim Essen.

Den Vater habe ich auch blamiert, da war ich schon 15. Er hatte mich zum Tanzen mitgenommen, anscheinend als Alibi oder zum

Kokettieren (»so eine junge Geliebte«). Ziemlich sicher traf ich seine wunde Stelle mit einer Bemerkung über eine hübsche Frau, die neben uns tanzte, indem ich auf »die da« zeigte. Irmchen hat sich wieder mal unmöglich benommen. Mich könnte meine Bosheit ja nachträglich freuen, denn sie haben es verdient. Rache ist aber erst die Reaktion, darunter liegt meine Verletztheit.

Ich habe einen Ausländer geheiratet und bin ins Ausland gegangen, um meine Einsamkeit und mein Unverstandensein immer wieder »spielen« zu können. Im Hintergrund der unerfüllbare Anspruch, gänzlich aufgehoben und geliebt zu sein.

Mittelhochdeutsch hieß es von einem, der in der Fremde, im Ausland war, er sei im »Elend«.

21. Februar

Den Text, den ich gestern nacht in die Maschine geklappert habe, muß ich heute »ausdünnen«. Viel zu viele überflüssige Wörtchen verzieren die leider so umständlichen, um Korrektheit bemühten Sätze. Es riecht nach Aufsatzlehre. Die Erörterung, so habe ich jahrelang die Schüler getrimmt, verlangt Logik der Gedankenführung und einen sachlichen Stil. Darf ich mir selber gestatten, eine Behauptung nicht zu begründen, einen angefangenen Satz nicht zu beenden? Oder die Einschränkung nicht anzubringen, aus der jeder ersieht, wie ich mein eigenes Urteil in kluger Selbstbeschränkung in Frage stelle? Die rote Tinte auf den von mir korrigierten (schreckliches Wort) Aufsätzen wird gegen mich zeugen, so oder so. Denn ein bißchen schlampig bin ich ja schon geworden.

23. Februar

Seit Wochen habe ich alle Einladungen zu den Nachmittagstees abgeschlagen, und auch zu mir kommt kein »Überfall« mehr, weil ich immer viel Arbeit vorschütze.

Ich stelle bei den Frauen eine Art Sucht fest, nachmittags wegzugehen. Meine Schwägerinnen halten es nicht aus in den vier Wänden, es sei denn, sie hätten selbst Besuch. Die Nachmittagssitzungen laufen in allen Häusern nach dem gleichen Ritual ab. Warum mir das Sitzen, Stricken, Teetrinken so auf die Nerven fällt, frage ich mich selbst. Zum Ritual scheint auch zu gehören, daß keine Probleme erörtert werden. Lediglich harmloser Tratsch, Austausch von Rezepten, ein bißchen Erzählen. Nie das Thema Kindererziehung, nie die Rede von der Situation der Frau, geschweige denn ihrer Unterdrückung. Mir scheint, als hätten diese Nachmittage geradezu die Funktion, den Frauen ihre Lage zu verschleiern. Für ein paar Stunden ist man umsorgter Gast, genießt man die Wärme des Zusammensitzens, bestätigt sich gegenseitig in dem, was *ayip* und *gerek* (angebracht, passend, der Norm entsprechend) ist.

»Nimm deine Handarbeit vor, damit du nicht so deprimiert herumsitzt«, habe ich öfter gehört. In das Strickzeug, die Häkelspitze den aufkeimenden Widerspruch, den eigensinnigen Gedanken, die Depressionen hineinwirken. Trauer ist gar nicht möglich, wenn das Muster so lustig ist.

Hasans Tochter (14) äußerte, sie möchte später mal bloß Söhne kriegen, keine Mädchen. Ich frage sie, welche Gefühle und Erfahrungen sie damit verbindet, sie kann es aber nicht sagen. Ich werde ihr nicht die Einsicht aufzwingen, daß sie in den Söhnen ihr eigenes benachteiligtes und gedemütigtes Mädchensein aufzuheben versucht. Ihr Berufswunsch: Ärztin. Sie ist die Beste in ihrer Klasse. Ihr Vater erlaubt nur widerwillig, daß sie nun die Aufnahmeprüfung zum naturwissenschaftlichen Gymnasium macht.

Sozialisation der Mädchen: Ist die Mutter nachmittags anderswo zu Besuch, dann werden die Buben nach draußen zum Toben geschickt, während ein Mädchen brav wie eine Puppe mit im überheizten Zimmer sitzt. Einer quengeligen Kleinen haute die Mutter eine leichte Ohrfeige mit der Bemerkung: »*Erkek!*« (Junge)

Sprachentwicklung der Kinder nach 6 Monaten

Beide sprechen die neue Sprache nun sehr flüssig und, im Gegensatz zu mir, nicht mit deutschem Akzent. Ayhan kann außerdem übersetzen, zum einen türkische Lesestückchen aus dem Schulbuch, zum anderen simultan im Gespräch. Er entdeckt, daß dieselbe Lautfolge im Deutschen und im Türkischen meist verschiedene Bedeutung hat.

»Wenn ich jetzt zu einem Deutschen sage: ›Du bist ein Bock‹, dann weiß der nicht, daß ich ›Scheiße‹ *(bok)* zu ihm gesagt habe.« Er grinst.

Mesut macht neuerdings auffällige Fehler im Deutschen. Er spricht kaum einen deutschen Satz, ohne ein türkisches Wort hineinzuflicken. Fordert man ihn auf, doch alles deutsch zu sagen, dann behauptet er, er könne sich an das Wort nicht mehr erinnern.

Frühling – Zeit der Krise

3. März

Einige Nachbarn stecken Zwiebeln, also machen wir es ihnen nach. Die Rose hat Blattknospen, dagegen lassen sich die Akazien noch Zeit. Ob man der Sonne schon trauen kann? Auf dem Grundstück hat sich viel rostiges Gerümpel angesammelt. Eimer ohne Boden, Eisenstangen, Mausefallen, Nägel. Zwei Autoreifen darf ich auf keinen Fall rauswerfen, sagen Mesut und Ayhan, das sind ihre »Motorräder«. Hinter dem Haus besteht die Begrenzung des Grundstücks aus der Rückwand einer Ruine. Nach Aussage der Kinder haben holzsammelnde Zigeunerinnen die drei mit Brettern vernagelten Fenster samt Fensterrahmen herausgebrochen. An einer Stelle fällt auch die Wand ein. Das Baumaterial, Feldsteine, Kuhmist und Strohballen, liegt auf unserem Grundstück. Wir werfen einfach alles durch die Fensterhöhlen rüber. Viele Leute hier errichten das neue Haus neben dem alten, das langsam verfällt. So entstehen herrliche, nicht ungefährliche Verstecke für die Kinder.

4. März

Die Märzsonne ist auch hier noch kein bißchen warm, aber sie hat mich zu einem Gang, sozusagen einem Inspektionsgang, durch unsere Siedlung am Stadtrand verlockt. Im Winter mochte man vor lauter Frieren ja gar nicht so genau hinschauen. Jetzt zeigt sich die alte *mahalle* wieder in ihrer ganzen Häßlichkeit. Ich folge den Windungen des einzigen durchgehenden, asphaltierten Weges, von dem überall Gäßchen und Trampelpfade abzweigen. Die kleinen grauen Häuser und Hütten stehen völlig regellos, oft durch verwilderte Gärten oder leere Grundstücke getrennt. Da und dort grenzt eine Mauer aus lose aufgeschichteten Feldsteinen das Anwesen ab. Hühner und Katzen wühlen in den überall verstreuten Abfällen. Auf dem Mandelfeld probieren die Buben mit viel Geschrei ihre selbstgebastelten Gewehre aus. Fast überall hängt Wäsche draußen; die Türkinnen waschen oft, nicht bloß bei schönem Wetter.

Wo das Sträßchen sich bergab neigt, kreuzt ein kleiner Bach, der im Winter für eine Eisbahn gesorgt hat. Weiter unten fließt noch einmal ein breiteres Wasser, von Enten ständig belagert, quer über den Asphalt. In den Hütten an der unteren Wegbiegung wohnen Bauern. Deshalb auch ganze Herden von Truthennen, ein paar Esel, viele Hunde und Hühner. Neben dem riesigen Misthaufen, den die Tiere ständig auseinander zerren und über die Straße verteilen, stehen zwei Traktoren und ein Anhänger, auf dem Kinder herumturnen. Zeliha treibt gerade eine Kuh zum Tränken an den Brunnen. Es geht ihr gut, sagt sie, zwei Kälber seien in diesem Winter geboren worden. Aber der Neubau des Wohnhauses stagniert. Kein Geld.

Bauruinen treffe ich noch viele auf meinem Weg an. Die längst bewohnten Häuser sehen allerdings auch oft unfertig aus, weil der Verputz fehlt, Fenster und Türen wie provisorisch eingesetzt wirken oder das obere Stockwerk nicht errichtet wurde, wovon rostige, in die Luft ragende Eisenträger zeugen.

Am Brunnen, wo es süßes Trinkwasser gibt, waschen in dem großen Steintrog, der gleichzeitig als Viehtränke benutzt wird, zwei Frauen ihre Kelims. Es scheinen hausgemachte Stücke zu sein in herrlichen, jetzt durch die Nässe dunklen, etwas verlaufenen Farben: Burgund, aubergine, grau, tiefgrün.

Gleich nach dem Brunnen biegt die Straße scharf nach rechts und steigt gleichzeitig dermaßen steil den Berg hinan, daß Autofahrer diese Ecke meiden. Die Steigung des Berges ist auch ein Alibi für ein kurzes Verweilen vor dem Kellerfenster des Zahntechnikers, der auf seinem ans Fenster gerückten Arbeitstisch den Vorbeigehenden die Gebisse seiner Kunden präsentiert. Auf der anderen Straßenseite werden Steckzwiebeln en gros gesiebt. Frauen sortieren sie in drei Größen zum Verkauf. »*Kolay gelsin*«, (möge euch die Arbeit leicht werden) wünsche ich den Arbeiterinnen, die mich natürlich fragen, wohin ich gehe. »Einfach so« ein bißchen durch die Straßen spazieren, das tut keine Türkin, aber ich bin als *alman* schon bekannt und entschuldigt.

Als die Steigung endlich geschafft ist, verbreitert sich der Weg zu einem unregelmäßigen Platz. Hier haben gleich zwei *bakkal* (Krämer) ihre Geschäfte aufgemacht. Und immer sind auch Kinder an dieser Stelle mit ihren Murmeln oder einem Hüpfspiel – oder mit einem Ball, den es vor dem Herunterrollen zu bewahren gilt.

Hier oben, ehe es wieder um eine Biegung geht, steht ein altes Haus mit einem hölzernen Erker, kunstlos gemacht, und doch etwas Besonderes in all der grauen Nur-Zweckmäßigkeit. Eines Tages wird er herunterkrachen, der Erker, der hängt schon so morsch am Gemäuer. Hoffentlich liegt dann nicht gerade jemand auf dem Sofa in der Fensterecke; ich stelle mir nämlich dort unbedingt ein Sofa vor.

Die Grüne Moschee mit ihrer Kuppel bietet zum erstenmal auf meinem Gang einen Ruhepunkt. Hier könnte ich unter den Pinien im Hof sitzen oder auf der Mauer hocken neben den weißen alten Grabsteinen mit den arabischen Inschriften. Die Wohnhäuser scheinen sich in einer großen Runde um die Moschee zu gruppieren. Es entsteht so etwas wie ein Landschaftsraum: Maß, Proportionen. Jetzt erkenne ich auch, weshalb mir die *mahalle* ein derart erschreckendes Gefühl von Häßlichkeit vermittelt.

Stehenbleiben bedeutet, daß ich gefragt werde, was ich will. Woher, wohin. Ich will aber nichts. Also weiter, vorbei am nächsten Brunnen, an dem eine Frau Fische putzt. Wenn man jetzt nicht zum *hamam* abbiegt oder zum Friedhof, dann kann man eigentlich bloß noch dem sich windenden Weg folgen zwischen den immer gleichen grauen Hauswänden, vergitterten Fenstern, ungepflegten Gärten hin – bis zum Ende der Stadt. Oder zurück. In der Luft liegt schon der beißende Rauch von abendlichen Herdfeuern.

Daß inzwischen ein weißer Sichelmond über der Kuppel der Grünen Moschee steht – ich muß an mich halten, um die klare Schönheit nicht kitschig zu finden. Bloß keine romantischen Zuckungen, mein Herz, du hältst es sonst nicht aus in der dir verordneten täglichen Scheußlichkeit.

6. März

In der letzten Woche waren wir dreimal abends eingeladen, einmal zum Fischessen nach Gelibolu am Meer, einmal bei Schwager Mahmut zum Abschiedsgastmahl für seinen besten Freund und gestern zur Hochzeit nach Ipsala. Die Hochzeit war allerdings kein Vergnügen, genauer gesagt eine Riesenenttäuschung, wenn man die schönen Hochzeitsbräuche aus Anatolien kennt. Etwa tausend Leute drängten sich in dem kalten, ungemütlichen *düğin-salonu* (dem Hochzeitssaal der Stadt). Am Eingang wurden Bonbons und Zigaretten verteilt, eine Drei-Mann-Band spielte mehr schlecht als recht die neuesten Schlager (obwohl es hier so urige Hochzeitsmusik gibt). Nachdem das Brautpaar die Formalitäten vor dem Standesbeamten erfüllt hatte, gratulierten die Verwandten, wobei die Braut mit Geld und Gold behängt wurde. Danach fingen, trotz der Enge, die Mädchen paarweise zu tanzen an, während die Männerwelt zuschaute. Mir fiel der Krach aus den Lautsprechern und die verrauchte Luft derart auf die Nerven, daß ich Melek zum Aufbruch überreden konnte. Mein Mann und Mahmut hatten sich ebenfalls schon verzogen, in ein Lokal – und nur gemeint, sie wollten uns die »Freude« nicht verderben, sonst hätten sie uns rausgeholt.

Der Brautvater, ein wohlhabender Mann, hatte seinen Gästen eine moderne Hochzeit bieten wollen. Es ist hier üblich, abends die Kinder mitzunehmen, nicht nur zu Freunden, sondern auch ins Lokal und sogar ins Kino. Natürlich läuft das auf eine Vergewaltigung der kindlichen Bedürfnisse hinaus, denn ein Kind sitzt weder bei Tisch noch am Bildschirm gerne stundenlang still. So litt ich in der ersten Zeit sehr darunter, eine verantwortungslose Mutter zu sein, wenn meine Kinder zu knatschen und zu gähnen anfingen. Es kam zu regelrechten Zerwürfnissen mit Ahmed, der nicht verstehen wollte, daß ich der Kinder wegen um 10 Uhr (eigentlich schon viel zu spät für meine Vorstellungen) nach Hause drängte. Inzwischen bin ich noch verantwortungsloser geworden. Nicht bloß, daß ich es erfreulich finde, nicht weitere Jahre hin abends festgebunden zu sein (Babysitter kennt man hier nicht; sogar die Omas möchte mit, wenn die Familie fortgeht), ich stelle sogar die These auf: Ab und zu die kindlichen Bedürfnisse denen der Eltern unterzuordnen ist jedenfalls nicht schlimmer, als die Kinder abends alleine zu lassen. Lieber habe ich meine Kinder nahe und sehe, wie sie ein bißchen leiden (früher oder später schlafen sie sowieso in meinem Arm ein), als sie ihrer Einsamkeit zu Hause im Bett ausgesetzt zu wissen. Ich höre euch alle schreien, ihr deutschen Eltern, aber auch Pädagogen und Psychologen. Schreit nur, ich habe auch geschrien, bin vom eigenen Gebrüll wachgeworden, schweißnaß. Das Schlafzimmer in Salzwedel. Durchs Fenster scheint schwach die Straßenlaterne herein. Unsere eisernen Kinderbetten sind aneinandergeschoben. Brüderlein steht heulend in seinem verrosteten »Käfig«. Und jetzt weiß ich, daß ich im Traum zuletzt immerzu gebrüllt habe: »Sei doch still!« – weil er uns sonst verrät, denn die Russen suchen uns ja wieder in unserem Versteck. Aber der Kleine läßt sich einfach nicht unter die Decke ziehen. Vielleicht hat er Fieber, oder er träumt auch, jedenfalls reagiert er gar nicht auf mein Zureden.

Wo ist die Mutter, Mutter, Mutter!

In den Jahren nach der Flucht sind wir Kinder oft aufgewacht vom eigenen Schreien und dem der anderen. Das Schreien war schlimmer als der Traum. Die Verzweiflung, nicht aufhören zu können. Ich weine, weil ich schreien muß.

Warum weinst du denn? – Die Haare tun mir weh.

7. März

Ich erzähle meinem Mann, wie ich die Kriegs- und Nachkriegszeit erlebt habe. Er ist verwundert, daß mein Vater die ungeheure Leistung

meiner Mutter nicht viel deutlicher anerkannt hat. »Ich kann es dir nie vergessen, was du hier durchmachst und erträgst.« Meine Angst vor einem »verwahrlosten« Haushalt wird mir langsam verständlich. Mutter ließ sich und die Wohnung in den letzten Lebensjahren total verkommen. Sie kochte nichts mehr, hatte ja selbst keinen Hunger. Wenn wir Kinder aus der Schule kamen, mußte ich erst mal schnell ein Essen herstellen und dann aufräumen. Hausarbeit in Panik. Putzen als Strafe.
Aber nun Trauer. Bei wachem Gefühl und Verstand leiden. Ein Nebel, ein Geruch in der Luft, eine abbröckelnde Mauer lösen Todesgedanken aus, das Gefühl der Sinnlosigkeit. Ich leide hier endlich an dem Alten, lange Verdrängten, das nicht wieder gutzumachen ist. Und die Umwelt gibt die Signale.

8. März

Die Kinder spielen Krieg mit selbstgebastelten Gewehren. An einem Stock ist eine Klammer befestigt, die auf Fingerdruck ein bisher gespanntes Gummiband durch die Luft flitzen läßt. Dieses Geschoß tut höchstens einer Fliege weh. Die Burschen rasen ums Haus, verschwinden in den Ruinen, wo der »Feind« sitzt. Geschrei, tiung, tiung, pengpengpengpeng. Kinder, ihr habt nicht meine Assoziationen.

Ayhan berichtet beim Abendbrot, wie die großen Buben hier Vögel mit der Steinschleuder schießen und ihnen hinterher den Kopf abreißen. Ich kann plötzlich nicht mehr essen. »Ach Mamie«, tröstet mich der Sohn, »die Vögel gebären doch wieder Junge.« Vor einem halben Jahr hat Ayhan wegen eines toten Vogels noch geweint.

11. März;

Meine Idee, unserer ständigen Geldknappheit abzuhelfen durch den Verkauf einiger Kleidungsstücke (Strickmantel, Lederhose) und einer Abendtasche, findet bei Ahmed keinen Anklang. Ebenso nicht der Vorschlag, Deutschunterricht zu geben. »Das sieht ja so aus, als hätten wir nichts mehr zu essen. Meine Brüder wären blamiert.«

12. März

Mesut kommt heulend heim. Er ist so voll Zorn, daß er unserem Hund an der Tür auf die Pfoten trampelt. Schnell ziehe ich das Kind ins Haus, denn was er schreit, darf niemand hören. »*Hep türk domuzlar*« (alle Türken sind Schweine). Es stellt sich heraus, daß irgendwelche Kinder ihn mit dem Ruf *domuz, domuz* (Schwein) dermaßen geärgert und verstört haben. Ayhan bestätigt, es gäbe ein Lied, in dem die Deutschen als Schweine bezeichnet würden. Von Diskriminierung unserer Kinder kann jedoch keine Rede sein. Dagegen sprechen die täglichen Erfahrungen, die so ganz anders sind als die Erfahrungen türkischer Kinder in Deutschland. Reinstes »Aprilwetter«. Es gewittert, dann scheint wieder die Sonne. Heute war es schrecklich kalt. Hoffentlich halten das die Mandelblüten aus. Zum Glück sind erst wenige Äste offen.

Fünfter Brief an die Freundin

S., den 14. März 82

Martha,

seit drei Tagen habe ich Deinen Brief, in dem Du mir so deutlich geworden bist, wie bisher noch nie. Du hast recht, daß ich wohl eher an mir leide als unter den Verhältnissen hier. (Ich habe ja doch in die Türkei gewollt, weil mein bisheriges Leben in Deutschland so nicht weitergehen konnte.) »Wogegen wehrst Du Dich?« fragst Du. Offensichtlich wehre ich mich gegen meinen Mann, jedenfalls tragen wir täglich Kämpfe aus (das harmonische Ehepaar!). Ahmed ist mir auf eine schreckliche Weise fremd geworden. Aber es ist nicht so, daß er sich hier verändert hätte, zum orientalischen Pascha, wie man es mir damals prophezeit hat. Er ist sogar derart verständnisvoll und besorgt, daß mir in Augenblicken, wo ich es wahrnehmen kann, die Tränen kommen. Doch da sind so viele Situationen jeden Tag, in denen ich ihn erlebe als meinen Kerkermeister, der mich völlig kontrollieren kann, mir alle Möglichkeiten abschneiden. Natürlich bin ich hier in viel stärkerem Maße als in Deutschland darauf angewiesen, daß er mir die Beziehungen zur Gesellschaft vermittelt; genauer: in Deutschland habe ich meine Beziehungen ohne ihn geknüpft. Auch finanziell stehe ich ganz anders da, als in der Zeit, in der ich selbst verdiente. Ständig kämpfe ich um das Geld für das Lebensnotwendige. Und weißt Du, ich bin unfähig zu unterscheiden, ob ich mir diese Abhängigkeit nur einbilde, sie sogar herbeirede oder ob sie real besteht. Ahmed behauptet, ich täte so, als wollte er nichts geben. Dabei sei er der Großzügigste ... wenn er nur selber etwas hätte.

In meinen Träumen ist er oft mein Vater. Das Vatergespenst, das ich überhaupt noch nicht richtig ins Auge gefaßt habe. Dabei erschien mein Mann mir immer als das genaue Gegenteil meines Vaters. Wenn mich Ahmeds Passivität im Beruflichen wahnsinnig macht, dann vielleicht, weil es die verdrängte weiche Seite meines beruflich so harten, erfolgreichen Vaters ist. Ein Beispiel: Gestern konnte Ahmed mittags nicht kommen, wie er versprochen hatte. Es war insofern blöd, weil er auch den Hauptbestandteil des Mittagessens – Fisch – hatte mitbringen wollen. Stell dir vor, ich war so gelähmt, daß ich bis 2 Uhr auf dem Sofa saß mit dem Gefühl, ich müsse nun verhungern. Vor mir war ein Nebel. Ich sah keinen Ausweg und hatte keine Kraft, den Kindern wenigstens eine Suppe zu machen. Ayhan fand, es wäre nicht schlimm zu fasten, da man das im Ramazan ja einen ganzen Monat lang täte. Durch dieses wahre Wort meines »begabten« Kindes kam ich wieder zu mir.

Ich glaube, Du kannst Dir vorstellen, mit welchen Geistern ich kämpfe. Und kein »Seelenführer«, der den Weg aus der Unterwelt weiß. Dafür eine Freundin, die so ferne nicht ist, wie es die Flugstunden glauben machen. Eine, die ich auch belasten darf – das ist die glücklichste Erfahrung aus deinem Brief – und die eine Zukunft für uns sieht.

»Wenn Du jetzt durchkommst, wirst Du sehr glücklich werden«, sagst Du prophetisch. Du hast keinen Zweifel, daß ich durchkomme. Noch sehe ich aber das Ende des Tunnels nicht. Jetzt hätte ich fast das Wichtigste vergessen: Ich will mit den Kindern im Mai nach Deutschland fliegen, inshallah. Erste Station ist natürlich München. Können wir bei Dir wohnen? Ich frage nicht einmal, ob es Dir paßt in Deinem Zeitplan. Wir drängen uns einfach zwischen Korrekturen und Abitur und sonst noch was. Du mußt Zeit haben, ja?
Deine I.

PS: Ich habe endlich wieder ein Gedicht, vielmehr waren es inzwischen schon *einige, aber* von diesem hier will ich, daß Du es kennst. Was da thematisiert wird, bedeutet nämlich das Gedichtmachen für mich, ein Vorwegträumen der Befreiung. Es ist mir erst in diesem Winter ganz deutlich geworden, daß ich für meine Erfahrungen eine Sprache finden muß; die Mitteilung von Fakten (auch seelischen) entlastet nicht, sondern erst das Verwandeln in eine Form.

Sollten die Mandelbäume denn warten,
Bis auch bei mir die Knospen platzen?
Das Timing Seele – Natur

Stimmt nicht wie in früheren Zeiten.
Eisgraue Gespenster
Halten das Haus besetzt,
Grinsen skeptisch
Zu meinen Frühlingsgedichten.
Noch wird sich nicht alles alles wenden.
Aber vorweggeträumt der Befreiung
Eine Nachmittagsstunde im Blütenast
Unter dem Himmelsozean
Empfängt mein schwankendes Mandelboot
Die Frucht des bitteren Winters.

16. März

Da die Kinder sowieso merken, wenn die Eltern sich streiten, dürfen sie sich auch dazu äußern. Heute beim Mittagessen Ayhan: »Warum schimpfst du die Mamie immer!« Sofort mischt sich Mesut ein: »Du sollst sie nicht schimpfen, sonst nehme ich dir deine Suppe weg!« Wir mußten alle lachen.

Eben noch ein Nachhall vom mittäglichen Donner. Mesut war in der Abenddämmerung halb eingeschlafen auf meinem Schoß. Ich wollte ihn also ausziehen und ins Bett bringen. Er fing schrecklich an zu schreien, trampelte und kratzte mich. Ganz schuldbewußt meinte ich, das sei eine Reaktion auf unser Ehetheater. Schließlich brachte er unter Schluchzen hervor: »Du hast mir die Hosen ausgezogen, und das kann ich doch schon selbst.«

18. März

Ahmed nimmt einen Artikel in der ZEIT über die politische Situation in der Türkei zum Anlaß, mir seine Sicht der Lage darzustellen. Die deutsche Presse ist, sicher mit Recht, an Themen wie Menschenrechtsverletzungen (Folter), Wiederherstellung der Demokratie, freien Wahlen usw. interessiert, während der Normaltürke nur fragt, ob der Kurs des Wirtschaftsministers sinnvoll ist, d. h. im wesentlichen, ob die Inflation beherrscht werden kann, ob die infolge der Dämpfungsmaßnahmen nun schon über ein Jahr anhaltende Rezession ohne allzuviele Pleiten durchzustehen ist ...

Wohldosierte »Enthüllungen« über die desolaten Zustände in allen Parteien, die Korruption des gesamten politischen Lebens vor dem Putsch helfen dem türkischen Zeitungsleser seine eventuellen Zweifel an der gegenwärtigen Ordnung überwinden.

Auch scheint sich die Außenhandelsbilanz ja in aufregender Weise verbessert zu haben. Ahmed spinnt goldene Zukunftsträume. Wir sind bloß im Moment Opfer der Sanierung der türkischen Wirtschaft.

Die Schwiegereltern sind abgereist, nachdem es ihnen gelungen ist, die seit Jahren verfeindeten Familien von Hasan und Mahmut zu versöhnen. Hasan hat erneut versprochen, uns die Waschmaschine und den Kühlschrank zu besorgen.

Mein Mann erzählt mir jetzt erst, daß er wegen meiner Wascherei mit seiner Mutter eine längere Diskussion hatte. Sie habe gemeint, ich könne doch wie alle Frauen der Familie ohne Waschfrau und ohne Maschine auskommen. Ahmed scheint ihr sehr überzeugend klargemacht zu haben, daß ich damit körperlich überfordert wäre. Er gibt mir alle Argumente wieder, die er vorgebracht hat. Ich finde es großherzig, und zwar von beiden, daß sie als Grund gelten lassen, ich sei nicht gewöhnt an so schwere Arbeit und täte für meine Verhältnisse schon mehr als genug. Daß die türkische Frau eigentlich auch zu schwer belastet ist, kam ihnen nicht in den Sinn.

20. März

Die Lehrerin, die in der Nachbarschaft wohnt, ist zu Besuch gekommen. Ich habe mich sehr gefreut, weil ich hoffte, so etwas wie einen Einklang der Gedanken zu finden. Sie geht mit ihrem Baby aufmerksam um, nicht so gleichgültig wie die meisten Mütter hier. Wirklich reden konnten wir jedoch nicht, weil Müşerref von gegenüber anscheinend bloß gewartet hatte, daß bei mir Besuch anklopfte, um sich selbst dazuzusetzen.

Als ich das Ahmed erzählte, war er empört und fand, das sei nicht typisch türkisch. Dann wurde er auf mich wütend, weil ich zu nachgiebig gegenüber den Leuten sei (ich hätte sie rausschmeißen sollen). Er müsse mir Vorschriften machen wie einem Kind, gerade das hätte er vermeiden wollen und deshalb eine angeblich selbständige Deutsche geheiratet in der Hoffnung, nicht dauernd auf sie aufpassen zu müssen.

Ach, mein lieber Mann wird auch von seinem Problem verfolgt! Daß ich als Ausländerin in der Türkei weitaus mehr auf ihn angewiesen sein würde als in Deutschland, das haben wir wohl beide vorher nicht richtig abgeschätzt.

In Bezug auf Müşerref war ich mir tatsächlich unsicher. Trotz meines Ärgers wagte ich ihr nicht den Eintritt zu verweigern – weil ich die hier geltende Sitte und Höflichkeit nicht verletzen wollte.

2. April

An Geschenke für die Freunde und Verwandten in Deutschland denken, falls es mit der Reise etwas werden sollte. Was gibt es hier schon zu kaufen? Das einzig Originelle sind Häkel- und Okeiarbeiten. Für meine Schwester habe ich eine gehäkelte Tischdecke bestellt bei den Kerime-Töchtern (mit schlechtem Gewissen wegen ihrer Augen). Müşerref macht mir 20 Meter Okeiborten in zarten Pastelltönen für Marthas Unterröcke. Schnell vor der Abreise in Istanbul im Bazar noch teure Andenken kaufen, finde ich nicht so sinnvoll. Übrigens, eine Gewürzmühle aus Messing habe ich hier im Jagdgeschäft gesehen – für meinen Bruder vielleicht.

Es stimmt anscheinend, was die Klatschbasen über die ältere Tochter der Nachbarn gesagt haben. In einem kleinen fensterlosen Häuschen auf dem Hof lebt ein weibliches Wesen, das nie draußen zu sehen ist. Gestern beobachteten wir zufällig von unserem Schlafzimmerfenster aus, wie die Alte eine Schüssel mit Essen brachte, das die Eingeschlossene bei etwas geöffneter Tür verzehrte (sonst sähe sie ja nichts). Laut Müşerref wohnt das Mädchen da schon seit vielen Jahren, seit sie nach der Hochzeit ihrem Mann weggelaufen sei. Sie habe selbst gewünscht, allein und im Dunkeln zu sitzen.

Eine Frau, die zu ihren Eltern zurückkehrt, hat der Familie Schande gemacht und diese eventuell finanziell ruiniert: Die Aussteuer war umsonst, der Brautpreis muß jedoch zurückgegeben werden.

5. April

Die Mandelbäume, rosa und weiße, stehen in voller Blüte. Nun ist es endlich tagsüber auch wärmer, aber sehr windig. Ich habe mir einen Blütenzweig abgebrochen. Das ganze Zimmer durftet intensiv nach Honig.

Nun muß ich wahrscheinlich in Deutschland zum Zahnarzt. Mir ist von einer Krone ein Stückchen abgebrochen, so daß eine scharfe Kante entstanden ist. Die junge Zahnärztin, zu der wir immer gehen, konnte sich nicht genug über das Material wundern, eine Art Kunststoff. Sie traute sich kaum zu schleifen aus Angst, es könnte noch etwas abbrechen und sie hätte dann keine Möglichkeit, das zu reparieren. Ich bin in diesem Winter schon öfter hier gewesen, immer mit kleinen Sachen. Die junge Frau ist geschickt und hat die modernste Praxiseinrichtung in S. Aber wenn der Strom ausfällt, nützt auch eine Siemens-Anlage nichts. Wir saßen also manchmal da und unterhielten uns. Sie hat ihr Examen in Istanbul mit Auszeichnung gemacht, das Diplom hängt an der Wand. Zahnärztin werden kann man eigentlich nur, wenn der Vater reich ist. Oder, wie in diesem Fall, ein ehemaliger Offizier, der sein ganzes Ruhestandsgeld in die Praxis steckt. (In der Türkei bekommen Beamte und Offiziere; wenn sie in Pension gehen, eine größere Summe auf die Hand, womit sie eine Wohnung, einen Laden oder eben eine Praxiseinrichtung kaufen können. Diese Pensionäre fangen am Lebensabend meistens noch einen zweiten Beruf an.) Niyazi *bey* versorgt den Kohleofen im Warteraum und empfängt die Patienten, anscheinend spielt er den Aufpasser, denn auch Männer lassen sich von seiner unverheirateten Tochter behandeln.

Heute mußte er ständig unseren Hund davon abhalten, mir ins Sprechzimmer nachzulaufen. Es ist schon eine Plage mit dem treuen Tier. Man kann nicht mehr weggehen, ohne daß er mir bzw. Ahmed folgt. Der Garten hat Schlupflöcher hinten zur Ruine hinaus, in den Keller läßt er sich durch keine List mehr locken, und an der Kette erwürgt er sich schier. Wir haben versäumt, ihn rechtzeitig zu erziehen, in der irrigen Annahme, hier herrsche die große Hundefreiheit. So gibt es immer ein Aufsehen. »Da kommt die Deutsche!« Kinder und Frauen weichen aufschreiend zur Seite, Männer werfen Gegenstände nach dem armen Kerl. Er drängt in jeden Laden mit hinein; es gibt kein ruhiges Einkaufen mehr. Die Deutsche und ihr Hund – der Gipfel der Komik.

Hier kennt man den Hund bloß als Bewacher der Herde, des Gartens, eines Warenlagers, seltener eines Hauses. Und außerdem gibt es die herrenlosen Straßenhunde, die sich aus dem Abfall ernähren und in den Feldern schlafen. Der Hund als Gefährte des Menschen – absolut lächerlich.

6. April

In der Nachbarschaft wurde ein Kind geboren. Die glückliche Großmutter kam gestern in den Garten und erzählte es mir. Eben gerade habe ich einen kurzen Besuch gemacht. Es war eine Hausgeburt, wie das hier üblich ist, wenn der Arzt keine Komplikationen befürchtet. Die Wöchnerin lag mit dem Brautnachthemd und einem Blumenband im Haar richtig festlich da, neben ihr im breiten Bett das Baby. Ein winziges schwarzhaariges Mädchen, Jasimin. Ich schenkte Puder und Seife aus Deutschland und für den nun zum *ağabey* gewordenen zweijährigen Bruder ein Steifftier. Die Stube war voller teetrinkender Frauen, die zum Glückwünschen gekommen waren.

Da die Nachbarn das Essen kochen, können sich Großmutter und jüngere Schwägerin voll um die Pflege von Mutter und Kind kümmern. Es gibt in S. zwölf Hebammen, die zu den Hausgeburten geholt werden.

Müşerref hat zwei Kinder und will keine weiteren – das ist schon fast ein Extrem. Die Spielkameraden meiner beiden haben alle mehrere Geschwister. Bei Ercan sind es 9 Kinder, bei Ahmed 3, bei Arif 4, bei Tamer 3, bei Yalçin 3.

Verhütungsmittel sind sehr wohl bekannt und werden auch angewendet. Der Preis für die Monatspackung Pillen (rezeptfrei) beträgt umgerechnet 2 DM. Man kann mit den Frauen offen darüber reden. Wohl anders als auf dem Dorf werden die Kinder auch nicht unbedingt als Arbeitskräfte benötigt. Es ist eher umgekehrt so, daß auch die Männer, sobald sie als Lohnabhängige arbeiten, die finanzielle Belastung durch viele Kinder sehen.

Die Familiengröße wird auch durch die im Haushalt mitlebenden Großeltern (überwiegend Großmütter) bestimmt. Es gibt in der ganzen Nachbarschaft aber nur einen Fall, daß drei erwachsene Söhne mit ihren Familien zusammen mit den alten Eltern ein Haus bewohnen; dabei hat jede Familie jedoch eine abgeschlossene Wohnung. Die Tendenz geht auch in der Türkei zur Kleinfamilie. Das heißt, auch die Söhne, nicht nur die Töchter, ziehen bei ihrer Verheiratung aus dem Elternhaus aus. Werden die Eltern gebrechlich oder verwitwen, dann schiebt man sie allerdings nicht ins Altersheim ab, sondern eines der erwachsenen Kinder nimmt sie in seinen Haushalt auf. Dadurch entsteht jedoch nicht wieder die traditionelle, patriarchalisch strukturierte Großfamilie. Der aufgenommene Großvater ist z. B. nicht der Haushaltsvorstand.

Unten bei der Baustelle hat ein Arbeiter in den noch feuchten Zement geritzt: »In ganz S. gibt es kein unberührtes Mädchen mehr.« Das dürfte stark übertrieben sein (Enttäuschung? oder Wunschdenken?) Andererseits stimmt sicher nicht, was oft behauptet wird, daß sowohl die Mädchen als auch die Jungen völlig unaufgeklärt in die Ehe gehen. Man muß unterscheiden zwischen Unaufgeklärtheit und Unberührtheit. Daß die Mädchen (trotz der Inschrift an der Baustelle) im großen ganzen bis zur Hochzeit Jungfrau bleiben, ist wohl richtig; aber unaufgeklärt sind die Mädchen nicht, sowohl hier in der Stadt als auch auf dem Dorf (sagt Ahmed). Daß sich nicht wenige Burschen ihre ersten sexuellen Erfahrungen im Bordell holen, diese Information habe ich ebenfalls von Ahmed.

Meine Nichte (14) erzählt, daß die meisten Klassenkameradinnen einen Freund hätten – nicht anders zu vermuten bei der Koedukation in der Schule –, daß etwas Intimes aber nicht in Frage käme. Die soziale Kontrolle ist ja auch viel stärker als in Deutschland.

8. April

Ahmed ist noch einmal nach Izmir gefahren. Was immer er auch für Nachrichten und Entscheidungen mitbringt, ich will meine Liebe nicht an Bedingungen knüpfen. (»Du mußt mir erst ein Haus bauen, erst ein tüchtiger Geschäftsmann sein, erst Ohrringe kaufen ...«) Ich liebe dich – und kann dich vielleicht erlösen. Wie Prinzessin Gisliha den Sultan Murad aus der Taubengestalt erlöste. Sie ging über die Gebirge, bis ihre Kupferschuhe blätterdünne Sohlen hatten. Vor allem verlangte sie nicht im voraus Versicherungen und Erklärungen, sondern vertraute, daß »zu seiner Zeit alles notwendige Wissen für sie bereit sein« werde. Als sie sich auf dem Holzstoß der Flamme zum Opfer anbot, erhielt ihr Mann seinen Menschenleib zurück (und sie mußte *nicht* verbrennen).

9. April

Meine Deutung des Märchens von der grauen Taube ist mißverständlich, scheint mir. Als ob immer die Frau sich opfern müßte! Nein, aber wer liebt, ob Mann oder Frau, muß bereit sein, übers Gebirge zu gehen und auf dem Holzstoß zu brennen. Und das stumme Vertrauen, das keine Erklärungen und Versicherungen verlangt, gilt ja nur unter der Voraussetzung, daß man dem anderen vertrauen kann. Auch bezieht sich das Nicht-Fragen in dem Märchen eindeutig auf Dinge, für die die Stunde reif sein muß.
  Im Moment ist es mir ganz lieb, daß Ahmed weg ist, weil ich Besinnung brauche.

12. April

Ich liege auf der Matratze mit einem Gefühl körperlicher Erschöpfung wie nach einer Bergtour. Die linke Hand ist über den Knöcheln geschwollen vom Wäscheauswringen. Trotzdem freue ich mich »diebisch«. Kann man so sagen, wenn es einem gelungen ist, der Waschmaschine auf die Schliche zu kommen, nachdem sie einen den ganzen Tag geärgert hat?
  Ja, wir haben die langersehnten zwei, den Kühlschrank und die (halbautomatische) Waschmaschine. In Erwartung dieser Tatsache wurde schon vor Wochen die Waschfrau abbestellt, und nun hatte

sich ein derartiger Berg Schmutzwäsche angesammelt, daß ich es heute wagen mußte.

Zwar werden in der Türkei seit kurzem auch vollautomatische Waschmaschinen produziert. Doch verbrauchen diese Dinger wesentlich mehr Energie und seien wegen der Schwankungen im elektrischen Strom sehr störanfällig, sagen die Leute, die jetzt die ersten Exemplare der neuen Generation testen. Das Wasser muß ich also in bekannter Weise im Kessel über dem offenen Holzfeuer erhitzen. Dann kommt in die linke Kammer der Maschine die Wäsche samt Waschmittel und heißem Wasser. Soweit klappt es noch. Und als ich den Zeitwahlzeiger drehe und den Deckel zumache, rührt sich tatsächlich etwas in der Trommel. Höchstdauer des Waschvorgangs vier Minuten. Ich stelle mir vor, die dreckigen Kinderhosen könnten dasselbe noch mal vertragen und drehe den Zeiger wieder auf 4. Es geht richtig los, doch plötzlich wird das Wasser abgelassen. Die Maschine meint wohl, es sei genug. Von mir aus. Zum Spülen soll man die nassen Stücke in die rechte Trommel rübertun. Ich lese noch einmal die Betriebsanleitung durch und erfülle Punkt für Punkt. Kaltes Wasser fließt aus der Leitung durch den Schlauch in die Trommel. Beim Schließen des Trommeldeckels setzt eine rasende (2 400 upm) Schleuderbewegung ein, und binnen kurzer Zeit quillt Seifenlauge aus allen Ritzen. Voller Schrecken ziehe ich den Stecker aus der Steckdose. Wenn das bloß gutgeht! Als ich den Deckel aufmache, ist vor lauter Schaum keine Wäsche mehr zu sehen. Mit Omo bin ich wohl etwas zu großzügig gewesen. Ich nehme die Höschen raus und spüle sie zweimal von Hand mit eiskaltem Wasser. Das Auswringen hätte ich eben gerne der Maschine überlassen. Statt dessen muß ich die Trommel leerzukriegen versuchen. Beim Drücken des Knopfes »Leeren der Schleuderkammer« dreht sich die Trommel zwar, das Schaumwasser verschwindet durch die Zentrifugalwirkung in die Kammer, die die Trommel umschließt, fließt aber nicht ab, sondern kommt beim Stehenbleiben der Trommel jedesmal fein und weiß wie dünner Eisschnee durch die kleinen Löchlein zurück. Ausschöpfen hilft nichts. Der weite Raum hinter der Trommel steht anscheinend voll unter Wasser und sorgt für Nachschub. Ich zittere, wenn ich an den großen Kessel mit eingeweichter Kochwäsche denke, und mache erst mal eine lange Mittagspause. Die Maschine hat es sich aber am Nachmittag leider nicht anders überlegt. Als weder das erneute Durchlesen der Betriebsanleitung noch ein zehnmaliges Scheiße-Sagen helfen, beschließe ich, bei den Nachbarinnen um Rat zu fragen. Diejenigen, die ich antreffe, sind entschiedene WM-Gegnerinnen und schwören auf Handwäsche – was ich inzwischen sogar

99

verstehen kann. Mir bleibt auch nichts übrig, als meine Bettlaken geduldig zu spülen, zu wringen, zu spülen, zu wringen, aufzuhängen. Oh, mein Rücken!
Beim Nachmittagsgebet bin ich fertig.
Ich lege mich etwas hin. Der Gedanke, die Betriebsanleitung könnte falsch sein. Einen Knopf habe ich nicht gedrückt, nämlich »Leeren der linken Waschkammer«. Die Kammer ist ja geheimnisvollerweise von selbst leer geworden. Was wohl passiert, wenn man jetzt diesen Knopf drückt? Ich ziehe meine nassen Schuhe noch einmal an, gehe wieder in den Keller – und drücke den Knopf. Richtig! Es leert sich die Schleuderkammer. Bin ich nicht ein technisches Genie!!! Ein kleiner Schönheitsfehler ist bloß, daß jetzt die linke Waschkammer wieder halb gefüllt ist mit schmutzigem Wasser. Aber das kann man mit einem Töpfchen ausschöpfen.

Den Namen der weltbekannten Firma, der auf dem eigensinnigen Ungeheuer prangt, will ich lieber nicht nennen, sonst könnte das noch jemand als Schleichwerbung mißverstehen.

Auf den nächsten Waschtag bin ich sehr gespannt.

14. April

Der im Winter schlammige Weg zwischen den Feldern runter zur Fernstraße ist ausgetrocknet, so daß sich ein Spaziergang in die freie Natur auftut. Mehr als handhoch und sattgrün steht der Weizen zu beiden Seiten. Kein Baum weit und breit, insofern die Landschaft nicht gegliedert, außer durch den Bodenverlauf, das Abfallen immer weiter in die Ebene hinein bis zu einem dunstigen Horizont. Die Ferne lockt nicht. Es gibt kein Ziel.

Im feuchten Graben neben dem Weg sind buttergelbe Sterne voll aufgeblüht. Und überall die blaugrünen Rosetten der Distelblätter, dicht an den Boden geschmiegt. Hier muß man mit festen Schuhen gehen. Bei den Bauruinen im Feld quaken Frösche (diese Töne habe ich wohl seit Jahrzehnten nicht gehört). Ich suche den Teich. Da ist nicht einer, sondern fast neben jedem Hausfragment hat sich ein Tümpel gebildet mit Schilf und Schlick. Jedesmal wenn ich näherkomme, hupft und platscht es, und kein Frosch ist zu sehen. Man muß aber nur etwas Geduld haben, dann tauchen sie lautlos wieder auf, die großen Burschen. Sobald sie sich sicher fühlen, blasen sie die Backen auf und quoaksen und geckern, daß es eine Lust ist. Meine Lust – hier allein zu sein. Nicht gefragt zu werden, wohin ich gehe und was ich suche. Auf Ziegelsteinen zu sitzen und die Sonne zu fühlen – wie eine Blinde, die mit der Haut sieht. Ahmed, du kannst wiederkommen,

ich brauche dich doch. Schon das Alltägliche ist schwierig ohne deine Hilfe. Und die Kinder verlangen dringend nach deinen unpädagogischen Spielen, um sich von der Mutter auszuruhen. Auch ich brauche dein Ein- und Ausgehen, deine Anwesenheit. Aber du darfst nicht viel reden. Wir sind noch lange nicht beim wortlosen Verstehen, o nein, höchstens bei der wortlosen Spannung, aber die ist ambivalent, läßt hoffen auf die Explosion des allumfassenden Glücks – und entlädt sich statt dessen so oft in den Krieg der Worte:
- Lieber eine dumme Frau, die widerspricht nicht.
- Wenn du das meinst, das kannst du gleich haben (kleines Erschrecken und Innehalten: Will ich denn andeuten, ich räumte für eine Dumme unbesehen das Feld?)
- Es wäre deine Kunst, mich nicht immer nervös zu machen.
- Du bist nervös und läßt es an mir aus.
- und so weiter
- und so weiter.
Dann besser schweigen. Aber zu zweit. Ich brauche einen, der mich anschweigt.

16. April

Ahmed ist aus Izmir zurück. Er erscheint deprimiert. Hatte sich wohl selber mehr Hoffnung gemacht als ich dieses Mal. Der Verkauf der Baugrundstücke wäre nur weit unter dem Wert möglich. Ich finde es vernünftig, dann nicht zu verkaufen. Unser anderes Projekt, das Haus in Kuşadasi, bereitet uns ebenfalls Probleme. Die Wohnungsbaugenossenschaft hat sich entschlossen, einiges für die Infrastruktur zu tun, also nicht bloß Kanalisation und Elektrizität anzuschließen, was wohl erwartet werden darf, sondern ein Kasino zu bauen, Spielplätze, eine Schule und einige Läden. Auch soll danach in der ganzen Siedlung die Straße asphaltiert werden. Man rechnet mit zwei Jahren, bis alles fertig ist – und mit einigen Millionen, natürlich. Das bedeutet, jedes Mitglied muß noch mal kräftig in die Tasche greifen, dafür erhöht sich aber der Wert der Häuser auch gewaltig. Für uns stellt sich die Frage, ob wir so dumm sein sollen, jetzt zu verkaufen, oder das nötige Kapital leihen und – Konsequenz – weitere Jahre von den Schwägern abhängig sein. Dann könnten wir sicher auch von S. solange nicht wegziehen.

Wir schwanken beide zwischen der Vernunft, die Abwarten gebietet, und einer Ungeduld, die das Taktieren endgültig satt hat und – komme was wolle – den Aufbruch wagt; träumen, wie es wäre, wenn wir ein bißchen Geld hätten – und landen zusammen auf dem Boden der Realität (das ist unsere Matratze); verbieten uns Spontanreaktionen und trösten einander, weil es jetzt doch wieder nichts ist mit dem Umzug in den großen Süden. Izmir, eine Fata Morgana. So wie jetzt saßen wir oft in Deutschland zusammen und malten uns das Leben in der schönen Türkei aus. So sitzen wir jetzt in der schönen Türkei und malen uns das Leben woanders aus.

17. April

Ayşe aus München ist mit Mann Halil und Kindern schon wieder zu Besuch da. Sie hatten zuletzt im Herbst vier Wochen in S. bei den Eltern und Schwiegereltern verbracht. Dieses Mal war der Combi voll mit Elektrogeräten aus Deutschland, unter anderem auch einer vollautomatischen Waschmaschine (!). Sie bereiten sich auf ihre endgültige Rückkehr in die Türkei vor, anscheinend gezielter als wir. Halil (bisher Arbeiter bei BMW) ist wohl auch praxisbezogener als mein verträumter Ahmed, der die Verhältnisse in seiner Heimat so unrealistisch eingeschätzt hat.

Übrigens: Inzwischen habe ich mich mit unserer Waschmaschine versöhnt. Sie spült und schleudert ordentlich, bloß waschen muß man von Hand, dafür reichen die paar Umdrehungen nicht.

Wie es immer so ist, fast jeden Tag höre ich jetzt von der und jener, sie habe eine vollautomatische Waschmaschine (aus Deutschland oder aus der neuesten türkischen Produktion), die einwandfrei funktioniere!!! Was soll ich sagen? Meine Misere ist eben nicht typisch. *Die* Türkei ist nicht so, wie das, was mir begegnet ist.

20. April

Seit die Leute wissen, ich fahre bald nach Deutschland, werde ich mit Bestellungen überhäuft. Für die ältere Tochter der Kerime-Oma Aspirin plus C mitzubringen ist weder schwierig noch teuer. Kritischer wird es, wenn sich die Schwägerinnen Elektrogeräte wünschen, Melek einen Handrührer, Hatice ein Waffeleisen – beides haben sie bei mir gesehen. Ahmed verbietet mir striktweg, solche Bestellungen entgegenzunehmen, besonders für Sachen, wegen deren ich am Zoll warten müßte.»Du kommst vielleicht nachts zurück und stehst dann mit den Kindern stundenlang in der Schlange.« Das ist vernünftig gedacht, aber die Schwägerinnen sind fassungslos über soviel Unliebenswürdigkeit – und erbitten sich am nächsten Tag gleich etwas anderes.

Hatice:»Das schönste Parfüm, das es in Deutschland gibt, und Mohairwolle« (so wie die von meinem Pullover).

Melek: »Einen Babyschlafsack. Bei unseren hier geht in der ersten Wäsche sicher der Reißverschluß kaputt. – Und wenn Hatice Parfüm bekommt, will ich dasselbe.«
Der Neffe (12) meint, ein deutsches Fahrrad wäre sein Herzenswunsch. Versuche ihm klarzumachen, daß ich nicht mit einem Lastwagen, sondern mit dem Flugzeug zurückkomme.
Anmerkung: Es gibt in S. die schönsten Fahrräder, ebenso Mohairwolle, wesentlich billiger als in Deutschland, es gibt Parfüm, wenn auch nicht die breite Palette der Duftnoten, und von ›Gastarbeitern‹ kann man jederzeit Waffeleisen und Handrührer kaufen.
Aber ein Mitbringsel ist halt doch etwas anderes.
Ich soll auch von hier Geschenke mitnehmen. Weißen Käse vielleicht und eingesalzenes Hammelfleisch. Ob sich meine Geschwister darüber freuen würden?
Auf dem Hof der Kerime-Oma nisten Störche in einem gekappten Baum. Sie bauen das Nest etwa drei Meter über dem Erdboden und stören sich nicht an der Nähe der Menschen. Vom Schlafzimmerfenster aus gucken wir den hübschen Tieren zu, die ich aus Märchen besser kenne als in Wirklichkeit.
Mutabor (Ich werde verwandelt werden. – »Kalif Storch«).

23. April

Mein Bruder hat für mich und die Kinder die Flugkarten geschickt. Es geht am 10. Mai abends ab Istanbul. Ob ich bis zum Ramazan (Fastenmonat), der Mitte Juni beginnt, zurück sein kann? Ich möchte sehr gerne wieder die Erfahrung machen, wie sich durch die körperliche Umstellung der ganze Mensch verändert. Einmal habe ich es geschafft, trotz Schulstreß, den ganzen Monat auszuhalten. Das war im ersten Jahr unserer Ehe. Ahmed findet, ein Mensch mit so einem schlechten Kreislauf wie ich dürfte überhaupt nicht fasten.

Sprachentwicklung der Kinder nach 8 Monaten

Ayhan, mein »großer« Sohn, verbessert mich laufend. Er kennt auch allerhand gar nicht so alltägliche Wörter, z. B. *efe* (Partisan). Sind wir alleine, so spricht er mit mir immer deutsch, weil er sich da doch noch differenzierter ausdrücken kann und sicher ist, ich verstehe jede Nuance. Mesut dagegen redet auf mich unaufhörlich türkisch ein, zwar wortreich und schnell, aber ziemlich fehlerhaft. Es wird gut sein, wenn er wieder eine kleine Auffrischung im Deutschen bekommt durch unsere Reise jetzt.

Wie richtig war es doch, daß wir die Kinder vor unserer Übersiedelung hierher nicht mit systematischer Zweisprachigkeit gequält haben. Sie haben sich auch dagegen gewehrt. Nicht das Türkische zu erlernen war das Problem, wie manche vor unserer Abreise meinten. Eine Aufgabe wird vielmehr sein, den Kindern die Muttersprache lebendig zu halten.

Das Frühlingsfest der Frauen

6. Mai

»Wie gut, daß du noch nicht abgefahren bist, weil ja *hidrellez* ist«, hatte Müşerref mit allen Zeichen freudiger Aufregung zu mir gesagt. Ich verstand das Wort erst nicht, vermutete (zu Unrecht) etwas Griechisches, schaute im Lexikon nach und wurde belehrt, daß man am 6. Mai das Frühlingsfest feiert, »im Osmanischen Reich das Datum für verschiedene militärische und zivile Veranstaltungen, z. B. das Herausführen der kaiserlichen Pferde zur Weide«. Was das Lexikon nicht erwähnt: *Hidrellez* ist, hier in S. jedenfalls, ein Frauenfest, dessen alte, an Fruchtbarkeitsriten erinnernde Bräuche auch in anderen Kulturen zu finden sind.

Es ging schon am Spätnachmittag des Vortags los. Die Kinder riefen mich nach draußen, wo die Nachbarinnen sich in Gruppen zu zehn bis fünfzehn versammelten. Keine durfte fehlen, jetzt gab es einfach keine dringenden Arbeiten. Die Trüppchen machten sich unter Lachen und leisem Singen einzeln auf zu einem Gang durch die *mahalle* und die angrenzenden Felder. Es wurden grüne Zweige und Blüten abgerissen und in einen der vielen hochwasserführenden Abwasserbäche geworfen. Niemand wußte, weshalb. (Mein schlaues Lexikon meint, daß da die Verehrung eines See-Dämons mit dem Kult eines Schutzpatrons auf dem Lande verschmolzen sei.)

Auf dem Rückweg sammelte man Holz, Papier, eigentlich alles, was an Brennbarem so herumlag. Erst dachte ich, das sollte eine Reinigungsaktion sein (war es vielleicht ursprünglich auch), aber gegen ausgekippte *çöp*-Tonnen ist man ja machtlos.

Auf der Wegkreuzung vor unserem Haus wurde nun in der Abenddämmerung mit dem Gesammelten ein Feuer entzündet. Als das schön hoch brannte, fingen die jungen Mädchen an, drüberzuspringen, je dreimal. Aber auch die Älteren schürzen die Röcke und hüpfen. Große Buben werden weggescheucht, dagegen schwenkt man die Kleinen, egal ob männlich oder weiblich, ebenfalls dreimal über die Flammen. »Das vertreibt Krankheiten, Schmutz und alles Böse«, wird gesagt. »Spring doch!« raunt mir eine zu, »du kannst dir wünschen, daß du schwanger wirst.« Die ab und zu im Auto heimkehrenden Familienväter weichen von selbst aus; denn die Frauen scheinen nichts zu bemerken vor Eifer, gehen nicht zur Seite. Viele springen immer und immer wieder (es muß jedoch je dreimal sein) – welch großer Wunsch mag dahinterstehen. Als der *hoca* (Geistliche) vorbeikommt, vergißt Sezen ihre sonstige Zurückhaltung und ruft: »Schau mal, Hoca, was wir machen, das ist doch Sünde, oder?« Der *hoca* geht klugerweise ohne ein Wort weiter zur Moschee – ist doch seine eigene Frau mit in der Gruppe.

Nicht weit entfernt brennen andere Feuer, springen andere Nachbarinnen voller Hoffnung oder einfach aus Spaß über die sinkende Glut. »Morgen mußt du früh aufstehen, wir haben allerhand vor«, sagt Müşerref noch zum Abschied.

Das Wasserholen von der Quelle am anderen Morgen habe ich dann über den Bedürfnissen der Familie verpaßt. Aber im Laufe des Vormittags erschien ein junger Mann, dessen Gesicht mir komisch bekannt vorkam, um mich zu seiner Hochzeit einzuladen. Einige Häuser weiter hatte sich in einem Hof schon wieder die Gruppe von gestern versammelt und ein paar andere dazu. Die »Gäste« verneigten sich vor dem Brautpaar, steckten ihm Geld an die Kleidung. »Das ist ja Seviye! Nein, hast du dich gut verkleidet!« Nicht mal das Bärtchen fehlt dem hübschen Bräutigam. Die Frauen singen und trommeln dazu auf den runden Blechen, die man zu fast jeder Küchenarbeit benötigt. Es sind Spaßlieder mit z. T. wohl selbst ausgedachten Texten. Wer Lust hat, schließt sich dem Brautpaar an und tanzt in der Reihe mit.

Als die »Hochzeit« zu Ende ist, gehe ich brav nach Hause. Aber bald holen mich die Kinder schon wieder: Die anderen Frauen sitzen im Feld und essen. Ich packe schnell etwas Käse und ein paar Tomaten ein, um nicht mit leeren Händen zu kommen. Aber die draußen könnten wohl ganz andere Leute als mich noch mitfüttern. Da gibt es Riesentöpfe voll *bulgur pilavi* (Weizengrütze. Nun sag bloß keiner, das schmeckt nicht! Ich lasse mir das Frühlings-Spezial-Rezept verraten. Der Witz sind die grünen Zwiebelschloten darin.). Aber auch *börek*, gekochte Eier, Obst und Süßigkeiten sind da. Bei jeder muß ich kosten. Ich platze fast, aber eigentlich eher vor Hitze, denn die Sonne scheint heiß. Wir sitzen auf dem Feldrain inmitten von Gras, Kräutern und kleinen Blumen. Der Boden ist zum Sitzen angenehm trocken, aber die Ameisen entfalten eine kribbelige Aktivität, so daß ich froh bin, aufstehen zu können, als nun das Tanzen wieder beginnt.

Die Kinder begleiten mich zu dem einzigen Baum weit und breit, wo ich mir Schatten erhoffe. Doch da hat sich schon eine andere Frauengruppe mit Töpfen und Körben niedergelassen. »Ich kann nichts mehr essen, auch nicht probieren. Danke, danke!«
Ist das ein Leben im Feld – und der sonstige Tagesablauf bis zum Abend vergessen. »Du wirst doch nichts arbeiten wollen«, ruft man mir empört nach, als ich kurz nach Hause gehe, um einen dünneren Pullover anzuziehen. Nein, wir Frauen haben nur gefeiert heute, während es für die Männer ein normaler Werktag war.

Woher der Name *hidrellez?* Das hat mich doch nicht ruhen lassen. Beim *hoca* durfte ich in das große Lexikon schauen. Richtig: *Al hadr, bzw. hidr* (der Grüne) ein Frühlingsgenius, Repräsentant der wiederauflebenden Erde, auch See-Dämon, Personifikation des Meeres. Wird heute Elias gleichgesetzt. Der alte Kult des Frühlingsgenius war wohl nicht zu verbieten (die Frauen ließen ihn sich nicht verbieten), so daß er, wenn auch mit Verrenkungen, sanktioniert werden mußte.

7. Mai

An Martha telegrafiert:
»Kommen 10. Mai München Flughafen 22.35 Uhr«
»Blaskapelle ist das mindeste« – konnte ich mich mit Not enthalten dazuzusetzen. Bin schon albern vor Freude.

9. Mai

Morgen fliegen wir.
Ich weiß nicht, ob ich mich freuen soll, nachdem ich mich seit Wochen darauf gefreut habe – und immer gebangt, es könnte nichts werden. Wo gehöre ich hin? »Hier hast du dich noch nicht eingelebt«, hat mir Ahmed eben gesagt, obwohl ich selbst gemeint hätte, es jetzt geschafft zu haben.
Heute war ein schöner Tag. Sonntag.
Hasan und Mahmut haben ihre Familien in die Autos gepackt und uns dazu, und wir sind in den Wald gefahren. Die Türken sind Meister im Picknick (das kann man sogar in München beobachten). In einer Lichtung breiteten wir die Decken aus, die Omas und die Schwägerinnen fingen sofort an mit dem Salatmachen und Teeko-

chen, während die Männer das Lamm tranchierten. Ich lief mit allen Kindern zum Holzsammeln, bald brannte das Feuer. Im Gebüsch fanden die Kinder zwei lebende Schildkröten, gut 30 cm lang, mit denen sich aufregend »Panzer« spielen ließ. Am Waldboden winzige stengellose Enziane und andere weiße und blaue Blümchen; eine grünschillernde Eidechse, die an einem Baum hochlief. Es war so warm, daß man nacheinander Jacken, Strümpfe und Wollhosen auszog.

Ein harmonischer Tag. Ein herrliches Essen (Lammsteak, Salat, Joghurt, Tee). Alles gut. Wenn nicht ...

Wenn nicht Schwager Mahmut plötzlich gemeint hätte, ich solle das Auto von der Straße etwas in den Schatten fahren. Und wenn ich nicht eine Sekunde gezögert hätte, um herauszukriegen, ob er meinte, die Böschung runter in den Wald oder einfach die Straße entlang weiter.

Mein Mann nimmt mein Zögern als Weigerung und kriegt einen schrecklichen Wutanfall.

Ich hätte Angst vor dem Autofahren (seine eigene Angst), ich machte wieder Theater vor allen Leuten (dieses Mal wirklich nicht, aber so verfolgt einen die Vergangenheit), ich sei faul (hab mich wohl verhört), ich solle nur in Deutschland bleiben, ich verbittere ihm das Leben usw.

Für mich kommt dieser »Anfall« aus heiterem Himmel. Ich kann nicht mal darauf reagieren, sondern fahre das Auto ganz cool in die Büsche. Ahmed spricht mit mir kein Wort mehr, bis wir abends zu Hause sind. Jetzt schwört er mir, ich hätte gesagt »Ich will nicht«. Ich kann das Gegenteil beschwören.

Was soll's?

Es kommt nicht darauf an, wer recht hat. Wenn es so steht, gibt es immer Anlässe, dann kann jederzeit unberechenbar sich der Abgrund auftun. Und ich will nicht das Opfer sein.

Theoretisch plädiere ich dafür, einen Irren in seiner häuslichen Umwelt zu kurieren, ihn nicht in die Anstalt abzuschieben. Aber ich fühle mich außerstande, Krankenschwester zu spielen. Bin selber nicht normal (das sagt er ja). Ich hätte Verhaltensweisen, die ihn immer wieder bis zum Wahnsinn reizten.

Gut, weshalb brechen wir die Tragödie nicht ab?

Ich kann in Deutschland den Lebensunterhalt für mich und die Kinder verdienen. Ich habe einen Beruf und bin von der Schule bloß beurlaubt, also jederzeit wieder drin.

Mal ganz egoistisch überlegen: Wo und wie geht es mir besser? In Deutschland sind die Freunde, Martha, Elisabeth, Ingeborg und Günther, meine Geschwister, auf die ich mich verlassen kann und mit denen ich eine Sprache spreche. Die fehlen mir *sehr*. Sich jedes Jahr

einmal zu sehen und der magere Briefkontakt – das ist so grauenhaft wenig. Frauengruppe? – Davon bin ich geheilt. Die Szene? – Ich gehöre nicht dazu. Ein paar Boutiquen und Cafés in München, die Buchhandlungen und Kinos (nicht die Theater), bestimmte Straßen (die Amalienstraße z. B. oder die Hohenzollernstraße) – vertrautes Umfeld. Bloß weiß ich nicht, ob ich das wirklich brauche.
Und was muß ich dafür bezahlen?
Unterricht halten. Lehrer sein im Gymnasium heißt, mal nett ausgedrückt, den Schülern zu helfen, daß sie ihre Notendurchschnitte erreichen. Du mußt also etwas Geliebtes oder Interessantes (Deutsche Literatur, Geschichte, Sozialkunde) zum »Stoff« machen, diesen Stoff so zubereiten, daß daraus nicht etwa ein Erlebnis wird, eine Bereicherung, sondern daß er leicht lernbar wird im Hinblick auf die nächste Leistungserhebung. Stunden der Diskussion sind insofern vertan, und was im Abitur wahrscheinlich nicht drankommt, das kann man gleich weglassen.

»Mit dem Stoff fertigwerden«, das ist die Peitsche am Tag. Es steht ja nur eine begrenzte Anzahl von 45-Minuten-Einheiten zur Verfügung, zu wenige für Einsichten, Vertiefung, Selbsttun der Schüler. Die Peitsche in der Nacht ist das Korrigieren. Jedenfalls saß ich doch meistens noch an den Wochenenden, wenn ich schon in der Woche ganz fleißig gewesen war; und in den kleinen Ferien (Ostern, Pfingsten, Weihnachten) war stets volles Programm. Ich habe es mehrfach ausgerechnet: Bei einer 50-Stunden-Arbeitswoche kam ich auf sieben Wochen Sommerferien. Ich bin nicht gegen Arbeit, aber in diesem Ausmaß läßt sie sich nicht kombinieren mit dem Muttersein. Eine halbe Stelle könnte ich haben wegen der minderjährigen Kinder; dann reichte aber das Geld nicht (und die Arbeit wäre nachgewiesenermaßen mehr als die Hälfte).

Hausfrau werden in Deutschland kommt für mich nicht in Frage, denn ich hätte keinen Mann, der mich ernährte. Und: Wollte ich das? Ganz kurz muß ich noch überlegen, was für die Kinder besser ist. Sie sind gerne hier, genießen sichtbar die Freiheit und Freundlichkeit ihrer Welt, genießen auch den Vater, der ihnen jetzt näher ist als vorher – und der für mich die einzige große Frage bleibt.

Die Türkei habe ich inzwischen verkraftet, ach, sogar liebgewonnen. Der Schmutz, der Verfall, die Langsamkeit, die technischen Schwierigkeiten – alles nicht schlimm, eigentlich lächerlich, daß mich das mal so belastet hat. (Nein, ich verstehe mich schon noch, ich weiß, was mich daran so belastet hat und will es nicht gleich wieder verdrängen). Die Türkei ist schön, S. speziell ist weniger schön. Aber ich kann hier leben, für eine Zeitlang.

Wo es Störche gibt und einen Garten
Wo eine Solidarität der Frauen besteht im gleichen Schicksal, wenn auch nicht im gleichen Bewußtsein
Wo ich, obwohl Außenseiterin, toleriert werde
Wo die Kinder nicht leiden müssen unter meiner Berufstätigkeit
Wo die Nächte mir gehören
Wo ich Zeit habe zum Nachdenken
Wo ich selber lernen kann, statt immer nur zu lehren
Die Frage ist auch dieses Mal, welchen Preis ich zahlen und ob ich Ahmed unbedingt in Kauf nehmen muß.
Es ist modern, sich zu trennen. Jede Frau, die auf sich hält, setzt den Mann vor die Tür, wenn er heutzutage noch frech werden will. Als ob ich das nicht könnte! Ahmed wäre bestimmt fair bei einer Scheidung und ließe mir die Kinder. Mit der Hälfte unseres Kapitals und ein paar Deutschstunden würde ich uns schon durchbringen.

Muß nun also geschieden sein? Nicht in jedem Fall, aber in unserem wäre das eine primitive Lösung. Ahmed ist kein Scheißtyp. Er ist gutwillig, mal altmodisch ausgedrückt »lauter in seinen Absichten«. Aber er hat Macken, nicht immer, bloß an bestimmten Punkten, z. B. das Geld betreffend, und wenn es um die »Ehre« geht. Konkret, wenn andere zuschauen, nur dann, muß ich die gehorsame Frau spielen und gleichzeitig etwas ganz Besonderes sein, eine, die alles besser kann als andere Frauen (siehe unser Autodrama). Er ist ein »schwacher« Mann. Was ich sonst als sensibel, verständnisvoll empfinde, das äußert sich eben in solchen Momenten als Angst, von den anderen nicht für überlegen und männlich gehalten zu werden. Und ein Zögern, ein Seufzen meinerseits interpretiert er als Signal der Auflehnung bzw. vielmehr als Zeichen für die Zuschauer, daß er nicht »Herr« ist und nicht respektiert wird.

So sehr ich das alles für beschissen, für einen Wahn halte, ich frage mich, ob ich ihn ändere, indem ich ihn gerade vor anderen blamiere (nach seiner Meinung).

Die Schwägerinnen und ihre Mütter sind offensichtlich nicht der Ansicht, daß ich gegen Ahmed aufmüpfig sei. Sie haben mir öfter zu verstehen gegeben, daß sie mich wegen meines tyrannischen Mannes bemitleiden. Sie sehen halt in unseren Auftritten immer nur seine tyrannische Seite.

Vielleicht müßte ich dankbar sein für deine Macken. Vielleicht brauche ich dieses Gift wie der Herzkranke sein Digitalis (bloß die richtige Dosis wissen wir beide nicht).

Komm mit mir ins Bergwerk, wir bohren weiter, treiben den Schacht voran bis zu den Tiefen, wo die Erde heiß wird und die schweren Metalle lagern. Ich will mich da hineinwühlen, durchwühlen durch Schlamm, Geröll, Wasserstürze; unberechenbare Schlagwetter einkalkulieren.

Hinein zu mir – und auch zu dir. Das ist nicht eins, aber doch nicht zu trennen – ich will es nicht trennen.

Diese Liebe lernen. Ich habe überhaupt erst angefangen zu lernen. Und nun sollte die Furcht mich wieder vertreiben?

Es gibt jetzt eine Atempause. Gut. Aber ich komme zurück aus Deutschland, das heißt, »wenn du nichts dagegen hast«, mein Wüterich, mein Traumprinz. Ein bißchen geht sie ja auch dich etwas an, meine wildentschlossene Liebe.

Ein Sommer zwischen Anpassung und Widerstand

30. Juli 82

Fast zweieinhalb Monate Deutschland – und seit fünf Tagen sind wir wieder in S.. Auf den letzten Stationen der Reise hatte ich eine unbeschreibliche Sehnsucht nach Zuhause, das heißt hier. Die Kinder ebenso. Als wir schon in Istanbul waren, drängte Mesut dauernd: »Wann fahren wir endlich in die Türkei?« Er versteht unter »Türkei« wohl bloß unsere Kleinstadt mit den Freunden und den unbegrenzten Spielmöglichkeiten.

Der Garten hat sich unterdessen zu einem Unkrautdschungel ausgewachsen. Zwischen übermannshohen Fuchsschwanzstauden leuchten einzelne Tomaten, die Petersilie steht schön, und die Minze blüht und wuchert. Ich will gar nicht viel ausreißen, damit der Boden, der sowieso trocken und steinhart ist, nicht kahl daliegt.

In der Wohnung haben sich Spinnen und Ameisen eingenistet. Ich mußte erstmal gründlich putzen, weil Ahmed in der ganzen Zeit anscheinend außer dem Geschirr nichts sauber gemacht hat. Für eine Hitze wie jetzt (40 Grad im Schatten) ist das Haus, das wir im Winter so verflucht haben, ideal. Tagsüber bildet das nach Norden gelegene Schlafzimmer mit den schattenspendenden Bäumen vor dem Fenster den Zufluchtsort für die ganze Familie. Ich fühle mich ziemlich matschig und habe auch schon gleich wieder Durchfall gekriegt. Müşerrefs Rat: den Saft einer Zitrone mit einem Löffel Kaffeepulver vermischt, trinken, natürlich ohne Zucker. Schmeckt barbarisch und scheint nichts zu nützen.

Überhaupt die Nachbarinnen. So ein herzlicher Empfang! »Als du nicht da warst, hat uns das Licht gefehlt«, sagt eine Oma. Ich kriege öfter zu hören, man habe mich vermißt. Die Frauen fragen mich auch, wie es meinen Verwandten geht und wie die Reise war. Merke, daß es mir schwerfällt, ja unmöglich erscheint, mehr als Allgemeinplätze zu sagen. Wie soll ich das vermitteln, was mich wirklich bewegte in Deutschland? Wie wichtig es für mich war, den Film »Domino« von Thomas Brasch zu sehen? Oder was es bedeutet, eine Freundin zu treffen, die den gleichen inneren Weg geht wie man selber? Aber die Mitteilungsschwierigkeiten scheinen auch umgekehrt zu bestehen. Immerhin war erst vor einer Woche das Ende des Fastenmonats Ramazan. Viele fragen mich, ob ich in Deutschland gefastet habe, und wenn ich verneine, – bilde ich mir's nur ein? – sind sie enttäuscht. Weil mir dann ja die Erfahrung fehlt, die sie haben. Und zu sagen vermag man über seine Erfahrungen nichts. Mit Ahmed kann ich derzeit locker reden. Zweieinhalb Monate Trennung, ein paar Liebesbriefe und Telefongespräche haben uns gut getan; die frühere Sehnsucht ist erwacht, die ersten Tage sind zärtlich, rücksichtsvoll verlaufen. Allerdings seine alte Empfindlichkeit bei jedem Widerspruch. Anscheinend wird ihm jedoch bewußt, wie unangemessen seine wütende Reaktion ist, wenn man bloß mal nachfragt, ob er wirklich noch mehr Salz an die Bohnen haben wolle oder ob sie nicht im Gegenteil schon fast versalzen seien. Er erklärte mir heute ganz ruhig: »Es ärgert mich maßlos, wenn du mir in Kleinigkeiten des Alltags widersprichst. Das erinnert mich immer an bestimmte türkische Frauen, die ihrem Mann dauernd Kontra geben, nur um zu beweisen, daß sie auch etwas sind.« – Was das wohl für Frauen waren, die da so tiefe Eindrücke bei ihm hinterlassen haben?

Heute war ich bei Schwägerin Melek, die vor vierzehn Tagen ihr Kind bekommen hat, einen Sohn. Es war eine Hausgeburt, nicht ganz einfach, sagt Melek. Aber sie ist überglücklich. Ihre Mutter, die schon in den letzten Schwangerschaftsmonaten bei ihr gewohnt hat, versorgt sie auch jetzt, so daß sie sich bloß um das Baby kümmern muß. Einige ihrer Nachbarinnen sind zum Plaudern gekommen. Ich habe den ganzen Nachmittag lang das Kleine nicht weinen gehört. Wenn es sich rührt, wird es hochgenommen und kurz an die Brust gelegt. Da gibt es keinen Zeitplan und nicht die Vorstellung, daß Alleinsein im Kinderzimmer das Beste für ein Neugeborenes wäre. Das Kind schläft neben der Mutter im breiten Ehebett, aus dem der Vater für die nächste Zeit ausquartiert ist.

Übrigens hat die Schwiegertochter der Kerime-Oma, die im Winter aufs Dorf geflohen und dann wiedergekommen war, ebenfalls einen Sohn geboren. Mir haben die Frauen schon mehrmals nahegelegt, nun auch noch mal schwanger zu werden. »Schau, daß es ein Mädchen wird, dann hast du eine Haushaltshilfe.« Meistens antworte ich, daß ich lieber warten will, bis mir meine Söhne die Bräute als Dienerinnen zubringen. Ich sag's extra drastisch, weil sich da am ehesten die Besinnung anschließt, daß Schwiegertöchter heutzutage sich nicht mehr einfach zu Dienerinnen machen lassen und daß es überhaupt eine verfehlte Sicht ist, die Frau (auch die eigene Tochter) als Hausmagd zu definieren.

2. August

Der Hund ist vollkommen abgemagert, obwohl Ahmed und Müşerref ihn gefüttert haben. Ob das Kummer sein kann über mein Fortsein? Er ist wahnsinnig vor Freude, wenn er mich sieht. Hat sich das Herumstreunen angewöhnt wie alle Hunde hier, das heißt, tagsüber ist er meist nicht auf dem Grundstück, nur abends kommt er zum Fressen, und dann wacht er in der Nacht beim Haus. Sein dicker Pelz sitzt voller Ungeziefer.

Ich habe schon wieder Depressionen, gemischt mit Wutanfällen. Komme mir eingesperrt vor und gleichzeitig ständig in Trab gehalten. Die Kinder haben den Rhythmus noch nicht wiedergefunden. Ihre Freunde sind jetzt in den Schulferien entweder weggefahren oder zum Geldverdienen in irgendeiner Autowerkstatt o. ä. Mesut fällt mir richtig auf die Nerven mit seinem ständigen Rufen nach der Mamie.

Kleinigkeiten funktionieren nicht. Zum Beispiel ist der Impfstoff, den mir der Arzt in Deutschland zur Nachimpfung gegen Tetanus aufgeschrieben hatte, nicht zu kriegen, obwohl man mir dort sagte, den gäbe es auf der ganzen Welt. Der türkische Impfstoff habe eine andere Zusammensetzung. Also lieber nicht spritzen, das könnte schlimme Folgen haben. Und auf dem Postamt mußte ich das Geschenkpaket für meine Schwester wieder aufmachen; die Schalterbeamtin monierte den eingelegten Brief als unzulässig. Diese Minipannen wären eigentlich kein Grund zu Depressionen. Soll nun alles wieder so losgehen wie damals? Hatte ich nicht in Deutschland Distanz genug, um eine neue Sichtweise zu bekommen?

3. August

Mit meinem Mann über die möglichen Folgen des Rücktritts von Wirtschaftsminister Turgut Özal gesprochen. Ahmed hat aus seiner Zeitungslektüre und Gesprächen im Teehaus den Eindruck, daß sich nichts Wesentliches ändern wird, vor allem wird es kaum zu einer Abkehr von der Politik des knappen Geldes kommen. Das heißt, die Leute werden auch jetzt nicht plötzlich über freies Kapital verfügen, das sie gerne in unseren Grundstücken anlegen wollten.

Ich schlage Ahmed vor, es in diesem Spätsommer doch noch einmal in Izmir zu versuchen. Er winkt ab. Lacht mich nur aus, als ich ihm die Vorschläge und Ideen meiner Verwandten zur Kapitalbeschaffung und Vermarktung der Grundstücke unterbreite. »Die haben in Deutschland gut reden und keine Vorstellung von der Mentalität der türkischen Grundstückskäufer.«

Ja freilich. Sie haben auch keine Vorstellung davon, daß mein Ahmed kein Manager ist, der irgendwelche Projekte schmeißt. Es bleibt mir nichts übrig, als ihm sein eigenes Tempo zu lassen und die Freiheit für seinen persönlichen Stil. Auch wenn ich mir auf die Zunge beißen muß. Übrigens ist die Rente bewilligt. Wir kriegen monatlich 17000 Lira. Aus Erfahrung weiß ich, daß dieses Geld leider nicht zum Leben reicht und wir noch einmal den gleichen Betrag etwa von einem der Schwager erbitten müssen. Kein Ende der Bettelei. Ahmed hat es nicht übers Herz gebracht, den Bruder, bei dem er seit fast einem Jahr arbeitet, um ein festes Gehalt anzugehen. Er könne sich weiterhin einzelne Beträge aus der Kasse nehmen und die gälten dann als geliehen. Mahmut habe ihm zu verstehen gegeben, daß er ihn eigentlich nicht brauche. Mein feinfühliger Ahmed empfindet sich als Belastung.

Sechster Brief an die Freundin

S., den 6. August 82

Martha, meine liebste Freundin,

nach der Fülle des Beisammenseins muß ich mich erst wieder dreinfinden, Dir durch die begrenzte Form des Briefes mitzuteilen, was frei strömen möchte, auch ohne Worte. Wir haben uns zu dieser Vertrautheit ja erst durchgraben müssen. Zu Anfang die Angst, einander die Erfahrungen des letzten Jahres nicht mitteilen zu können. Als sei jede auf einem anderen Stern gewesen, so stockte die Sprache. Die Gefahr dann, ins Geschichtenerzählen auszuweichen. Aber bei Dir wäre ich damit nicht weitergekommen. Wie wir dann erkannten, unser Weg ist doch ganz ähnlich. Auch Du lebst in einer Wüste des Fremdseins; und Du hältst da aus, um der (eigenen) Wahrheit näherzukommen. Da fühlte sich die »Ausländerin« verstanden, sogar mehr als früher.

Überhaupt die Paradoxie von Vertrautheit und Fremdsein. Das geliebte München fiel mir in seiner Hektik auf die Nerven. Deinetwillen und wegen der anderen Freunde »ertrug« ich die Stadt – von der ich in der Türkei manchmal sehnsüchtig geträumt hatte. Noch eigenartiger ist es mir dann bei meinen Geschwistern ergangen. Der Ort, die Landschaft, wo ich doch immerhin die Jugend verbracht hatte, ließen mich unberührt. Da war nicht mehr Heimat (was gar nichts zu tun hat mit dem wirklich herzlichen Verhältnis zu den Verwandten). Früher überfiel mich dort bei jedem Besuch eine Mischung aus unerfüllter Sehnsucht und Depressivität. Ob sich dieser Gefühlsknoten durch die Tiefenarbeit des letzten Winters aufgelöst hat? Hierher nach S. kam ich in mein wirkliches Zuhause. Heimkehr in die Fremde sozusagen. Der Garten wucherte mir entgegen. Und die heißen Tage nun vergehen angenehm in Faulheit. Der Zeitungsberg, der sich während der fast drei Monate angesammelt hat, reizt mich wenig. Um es mal überspitzt zu sagen: durch »Kamikaze« mit (Faßbinder) und »Domino« (Brasch) glaube ich mehr von der Bundesrepublik zu wissen, als zwanzig Zeitungskommentare vermitteln können. Diese beiden Filme haben mir zu einer größeren Bewußtheit geholfen. Ganz konkret drängt es mich zur Arbeit, zum Schreiben. Es ist mir gleich, wenn auch Persönliches gedruckt wird. Nachdem ich in Deutschland derart schlimme Beispiele von Ausländerhaß miterlebte und gleichzeitig eine irrsinnige Unkenntnis, speziell die Türken betreffend, Unkenntnis auch bei ansonsten gebildeten Leuten, sehe ich es als meine Pflicht an, etwas dagegen zu tun, z. B. zu informieren.

Den Kindern geht es wieder gut. Ein richtiger Schrotthaufen ist halt doch viel anregender als der schönste Legokasten. Ich bekomme sie wenig zu sehen, weiß gar nicht, wie sie es bei der Wahnsinnshitze draußen aushalten. Ab und zu spritzen sie sich mit dem Gartenschlauch ab.

Martha, schreib mir, was unser Zusammensein für Dich bedeutet hat. War ich zu egoistisch? Habe ich nicht meine Angelegenheiten zu sehr in den Vordergrund gestellt? Ich warte auf einen langen, ausgeruhten Ferienbrief von Dir – und umarme Dich

Irm

8. August

Abends wenigstens wird es jetzt kühl, so daß man ruhiger schlafen kann. An den Wochenenden im August (der Juli fiel ja noch größenteils in den *ramazan*) sind die Sternennächte von Musik erfüllt. Hochzeiten und Beschneidungsfeiern. Wir sind eingeladen zum »*sünnet*« (Beschneidung) der Brüder Taifun und Tamer in der Nachbarschaft. Die Beschneidung der Vorhaut des Penis ist im Islam keine religiöse Pflicht, sondern ein auf die Prophetenzeit zurückgehender hygienischer Brauch. Anders als im Judentum ist sie nicht unbedingt die Voraussetzung für die Zugehörigkeit zur Gemeinde der Gläubigen.

Meine beiden Burschen sind begeistert, weil es zum Auftakt für alle Kinder der *mahalle* eine Stadtrundfahrt mit zehn Autos gibt. Gegen den penetrant hupenden Autokonvoi ist sogar die Polizei machtlos.

Vor dem Haus wartet eine Band, bestehend aus Klarinette, Trommel und einem gitarreähnlichen Zupfinstrument, die mit Volkstänzen in wechselnden Rhythmen sowohl die vor dem Haus sitzenden Gäste zu unterhalten, als auch die beiden Opfer abzulenken hat. Den Schnitt selbst, der drinnen von einem Bader – keinem Arzt – bei örtlicher Betäubung durchgeführt wird, sehen nur die nächsten Anverwandten – und ein paar kleine Vorwitze, die sich am Fenstergitter hochgehangelt haben; diese verkünden auch den draußen Wartenden, daß die beiden Brüder »überhaupt nicht geschrien« hätten.

Wenig später nehmen die Helden im geschmückten Bett liegend die Gratulationen entgegen, wobei ein größerer Geldschein als Lohn der Tapferkeit erwartet wird. Doch in den seltensten Fällen können die Kinder über das Geld verfügen; die ungeheuren Kosten einer solchen Feier müssen nämlich durch die Spenden wieder hereinkommen; und mein Mann versichert mir, es sei meistens sogar ein gutes Geschäft für die Eltern.

Eine Woche lang »bewohnen« die frisch Beschnittenen nun das Ehebett, das mit seinem Teppichbaldachin, den Tüchern, Girlanden und Luftballons dem Thron eines Faschingsprinzenpaares ähnelt. Angesichts diesen Herrlichkeit ist mein Ayhan, der sein *sünnet* vor zwei Jahren als Operation in einem Münchner Ambulatorium ohne große Nachfeier erlebt hat, schließlich nur zu trösten durch das Versprechen, er dürfe im nächsten Jahr, wenn der jüngere Bruder dran ist, mit ihm unter der Seidendecke liegen und Schmerzensgeld kassieren.

An diesem Abend geht es noch lange hoch her, mit Musik und Tanz für die Männer, sogar Alkohol wird serviert. (Als islamisch kann man das nicht bezeichnen, wie ja auch die gesamten Bräuche bei dem Fest weder religiös verziert, noch begründet werden; für meinen Mann ein Grund, die Einladung abzulehnen.) Die Frauen schwingen am nächsten Tag ebenfalls ihre Rundungen beim Tanz, wobei Erfrischungen gereicht werden. In frommen Häusern lädt man statt dessen zu einem *mevlut* (Gedicht auf die Geburt des Propheten Muhammed) ein.

Reiche Leute verlegen die ganze Sache sogar in den städtischen Hochzeitssaal, wo man Hunderte von Gästen empfangen kann. Dabei gerät das beschnittene Kind – im Grunde die Hauptperson –, das daheim in seinem Bett liegt, ziemlich aus dem Bewußtsein. Im Vordergrund steht eindrucksvoll die Selbstdarstellung des Familienvaters und Geschäftsmanns.

Sobald der Junge nach einer Woche wieder draußen herumlaufen kann, erinnert seine weiße oder blaue Offiziersuniform mit Schärpe und straßbesetzter Mütze an die siegreich überstandenen Strapazen und signalisiert zugleich seiner Umwelt: Nehmt noch ein bißchen Rücksicht auf mich!

Von Komplikationen mit der nicht vernähten und nicht verbundenen Wunde (wie sollte der Bursche sonst Wasser lassen?) hört man selten. Penicillinpuder erscheint ausreichend.

Die künftigen Bräute sollten den tapferen Kerlchen eigentlich dankbar sein. In Ländern, wo sich die Männer beschneiden lassen, kommt praktisch kein Gebärmutterhalskrebs vor.

13. August

Das sagt man so leicht dahin in Deutschland: »Besucht uns doch mal in der Türkei.« Und wenn's dann einer ernst nimmt, ist man schockiert. Das heißt, ich war schockiert, als vor drei Tagen plötzlich unangemeldet meine zwanzigjährige Nichte mit ihrem Rucksack vor der Tür stand. So einfach mit dem Zug herzufahren, zwei Tage und zwei Nächte lang, und dann von Istanbul sich durchzuschlagen ohne ein Wort türkisch: bewundernswert und naiv zugleich. Jeder hier fragt, wie denn die Eltern das erlaubt haben, und keiner kann sich vorstellen, daß in Deutschland eine zwanzigjährige Studentin die Eltern nicht um Erlaubnis bittet, allenfalls in Kenntnis setzt von so einer Reise. Ahmed gibt mir die Schuld. »Wie kannst du Besuch einladen, wo wir so viele Probleme haben?« und kommt nur noch zum Schlafen nach Hause, wohl, weil er sich geniert. Mir dagegen macht es nach einer kurzen Zeit der Konfusion nichts mehr aus, daß diese alternativ angehauchte junge Frau mal mitkriegt, wie es sich lebt in einem Land, das technisch nicht auf dem deutschen Standard ist. Sozusagen zur Demonstration hatten wir gleich zweimal hintereinander abends Stromsperre. Und sogar das Wasser im Hausspeicher ist heute alle, weil ich bei der großen Wäsche zu viel verbraucht habe und jetzt im Sommer die städtischen Wasserleitungen nur alle paar Tage stundenweise fließen. So gingen wir zusammen mit Eimern zur Quelle.

Wenn man anderen die Tücken des Alltags erklärt, z. B. den Umgang mit dem sensiblen Klo, dann stellt sich das schöne Gefühl der Überlegenheit ein dem »Scheißding« gegenüber, ein Gefühl, das ich leider nicht habe, wenn mir beim Pumpen mit der Saugglocke die Kacke ins Gesicht spritzt. Zum »Glück« hat der Besuch jetzt auch Durchfall gekriegt.

Ich mag sie, die Tochter meiner Schwester. Es ist recht, daß sie es gewagt hat. Was sie eigentlich hier erwartet, weiß sie selbst nicht, sagt sie.

Heute waren wir im Atatürkpark, haben unter den Bäumen Tee getrunken und Sonnenblumenkerne geknabbert. Die Männerwelt drehte sich nach uns um, obwohl gerade in diesem Park Frauen – zwar nie alleine, aber doch in Gruppen – keine Seltenheit sind. Aber meine schöne Nichte mit ihren blonden Locken und der ganz deutschen Art zu gehen und die Beine beim Sitzen übereinanderzuschlagen, fiel auf. Ein Jüngling kam an den Tisch und wollte ein Gespräch anfangen, ging aber wieder nach dringlicher Ermahnung meinerseits. Peinlicher war, daß uns ein Typ folgte, den wir erst durch einige Zickzackwege abhängen konnten. Angesprochen werden mag Melanie nicht. Es geht aber vor allem um den Ruf der Familie Ahmeds. Ich trete hier absolut in der Rolle der Verantwortlichen auf.

Eine Frau, die Aufmerksamkeit erregt, macht sich schuldig; und ein Verantwortlicher (Eltern, ältere Geschwister, Ehemann, sogar die erwachsenen Söhne) hat die Pflicht, eine derart Auffallende vor Zudringlichkeit und Nachrede zu schützen. In welcher Situation mag sich Ahmed oft mit mir befinden, der man die Ausländerin sofort ansieht. Und in welcher Zwickmühle bin ich selbst, die ich mich »schön« machen soll und auch will, ohne »aufzufallen« und ohne die islamischen Kleidervorschriften zu verletzen. Frauen haben mir öfter gesagt, wie chic sie meine Schuhe und Taschen finden, aber auch den Strickmantel. »Und bei dir passen immer die Farben zusammen, wie machst du das bloß?« Es freut mich, daß die Frauen das sehen. Und wenn ich bei schlechtem Wetter mit meinem einfachen Hertie-Regenhut einkaufen gehe, muß ich innerlich lachen, weil ich spüre, wie mir die Augen der Männer folgen.

Seit mir Ahmed jedoch einmal verraten hat, der Traum jedes Türken sei die langbeinige schlanke Frau, empfinde ich diese Blicke auch als störend. Verzicht auf den Hut würde wohl wenig ändern. Es ist auch ein Problem meines Selbstbewußtseins. »Nicht: sich entblößen; aber: sich zeigen.« (Handke) Melanie ist ziemlich überrascht, daß ihre uralten Gammelklamotten hier keineswegs als passend empfunden werden. »Nur Zigeuner laufen so herum«, sagt mein Mann. Sie muß sich also von mir »gepflegte Kleidung« zum Fortgehen leihen und findet das, irrsinnig komisch, denn zu Hause hat sie jahrelang um den »orientalischen« (!) Gammellook gekämpft.

16. August

Gestern waren wir am Meer. Schwager Hasan hat seinen ganzen Lastwagen vollgeladen mit Verwandten und Nachbarn, neun Erwachsenen und sieben Kindern, auf der offenen Ladefläche. Dazu Töpfe mit fertig gekochtem Essen, Wasserkanister, Obstkörbe, Teppiche zum Lagern, den Gaskocher, ein halber Haushalt.
Die Lust, durch die Landschaft zu sausen, während der Fahrtwind am Kopftuch reißt. Goldene Sonnenblumenfelder zu beiden Seiten, Offensichtlich wollte man auch unserem Besuch eine Freude machen.
»Euer Besuch ist auch unser Besuch.«
Dann ein herrlicher Sandstrand ganz für uns allein, das Meer in den Mittagsstunden nicht kalt. Da Frauen und Männer natürlich nicht miteinander baden können, wird eine Trennungslinie gezogen, von der aus sich die Geschlechter nach beiden Seiten zurückziehen. Die türkischen Frauen gehen in Unterwäsche oder auch in şalvar und alter Bluse ins Wasser, wir beiden Europäerinnen im Bikini.
Die Kinder wagen sich schrittchenweise immer weiter hinein, was auch ganz ungefährlich ist, weil die Tiefe erst dreißig, vierzig Meter von der Küste entfernt beginnt. Melanie und ich wandern zum Muschelsuchen am Strand entlang, und jeder gibt sich seiner Einsamkeit hin. Eine notwendige Erholung von dem vielen, manchmal auch einengenden Beisammensein. Allein in der Düne liegen im Schatten einer Krüppeleiche. Ich will das Meer im Blick haben, seine vielen Farbschattierungen. Die Berge der Gegenküste gerade noch zart im Dunst angedeutet.

Mesut taucht auf, will bei mir ruhen; er hat trotz Eincremen leichten Sonnenbrand auf den Schultern. Ein großer grüner Käfer im Sand fasziniert ihn. So viele Stunden lang nichts tun müssen. In den Ohren ständig das leichte Rauschen. »Mama, ich habe einen Seestern gefunden.« Gegen Abend grillen wir das mitgebrachte Fleisch. Die Sonne geht schon unter, als wir wieder durch die endlosen Sonnenblumenfelder zurückfahren. Kilometerlang saß auf jedem Telefonmast ein Storch; bei hundert haben wir zu zählen aufgehört.

17. August

Ahmed diskutiert mit Melanie. Ich bin rausgegangen, weil ich es nicht mehr aushalte. Da versucht mein Mann nun dem Gast zu »beweisen«, daß es in Deutschland noch viel trostlosere Nester gäbe als S. Und dann stellt er die Gleichung auf: Türkei = menschliche Herzlichkeit, Frömmigkeit, Glück; dagegen Deutschland = Egoismus, Materialismus, Depressionen. Melanie bemüht sich, seine Pauschalurteile wenigstens in der Tendenz zu akzeptieren, sieht sich aber ständig dem Zwang ausgesetzt, »Deutschland« zu verteidigen, das sie auch anders kennt. Eine unfruchtbare Diskussion, da Melanie zu wenig versteht, was Ahmed eigentlich meint und Ahmed wiederum seine Enttäuschungen in beiden Ländern unter einer wirren Argumentation verbirgt.

18. August

Melanie findet, gegen die Kloverstopfungen müsse sich doch etwas tun lassen. Und ob sie nicht wenigstens die Fensterrahmen besser verkitten solle. Kritisiert, daß ich so passiv bin. (Ich hab halt Angst, wenn man hier was anrührt, fällt es ganz zusammen. Außerdem ziehen wir ja sowieso bald aus. – Habe völlig Ahmeds Ansicht übernommen, fällt mir auf) Schließlich hat sie aus Bettlaken im Garten für die Kinder ein Zelt gebaut. Auch hält sie es für notwendig, unsere Tomaten zu bewässern und hochzubinden.

Heute, spätnachmittags, als die Hitze etwas nachließ, sind wir meinen Weg runter in die Felder gegangen bis zur Fernstraße, die unausgesprochen die Grenze für alle Spaziergänge der Frauen der *mahalle* bildet. Wir überschritten die Grenze. Und jenseits tat sich ein noch lieblicherer Weg auf, durch Sonnenblumenfelder abwärts, bis man nach etwa zwanzig Minuten einen Brunnen erreicht, an dem gerade eine Ziegenherde getränkt wurde. Ich hatte bisher gemeint, das Land sei baumlos, aber hier in der Nachbarschaft des Wassers wachsen Weiden und Pappeln, ja sogar ein kleiner Apfelbaumhain, der von einem bärtigen, ganz gebeugten Großvater bewacht wird. Der Alte schenkte uns Falläpfel, jedem so viel er tragen konnte. Es sei da noch ein Flüßchen unten, gar nicht weit, die Kinder könnten derweil Frösche fangen in dem Morast, der sich bei der Quelle bildet. Das haben sie dann mit großer Ausdauer auch getan. Ayhan platschte einmal aus Versehen bis zum Knöchel in den Sumpf, und von da an war keine Rücksicht mehr auf Sauber- oder Trockenbleiben. Beide Kinder schmierten sich so ein mit dem Modder, daß sämtliche Kleidungsstücke reif für die Wäsche waren.

Unten beim Fluß wird das Wasser durch eine Dieselpumpe auf die Reisfelder gepumpt. Die Männer, die die Bewässerungsgräben in Ordnung halten, starrten uns an und versuchten uns auszufragen. Einer lief uns auch mit einer Wassermelone nach und wollte uns unbedingt einladen. Ich weiß, daß man das nicht machen kann, ohne daß es als Signal aufgefaßt wird. Schade, wir mußten umkehren.

20. August

Melanie äußerte, sie würde nun langsam wahnsinnig, immer unter Bewachung zu stehen. Bewache ich sie denn? Ja, ich gebe tatsächlich die Kontrolle der Umwelt an sie weiter. Wie ich es nur aushalten könne, daß kein Schritt frei sei. Und was man hier unternehmen könne außer Atatürkpark und Feldweg? Buch lesen und Platten hören, schön und gut. Mir blieben als »Trost« wohl noch Haushalt und Kinder. Ansonsten sei es elend langweilig. Zugegeben. Dann mußt du eben abreisen, Mädchen. Zum Glück ist wieder einmal eine Beschneidung in der *mahalle* und morgen Tanz für die Frauen.

21. August

Gestern spät abends hatte ich noch eine kleine Meinungsverschiedenheit mit der Tochter meiner Schwester. Sie war alleine in die Felder gegangen und bei Anbruch der Dunkelheit nicht zurück. Schließlichbrachte sie auf dem Arm zwei Hundebabys mit, die wohl zum Verrecken ausgesetzt worden waren. Was soll ich mit den Viechern anfangen? Wir haben ja schon einen Hund, der uns die Beete zerwühlt. Man sei hier grausam gegen die Tiere, sagt sie, überall die halbverhungerten streunenden Katzen und Hunde, die zum Skelett abgemagerten Pferde, die noch schwere Lasten ziehen müßten. Ich fühle mich ohnmächtig, dagegen etwas zu unternehmen, bin irgendwie abgestumpft. Wir bereiten den Hundchen ein Lager in der Nachbarruine und versorgen sie mit Milch. Ahmed findet schon das spinnig; außerdem ist er wütend über das lange Ausbleiben unseres Gastes. Die Leute reden darüber, sagt er.

Sehr schön war heute nachmittag der Tanz im Hof bei Zeliha, deren Sohn beschnitten worden ist. Während die meisten Frauen sitzen und zuschauen, tanzen in der Mitte einige, nicht bloß die Jungen, sondern alle, die Lust haben. Entweder wird eine lange Reihe gebildet, oder jeweils zwei tanzen sich zu, wobei aber keine die andere berührt: Durch Klatschen, Schnalzen oder Rufen wird der Rhythmus unterstrichen. Alle Körperteile sind in Bewegung, Schultern, Brüste, Hüften, Bauch, Po, Arme und Beine. Wir versuchten nach Kräften mitzuwackeln, aber es war gar nicht so einfach, auch nur annähernd die harmonischen Bewegungen nachzumachen, die wir bei den anderen sahen. Melanie wurde überall herzlich begrüßt und geküßt. Man streichelte ihre blonden Haare, schenkte ihr Bonbons und lud sie ein.

Heute abend sagte sie: »Also es soll unanständig sein, wenn ich alleine ins Feld gehe, bloß um ein bißchen meinen Gedanken nachzuhängen, aber diese erotischen Tänze, die sind nicht unanständig?« Es ist schon schwer zu kapieren, was in einer fremden Kultur erlaubt und was verpönt ist.

Morgen bringe ich sie nach Istanbul, und dann fährt sie zurück. Vorhin hat uns Müşerref noch gerufen, weil sie ihre Aussteuerkiste aufgemacht hat. Unbedingt wollte sie Melanie eines ihrer handgewebten Hemden als Andenken schenken.

25. August

Melanie sitzt also jetzt sicher im Zug. Wir haben zwei Tage lang Istanbul genossen. Ich kenne mich ja schon ein bißchen aus; bin längst noch nicht überdrüssig dieser turbulenten Großstadt. Der herrliche Friede der Moscheen. Die Weite des Bosporus. Ein altes *hamam* mit Marmorfliesen und großen Becken voll heißen Wassers. Da haben wir uns abgeschrubbt. Das Handeln im gedeckten Bazar: Der Kaufmann gibt uns das kurdische Samtwestchen zum halben Preis, weil ich »so schön türkisch spreche«.

Es ist gut, daß Melanie hier war. Wie in einem Spiegel sah ich mich und »meine« Türkei. Und ich bin der jungen Frau dankbar, daß sie nicht zu höflich war, ihr Unbehagen auszudrücken, genauso wie ihre Begeisterung.

Habe noch mal nachgedacht, was für eine eigenartige Mischung von Anpassung und Widerstand ich entwickelt habe. Wie Melanie abends ins Feld lief, das konnte ich verstehen; ich gehe ja selbst gerne allein da runter – aber nicht so weit und nicht so lange. Wer setzt das Maß? Mein eigenes Bedürfnis wäre: mehr Bewegungsfreiheit und mehr Einsamkeit in der Natur. Ich beuge mich aber den Normen, die hier gelten, weil der Verdacht, man suchte Abenteuer, bei Türken sehr schnell aufkommt. Und es bleibt dann nicht beim Gerede. Müşerref: »Die Männer da unten legen eine Frau gleich ins Feld.«

Ob der Hund mich verteidigen würde?

Ende August

Tomatenschwemme. Die vollreifen, wohlschmeckenden Früchte frei Haus das Kilo zu zehn Lira (das wären 14 Pfennig).

Die Bauern fahren mit den Traktoranhängern gleich vom Feld aus durch die *mahalle*, und die Hausfrauen kaufen zentnerweise, um *salça* (Tomatenmark) zu machen. Trotz des niedrigen Tomatenpreises (dem Bauern bringt er kaum die Kosten herein) ist doch das hausgemachte *salça* nicht billiger als das aus der Fabrik, so sagt mir Sezen, die es ausgerechnet hat. Aber das eigene ist halt besser! Auch ich, versuch's mal mit 30 Kilo, was drei große Gläser voll ergibt. Übrigens, tröstet mich die Fülle des billigen Angebots darüber, daß auf unserer Plantage im Garten keine Tomate mehr reifen will seit Melanies Bewässerungsbemühungen. Die Natur hat es schon richtig gemacht. Den ganzen August über fiel kein Tropfen Regen, und gerade in dieser Trockenheit und in der starken Sonne entwickelt sich das köstliche Aroma.

Da die Spielkameraden der Kinder allesamt in den Ferien Geld verdienen, meist durch Mithilfe in Geschäft oder Werkstatt eines Verwandten, wollen Ayhan und Mesut auch »arbeiten«. Mit einem kleinen Kanister voll Quellwasser – ich muß noch einige Eisstückchen hineintun – setzen sie sich an die Ecke einer Geschäftsstraße. Der Kleine hält ein Trinkglas bereit, der Große will eingießen, den Becher zu fünf Lira. Ich bin ziemlich skeptisch, doch nach zwei Stunden ist der Kanister leer, und die beiden haben 35 Lira in der Tasche.

Allerdings scheint Geldverdienen mit der Zeit doch langweilig zu sein, im Vergleich zum Spielen jedenfalls. Was einem nicht alles einfällt, wenn es kein Spielzeug zu kaufen gibt (von den paar Pistolen und Autos mal abgesehen). Das mit Hilfe der Kameraden gebastelte Riesenskateboard, auf dem drei Kinder sitzen können und das unter Knirschen und Mahlen der Eisenräder auf dem Asphalt um die abschüssige Biegung bei unserem Haus rollt. Ständig muß es repariert werden, die Nägel sucht man sich aus dem Schrott zusammen, die Holzteile werden notfalls aus einer Ruine abmontiert. Dann die Drachen, die Flitzebogen und Steinschleudern, das Nagelbrett …Welche Funktion das letzte haben sollte, war noch nicht klar, als Mesut, der einen ganzen Posten rostiger Nägel auf einmal gefunden hatte, diese im Überschwang nebeneinander in eine Planke nagelte. Dann kam Ayhan auf die Idee, Wolle zwischen die Stifte zu spannen, und ich erklärte das Ding zur »Wollharfe«, auf der sich eine ganz leise Musik machen lasse. Herrliche Spinnerei!

Den ganzen Tag sind unsere beiden beim Basteln, Aufbauen und Umbauen. Die Reste der Playmobilwelt werden in den Garten geschleppt, verlieren sich im Sand. Dann plötzlich entflammt der Kampf der Geschwister um den winzigen silberfarbenen Helm eines Plastikastronauten, als wäre er ein Heiligtum. Nichts kann trösten, auch nicht das Angebot, einen Ersatz aus Alufolie zu kniffen. »Du mußt nach Deutschland fahren, Mamie, und dann kaufst du mir einen solchen Helm, ja? Wann fährst du, Mamie?«

2. September

Heute saß die Gruppe der jungen Frauen und Mädchen bei Sezens Teenachmittag separat im Flur, wohl, weil sie rauchen wollten und zu kichern und zu tuscheln hatten, was die Mütter nicht hören sollten. Mich riefen sie später heraus, und Seviye vertraute mir ihren sehnlichen Wunsch an, nämlich nach Deutschland zu reisen. »Die sauberen Straßen dort und die schönen Häuser! Und wie man sich anzieht! Ich möchte das alles mal sehen, und ich würde auch gerne dort arbeiten.« Ihre Begeisterung macht mich betroffen. Mir fallen die Wandschmierereien ein mit »Türken raus!« Im Gespräch zeigt sich, daß die meisten sehr wohl durch die Zeitung informiert sind über die Lebens- und Arbeitsbedingungen der türkischen Landsleute in Deutschland.

Ich sage, daß ich auf die sauberen Straßen pfeife, wenn Nachbarschaftlichkeit und Erbarmen fehlten. Daß keiner von all den Hausbewohnern in München, die gesehen hatten, wie ich die Treppe heruntergefiel, mir seine Hilfe anbot, außer, den Notarzt anzurufen. Wie ich mit gebrochenem, frisch eingegipstem Bein allein mit zwei ganz kleinen Kindern in der Wohnung zurechtzukommen versucht habe (Mann auf Montage). Wie ich mir am nächsten Tag eine bezahlte Kraft nehmen mußte, weil das Bein schwarz wurde durch die ständige Belastung.

Seviye meint, es käme ihr ganz unwahrscheinlich vor, daß die ordentlichen fleißigen Deutschen so gedankenlos sein könnten. Ob ich denn wirklich lieber in der Türkei sei?

Die alte Frage, auf die es keine eindeutige Antwort gibt. In Deutschland ist die Sehnsucht nach hierher zeitweise sehr stark gewesen. Mitten im Supermarkt hätte ich da die türkische Mama mit ihren zwei Kindern umarmen mögen. Und jetzt beginnt schon wieder die Gegen-Sehnsucht, das Heimweh nach dem Vertrauten, sei es auch das tausendmal Kritisierte.

Warum soll Seviye nicht nach Deutschland fahren? Soll sie ihre Erfahrungen machen. Mein Abwägen zwischen Sauberkeit und Alleinsein mit gebrochenem Bein ist von höchst subjektiver Evidenz; es gleicht der Addition von Äpfeln und Birnen.

Heute gab ich keine beruhigenden Höflichkeitsantworten, sondern versuchte, das Widersprüchliche darzulegen. Die jungen Frauen dankten es mir mit einer weiteren Frage. Ob ich nicht meinen Beruf als Lehrerin wieder aufnehmen wolle? Finanzielle Erwägungen wurden laut. Was mich aber erstaunte, war die distanzierte Haltung zum Hausfrauendasein (obwohl sie alle hier nichts anderes erwartet).

Wenn jemand schon einen Beruf habe, solle er die Chance nutzen, dem Einerlei des normalen Frauenlebens zu entgehen.

Das Schlimme ist, daß wir in Deutschland und in der Türkei gleichermaßen einzig den Beruf als Weg der Emanzipation kennen und so von der einen Unfreiheit in die andere geraten.

Daß ich augenblicklich nicht gezwungen bin, berufstätig zu sein, kommt meinen Kindern zugute, für die ich Zeit haben will in einer doch noch immer etwas fremden Umwelt. Zeit habe ich jetzt auch, das aufzuschreiben, was ich erlebe und fühle. Die Mädchen haben mich schon durchs Fenster an der Schreibmaschine sitzen gesehen. »Was schreibst du denn so? Über welche Themen?« Ich erkläre ihnen, wie wenig die Leute in Deutschland über die Türkei wissen, und daß ich diesem Informationsdefizit auf meine Weise entgegenarbeiten möchte. Darauf der Vorschlag von Gülay, ich solle morgen zuschauen, wie sie und die Mutter die *Tarhana çorbasi* (eine zu Hause hergestellte Suppengrundlage aus Mehl bzw. Weizengrütze, Joghurt, Zwiebeln, Tomatenmark) machen, das könne ich dann auch aufschreiben.

Ich bin froh, daß ich mittlerweile richtige Gespräche führen kann, nicht bloß Allgemeinplätze austauschen. Es hat mit meiner gewachsenen Sprachfähigkeit zu tun, aber auch mit dem Vertrauen der Leute.

Neulich sprach mich Melahat, als wir alleine waren, auf Empfängnisverhütung an. Sie hat ein Kind von einem knappen Jahr und möchte nicht so schnell ein zweites. Mehr als zwei sollen es überhaupt nicht sein. Die Pille verursacht diverse Gesundheitsschäden, das hatte sie gelesen. Vor Komplikationen mit der Spirale und ähnlichem hatten die Freundinnen gewarnt. Ob sie mit ihrem Mann nicht offen reden könne? frage ich. Am ungefährlichsten für die Frau sei doch das Kondom. Sie windet sich. Es sei schwierig. Er wolle nicht.

Ja, was bleibt dann? Hoffen, daß man nicht schwanger wird? Spülungen? Abtreibung? Eine Patentlösung gibt es so wenig wie in Deutschland, wenn der Mann nicht bereit ist, seinen Teil mitzutragen.

6. September

Zur Vorbereitung der Abstimmung über die neue Verfassung, auf Grund deren dann das Militärregime abgelöst werden soll, fand gestern eine Volkszählung statt, weswegen den ganzen Tag über niemand das Haus bzw. Grundstück verlassen durfte. Eine unsagbare

Stille lag in der Luft, da ja auch keine Fahrzeuge unterwegs waren. Abends ab 7 Uhr konnte man sich wieder rühren; so machten viele Leute noch einen Gang auf den Jahrmarkt. Dieser findet in S. immer Anfang September statt und war früher ein wirklicher Jahrmarkt, bei dem die Dorfbewohner der Umgebung die einzige Möglichkeit zu größeren Einkäufen hatten. Davon übriggeblieben ist bloß noch der Rummelplatz mit Schieß- und Ballwurfbuden, einem Stripteasezelt – für Erwachsene, Männer versteht sich, Eintritt 100 Lira –, vielen Karussells, Schiffsschaukeln, Imbißständen. Das Explodieren der Sprengladung beim »Hau den Lukas« hört man bis zu uns nach Hause. Ansonsten ist es ein auffallend ruhiger Rummel, denn an Elektrizität wird gespart, folglich auch an der üblichen Budenmusik. Ebenfalls ohne Elektrizität kommen die Kinderkarussells aus. Ein starker Mann geht im Gestänge mit, dreht und kassiert – die Kinder vermissen nichts dabei. Staub, Gedränge und unebener Boden machen den Rundgang ziemlich anstrengend. Was mir auffällt: kaum Betrunkene; es wird auch nirgends Alkohol ausgeschenkt. Die Leute hier trinken nicht wenig, aber wenn, dann im Verborgenen.

»Morgen gehen wir wieder hin«, beschließen die Kinder, »notfalls auch ohne Geld.«

12. September

Eine ganze Woche lang Jahrmarkt. Ich war nicht noch mal dort, dafür die Kinder zusammen mit den Freunden fast jeden Tag.

Morgen beginnt die Schule, d. h., Ayhan kommt in die erste Klasse. Ein ungutes Gefühl habe ich, wenn ich mir vorstelle, daß mein Kind einen großen Teil des Tages einer Institution ausgeliefert ist. Und die meiste Zeit dient ja, vom Schüler aus gesehen, gar nicht dem Lernen, sondern vergeht mit Warten, z. B. auf das Drankommen, warten auf einen wirklichen neuen Gedanken (an dem man lernen kann). Warten auf die Langsamen, warten, bis der Lehrer die Klasse gebändigt hat.

Ich würde mein Kind gern selbst unterrichten, ihm die Schule ersparen. Aber Ayhan will nun mit aller Leidenschaft dazugehören zu denen, die im schwarzen Einheitsschulgewand die Tage in der Enge der Klasse zubringen. Er will wie alle Kinder sein. Ayhans Lehrerin kennen wir, es ist Yüksel *hanim*, die Nachbarin mit dem kleinen Kind, die uns im Frühjahr besucht hat. So wird die Schule wenigstens von einer herzlichen Frau verkörpert.

»Notizen aus der türkischen Kleinstadt« (11)
Der erste Schultag

Dem Nachdenken über Sinn und Unsinn der Schultüte bin ich enthoben. Die türkischen Abc-Schützen brauchen vielleicht keinen süßen Trost. Jedenfalls steht das kleine Grüppchen der Erstkläßler auch so ganz munter um die Mütter geschart – kein Vater in Sicht – auf dem Schulhof der Raşit-Efendi-Volksschule, die nach einem verdienten Bürger benannt ist. Die Jungen mit kurzgeschorenem Kopf, die Mädchen mit festgeflochtenen Zöpfen (aus hygienischen Gründen sind fliegende Haare verboten), alle im schwarzen Schulkleid und weißen Kragen, so daß arm und reich sich nicht voneinander abheben. Noch geht es ruhig zu, ohne Tobereien, obwohl auch die Schüler der anderen vier Klassen vor dem Eingang auf die Lehrer warten.

Die Volksschulen in der Türkei liegen im unmittelbaren Wohnbereich der Kinder, damit die Schulwege kurz bleiben. Das bedeutet auch, daß die Schülerzahlen pro Schule und Klasse gering sind und sich eine überschaubare Gemeinschaft ergibt, in der sich alle kennen können. Die Raşit-Efendi-Volksschule hat rund hundert Schüler, auf fünf Klassen verteilt, und neben dem Rektor fünf Lehrer, die ihre Klasse allein (kein Fachlehrersystem) durch die gesamte Schulzeit führen.

Nach der 5. Klasse endet die Volksschule und damit die Schulpflicht. Es schließt sich eine dreijährige Mittelschule an, und darauf wieder baut ein dreijähriges Gymnasium auf. Also kein Nebeneinander verschiedener Schulgattungen. Der Übergang zur nächst höheren Stufe ist jeweils vom Bestehen einer Aufnahmeprüfung abhängig. Während es noch relativ leicht ist, in die Mittelschule zu kommen – und in S. etwa 50% aller Volksschulabgänger diese auch besuchen –, wird der Zugang zum Gymnasium durch schwere Prüfungen gedrosselt. Doch so pauschal gesagt stimmt das nicht. Zwar schirmen sich die neusprachlichen und naturwissenschaftlichen Zweige des Gymnasiums entsprechend ab; jedoch in eine der vielen Fachschulen zu gelangen, die neben dem Abitur auch noch ein Zertifikat in Schneidern, Kinderpflege, Maschinenbau oder Bürokenntnissen vermitteln, ist weniger schwierig. Der Weg von dort auf die Universität allerdings ist zwar nicht durch Gesetz, aber faktisch versperrt, denn die Zulassungsprüfungen sind auf die Absolventen der »wissenschaftlichen« Gymnasien zugeschnitten. Eine türkische Art des Numerus clausus.

Dieses Problem plagt aber die Kleinen vor der Raşit-Efendi-Volksschule noch nicht. Sie geraten nun in Bewegung; jedesmal, wenn an der Wegbiegung sich eine Lehrkraft zeigt, läuft ein gutes Dutzend zur Begrüßung entgegen. Sind es die besonderen Lieblinge vom Vorjahr? Schließlich erscheint gegen neun Uhr der Rektor, was das Zeichen ist, sich in Zweierreihen vor der Tür aufzustellen. Yüksel *hanim*, die Lehrerin der ersten Klasse, hat gerade noch Zeit, sich den Eltern vorzustellen und ihre Schützlinge einigermaßen in die Reihe zu bringen, da ertönt die Nationalhymne. Die größeren Kinder stehen stramm da und singen zackig – das Zeremoniell scheint ihnen vertraut zu sein. Dann hält der Rektor eine kleine Ansprache über den Sinn des »Eides«, den jeder türkische Schüler auswendig kann: »Ich bin ein Türke, bin rechtschaffen, fleißig, achte die Gesetze, beschütze die Kleinen, ehre die Großen, liebe meine Nation aus ganzem Herzen ...« Das Bekenntnis endet mit dem Versprechen, dem Weg zu folgen, den Atatürk gewiesen hat. Wie es der Rektor schafft, die Schüler auch bei so einem abstrakten Thema zum Lachen zu bringen?

Jedenfalls dürfen die Kleinen nun endlich ins Klassenzimmer, und die Mütter können mitkommen, sogar dableiben, wenn sie wollen. Nicht viele wollen.

Der ebenerdige Raum ist für die zwanzig Buben und Mädchen ziemlich groß, hat riesige Fenster, durch die man aufs offene Feld schaut, und ist ansonsten reichlich mit Atatürkbildern, Fahnen und Sprüchen des großen Vorbilds geschmückt. Schülerzeichnungen aus vergangenen Jahren, die Landkarte, eine Aufstellung der sozialen Dienste (Sauberkeit, Bücheramt, Erste Hilfe, Verantwortung für die Möbel ...) – der Blick über die Wände zeigt, daß nicht bloß Lesen und Schreiben gelehrt werden.

Zwei Kinder wiederholen die Klasse, beide sind offensichtlich behindert, das Mädchen ist Spastikerin, der Junge schwerhörig. Es gibt in S. keine Sonderschule (in den Großstädten schon) – wobei ja auch zu bedenken ist, daß die Integration der Behinderten in normale Schulen in Deutschland als »der letzte Schrei« gilt. Das bloße Mitlaufenlassen der behinderten Kinder, wie es hier geschieht, darf man allerdings nicht als Integration verstehen. Im Gespräch mit der Lehrerin ergibt sich, daß sie keine Ausbildung in Behindertenpädagogik hat. Dies scheint ihr auch unnötig. »Man muß nur Geduld haben«, meint sie, »irgendwas lernen die schon.«

Im Augenblick gehen die Behinderten im allgemeinen Krach und Gewurle unter. In der Bank sitzen bleiben, reden, wenn man dran ist, überhaupt zuhören, wenn die Lehrerin etwas sagt, muß erst gelernt werden. Und Yüksel *hanim* erklärt leise, wie eine, die weiß, das kann nicht gleich klappen. Als die Kinder zeichnen dürfen, was ihnen einfällt, wird es still.

Nur ein kleines Mädchen hört nicht auf zu schluchzen, obwohl die Lehrerin tröstend den Arm um sie legt. Zum Glück wartet die Oma noch draußen, die setzt sich mit in die Bank, und alles ist gut. Es läutet. Erst eine Stunde ist um. Wie werden die Kinder einen ganzen Schultag aushalten? Zwar gibt es nach je 50 Minuten eine ausgedehnte Pause zum Draußentoben und Essen; auch die Mittagszeit reicht gut, um nach Hause zu gehen, aber am Nachmittag ist bis drei Uhr noch mal Unterricht, auch für Anfänger.

Eine Schultüte mit süßem Trost wäre vielleicht doch nicht unangebracht bei solchen Anstrengungen. Oder macht sie erst aufmerksam auf das, was die Kinder sonst gar nicht realisieren: daß es jetzt aus ist mit der unbegrenzten Spielzeit des ersten Lebensabschnitts. Daß einen die Institution »hat«, so sehr, daß man sogar stolz ist, dazuzugehören.

13. September

Ayhan hat also den ersten Schultag hinter sich. Vom Durcheinander in der Klasse war er ziemlich erschöpft. Ob man seine Linkshändigkeit respektiert? Ich habe mich nicht getraut, Yüksel *hanim* auch das noch ans Herz zu legen, nachdem ich sie schon gebeten hatte, meinen Sohn nicht zu schlagen.

Ohrfeigen, »Tatzen«, Ohrläppchen-langziehen sind in der Schule so an der Tagesordnung, höre ich von anderen Kindern, daß man sich das als Eltern ausdrücklich und mit Hinweis auf die Gesetze verbitten muß. Da die meisten Väter ihre Kinder gelegentlich schlagen, fänden sie es grotesk, die Lehrer an das grundsätzlich bestehende Züchtigungsverbot zu erinnern.

Übrigens darf nun auch die Nichte (Hasans Tochter) nach langem Hin und Her aufs Gymnasium. Die Prüfung für das naturwissenschaftliche Gymnasium hatte sie bestanden. Aber weil sie dort mit Jungen in die Klasse gegangen wäre, kriegten die Eltern Angst, sie könnte »verdorben« werden. Nun geht sie auf ein reines Mädchengymnasium, das außer dem Abitur noch den Gesellenbrief als Schneiderin vermittelt. Ob bei dieser Vorbildung der Zugang zur medizinischen Fakultät (die Nichte will nach wie vor Ärztin werden) überhaupt möglich ist?

16. September

Mein Sohn kommt naßgepißt nach Hause, weil es auf dem Schulklo angeblich so stinkt, daß er dort nicht pinkeln mag.
Im Heft stehen die ersten Buchstaben. Was mich beruhigt: Die Leh-

rerin moniert die Linkshändigkeit Ayhans nicht mehr, nachdem sie ihn anfangs ermahnt hatte.

Er sagt mir das erste Drittel des »Eides« auswendig auf, die Hände an der Hosennaht, mit großem Ernst und ganz ohne Zweifel: »Ich bin ein Türke ...«
Kind, du bist auch Deutscher, denke ich. Trotzdem bin ich froh, daß im Moment keine Identitätsprobleme bestehen, ich muß sie ihm ja auch nicht einimpfen. Das unangefochtene türkische Nationalempfinden erscheint mir bedenklich (wie könnte es anders sein bei unserer deutschen Vergangenheit?). Allerdings verlangen weder Staat noch Schule, daß die nationalen bzw. die von Atatürk verkündeten aufklärerischen Werte die einzigen sein müssen, in denen ein Kind erzogen wird. Wertpluralismus wird in der Türkei vielleicht nicht theoretisch verkündet, wohl aber praktiziert. Dem Elternhaus werden keine Erziehungsgrundsätze vorgeschrieben. Insofern kein Totalitarismus. Den würden sich die Türken auch nicht gefallen lassen, sagt mein Mann.

17. September

Ich hatte Ahmed von dem Großvater mit dem Baumgarten bei der Quelle erzählt. Vielleicht könnten wir da Fallobst holen für Apfelmus und Apfelkuchen.

Als wir alle miteinander spätnachmittags durch die Felder hinuntergehen, ist es immer noch heiß. Riesige vollautomatische Erntemaschinen, ähnlich Mähdreschern, sind dabei, die reifen Sonnenblumen zu köpfen. Mehrfach beggnen uns Lastwagen mit den schwarzen Kernen, die entweder gleich in die Ölmühle gefahren werden, oder, falls sie zu *çekirdek* (Knabberzeug, geröstete Sonnenblumenkerne) bestimmt sind, in der frischen Luft getrocknet und gesiebt werden.

Die Felder sind grau, staubig. Endlich der Apfelhain an der Quelle, wo man sich im Schatten hinsetzen kann. Der Alte füllt uns zwei Körbe voll und lädt uns zu einer Wassermelone ein. Die Kinder fangen Frösche, diesmal mit mehr Geschick.

Ahmed ist entzückt von dem ländlichen Idyll. »Wenn wir doch wenigstens ein ganz kleines Haus mit einem Garten hätten. Sollten wir nicht in Izmir auf unseren Grund bauen, wenn wir ihn schon nicht verkaufen können?«

Auf dem Heimweg – bergauf ist es erst recht drückend schwül, dazu die Apfelkörbe – besprechen wir wieder mal die finanzielle Situation, wodurch Ahmed auf mein leeres, ja überzogenes Konto in Deutschland kommt. Wie es denn möglich sei, so viel Geld auszugeben? Wärest du nur nicht nach Deutschland gefahren! Plötzlich sind die paar Tausender, die für eine zehnwöchige Reise draufgingen, schuld an unserer ganzen Misere. Es ist wahr, ich habe mir auch ein Kleid geleistet und die Freundin zum Essen eingeladen. Wir waren (unversichert) bei Arzt und Zahnarzt, sind Zug und Taxi gefahren, ich habe mich erweichen lassen, den Kindern Spielzeug zu kaufen. Und dann ein Haufen Kleinigkeiten: hier eine Cola, da ein Eis, eine Eintrittskarte, ein Fahrschein ... Natürlich, meine ganze Einstellung ist falsch, ich denke verschwenderisch. Die Geldgeschichten aus elf Ehejahren werden wieder aufgetischt.

Inzwischen sind wir zu Hause und haben unsere Äpfel in die Küche gestellt. Kurze Zwischenversöhnung. Wir beschließen, uns noch in den Park zu setzen und das abendliche Kühlerwerden bei Tee abzuwarten. Doch das Ablenkungsmanöver funktioniert nicht. Ahmed führt als Beispiel für seine Redlichkeit an, daß er seine Eltern im Winter nicht eingeladen hätte wegen unserer Geldknappheit. Mein Einwand, daß ich an seiner Stelle dafür Schulden auf mich genommen hätte, reizt ihn aufs neue. »Wir haben wohl ganz verschiedene moralische Kategorien«, meint er voller Bitterkeit.

Ich kriege wieder das Gefühl der Unwirklichkeit, wie immer, wenn Ahmed mich so grundsätzlich angreift und fallenläßt. Als sei alles ein Traum, aus dem ich nicht erwachen kann. Doch dann stellt sich eine früher nicht gekannte Sicherheit ein. Man kann mir mit Trennung nicht mehr drohen; Verlassenwerden hat den Schrecken für mich verloren.

Schließlich gehen wir nach Hause und bringen die Kinder ins Bett. Den Kindern zuliebe den Mund zu halten, darin sind wir uns plötzlich einig.

18. September

Heute nacht hatte ich zwei Träume:

Ich treibe mit einem Segelboot durch seichtes Wasser. Auf einmal fährt das Boot eine schiefe Ebene hinauf, die aus feuchten Holzbohlen besteht. Ich gebe Fahrt durch Bewegen des Segels und strenge mich an, die Steigung zu überwinden. Ein freudiges Gefühl. Oben sind Ayhan und Martha. Ich rufe ihnen zu, sie sollten aus dem Weg gehen, damit ich sie nicht überfahre.

Mit der ganzen Familie und noch mehr Leuten sind wir auf einem verschneiten Berg. Wir fahren auf einem großen Schlitten ab, und

zwar senkrecht eine eisige Rinne runter. Ich sehe nichts und will nichts sehen, indem ich mich völlig in eine große Decke einhülle.
Sind das nicht deutliche Signale des Unbewußten? Meine Anstrengung bei der Aufwärtsbewegung hat Erfolg, für die Abfahrt überlasse ich die Verantwortung meinem Mann. Deutlich ja, aber auch doppeldeutig: Gerne sehe ich mich selbst erfolgreich, während ich dem anderen den negativen Part zuschiebe.

Als mich Ahmed heute mehrfach liebevoll in die Arme nehmen will, wehre ich mich zwar nicht, aber es kommt mir nach allem einfach naiv vor. Das wirkliche Verstehen fehlt noch zu sehr. Wir leben in verschiedenen Welten. Die Hoffnung, daß eine Umarmung einstmals möglich sein wird, sozusagen im nächsten Äon, habe ich trotzdem. Das ist die Grundlage, auf der ich diese deprimierende Phase jetzt durchhalte.

Mit den Kindern »Die Zauberflöte« angehört. Wie recht hat die Königin der Nacht in ihrem Zorn: Das reine Männerreich des Sarastro ist ja so moralisch, so künstlich. Was für eine sinnlose »Tugendübung« wird von Tamino verlangt. Er muß schweigen und schweigt »männlich« angesichts einer verzweifelten Pamina. Wirklich leiden bloß die Frauen, Mutter und Tochter, während die Männer sich rituellen Prüfungen unterziehen.

Wieso es Sarastro nicht schafft, die Königin der Nacht in sein Lichtreich zu integrieren? Ich bekenne mich zur unzähmbaren Weiblichkeit. Es muß sich selbst seine Grenzen setzen und seine geistige Form finden.

Aber Ahmed ist nicht Sarastro. Ein Teil seines Problems besteht ja gerade darin, daß er mit den von der (männlichen) Gesellschaft geprägten Rollenvorstellungen im Kampf liegt.

20. September

In einer Woche ist *Kurban bayrami*, das Opferfest, neben dem *bayram* (Fest) am Ende des Fastenmonats das zweite große religiöse Fest. Wer finanziell dazu in der Lage ist, schlachtet ein Tier (Schaf, Ziege, Kuh), von dem auch die Armen ihren Teil abbekommen. Wie in Deutschland an Weihnachten, so ist es der Brauch, die alten Leute zum Fest nicht allein zu lassen. Wir haben uns deshalb entschlossen, Ahmeds Eltern in Aydinköy zu besuchen; übermorgen geht es los. Die Buskarten besorgte Schwager Mahmut, leider für Mesut keinen eigenen Platz. Das wird ja was werden bei einer 17stündigen Fahrt.

Heute habe ich noch gewaschen. Jedesmal hält der Waschtag eine andere Überraschung bereit. Diesmal hat zufällig das Wasser gereicht, dafür wollte die Maschine nicht schleudern, das heißt, die Trommel drehte sich einfach nicht. Nach vielem Auf- und Zuklappen des Deckels, Draufhauen, Kontrolle der Elektrizität, Wäsche raus, Wäsche rein, rief ich Ahmed an. Er kam, sagte »bismillah« (»im Namen Allahs« – mit dieser Formel beginnen die Gläubigen alle Arbeiten, bis hin zum Beischlaf), und die Trommel drehte sich. Wir mußten lachen. Leider ist das spinnerte Ding nicht immer fromm, d. h., trotz des Sprüchleins ging es danach wieder nicht. Ich spülte und wrang ein Gutteil der Wäsche mit der Hand, schließlich versuchte ich es noch einmal. Jetzt klappte es. Rätselhaft.

Warmes, ein bißchen windiges Trockenwetter.

Gegen Abend spazieren die jungen Mädchen immer unsere Straße auf und ab. Wozu es nötig ist, sich für diese halbe Stunde schön anzuziehen und sogar zu schminken so wie Nevriye, wollte mir nicht einleuchten, noch dazu, wenn die Autos solch einen Staub aufwirbeln. Als aber dasselbe Auto heute dreimal ganz kurz hintereinander vorbeikam, erst in rasantem Tempo, dann bei den Mädchen abbremsend, blitzte es mir, und unter Gekicher wurde bestätigt: So geht die Brautschau vor sich. Da es einem »anständigen« Mädchen nicht erlaubt ist, sich mit einem jungen Mann zu treffen, andererseits aber »blinde« Heiraten (wo man einander nicht kennt) immer seltener akzeptiert werden, zumal sie von der Religion her nicht verlangt sind, können sich die beiden sehen, wobei jeder in einer Gruppe »geschützt« ist.

Das wird dann so arrangiert, daß der junge Mann durch einen Dritten bei den Eltern des Mädchens anfragen läßt, ob sie noch zu haben sei und gegebenenfalls bereit, sich zu bestimmter Zeit an bestimmter Stelle zu zeigen.

Ob allerdings der junge Mann im Auto viel mehr von Nevriye mitbekommen hat, als daß sie lang und dünn ist? Vielleicht muß er doch noch ein paar Anstrengungen machen, sie in anderen Situationen zu beobachten (auf dem Bazar, bei einem Fest ...), ehe er seine Entscheidung trifft. Derweil ziehen die beiden Familien übereinander Erkundigungen ein. Das Wichtigste: Nevriye darf dem Jungen auf keinen Fall ihr Interesse zu erkennen geben. Das sind die alten Anstandsregeln, an die sich ein Teil der Jugend schon gar nicht mehr hält (oft Schüler höherer Lehranstalten, Kinder aus Beamten- und Offiziersfamilien). Für Nevriye, die aus einer armen Familie stammt, gehören sie sozusagen zur Aussteuer.

Aydinköy, 23. September 82

Nun sind wir endlich in Aydinköy, das liegt mitten in Anatolien, nicht weit von Niğde. Siebzehn Stunden Busfahrt, dabei Mesut fast die ganze Nacht schlafend auf meinem Schoß. Mal nahm ihn Ahmed auch, schlief aber selbst ein und ließ das Kind zwischen die Sitze rutschen. Ich bin dusselig vom erzwungenen Wachen, trotzdem begeistert. Die kahlen Berge, Zweieinhalbtausender ohne Namen, bilden eine majestätische Kulisse. Das Dorf Aydinköy wird seltsamerweise nicht von Bauern bewohnt, sondern von Lehrern, Bankangestellten, Geschäftsleuten. Jede Familie besitzt einen oder mehrere Obstgärten oder Weinberge. Heute haben wir schon nach Herzenslust Trauben gegessen.

Ahmeds Eltern freuen sich ungemein, sie hatten uns gar nicht erwartet. Mutter hat mich gleich zu einer Einladung mitgeschleppt. Ganz anders als in Thrakien können hier nicht alle Nachbarinnen einfach kommen, wenn jemand Gäste hat, sondern nur die eigens Geladenen. Mir scheint, die Leute sind stolz und härter hier. Ahmed bestätigt das und warnt mich, sie seien auch leicht beleidigt.

Zuerst einmal ist die Kälte ein Schock. Das Dorf liegt ja 1400 Meter hoch. Auch das Wasser fließt eiskalt aus nie versiegenden Bergquellen.

24. September

Ahmeds Mutter hat zum Frühstück eine gute Suppe gemacht. Als die Sonne in den Hof scheint, wird es auch ganz schön warm. Die Mauern der Höfe sind hier übermannshoch, so daß niemand hereinschauen kann. Ein eisenbeschlagenes Hoftor, das mit einem riesigen Schlüssel abgesperrt wird, vervollständigt den Eindruck von einer Burg.

Der Hof ist ein vielseitiger Raum. Hier wäscht man sich und die Wäsche am offenen Brunnen, hier werden Früchte und Teigwaren zum Trocknen ausgelegt, hier bereitet die Schwiegermutter ihre Spezialitäten in dem Back- und Kochherd aus Lehm; Ahmed hat mir oft genug davon vorgeschwärmt. Der Topf oder Tonkrug mit dem Essen wird in ein Loch gestellt, wo es ganz langsam gart. So geraten sogar die einfachsten weißen Bohnen zur Delikatesse.

Meine Schwiegermutter hatte keine Tochter und auch nie eine »*gelin*« (Schwiegertochter) im Haus als Hilfe für die schweren Arbeiten. Alle Söhne sind fortgezogen, wie so viele junge Leute aus Aydinköy; aus beruflichen Gründen, denn das Dorf bietet keine Arbeitsmöglichkeiten. Sie hat sich ihr Leben lang abgeplagt und hat jetzt wohl nicht mehr viel Lust zu putzen. Jedenfalls ist alles ein bißchen vergammelt. Sie sieht auch nicht mehr gut.

Wir waren mittags im Obstgarten, was den Kindern sehr gefiel. Trauben, Äpfel, Maulbeeren, Pflaumen, aber auch Mandeln und Nüsse sind reif. Mir ist schon schlecht, sicher habe ich zu viele Rosinen gegessen, die überall auf Planen am Boden zum Trocknen liegen. Wir lassen es uns wohl sein, während der Schwiegervater schuftet: Unermüdlich trägt er schwere Körbe voll Trauben und Rosinen heim, dazwischen riesige Ladungen mit dürrem Holz als Heizmaterial. »Das Väterchen ist eine Ameise«, meint Ahmed liebevoll, »der kann nicht sitzen, solange es noch Arbeit gibt.« Auch der Besuch ist kein Grund zum Feiern, andererseits will er nicht, daß wir helfen.

26. September

Heute waren wir, wie schon gestern, in Niğde, wo wir einen Teppichhändler kennen. Ahmed hat sich mit ihm über die geschäftlichen Aussichten beraten und durch diesen freundlichen Mann noch andere Leute aus der Branche kennengelernt. Schließlich wurde auch ich um die Meinung gefragt. Ich finde es eine schöne Sache, mit alten Teppichen zu handeln. Wir haben, um das Ganze praktisch anzugehen, von dem Geschäftsfreund fünf kleine alte Teppiche gekauft, die in den Dörfern um Niğde hergestellt wurden. Die Farben erfreuen die Seele, es kommt viel Purpur vor, viel Tiefblau, alles ein bißchen verwaschen. Einer gefällt mir besonders, weil er im Mittelfeld statt der üblichen Raute einen stilisierten Baum, vielleicht einen Lebensbaum oder Stammbaum enthält. Rechts und links davon und darüber, d. h. an der Kopfseite des Teppichs, erheben sich wie kleine Türmchen oder Pfeiler sechs weitere selbständige »Zweige«, die in sich stilisierte Blütenknospen tragen. Möglicherweise erzählt der Teppich, ein sogenannter *yürüklü*, ein Nomadenteppich also, die Geschichte einer Sippe. In die Umrandung sind die verschiedensten Typen von Häusern und Palästen eingeknüpft, Symbol für die entgegengesetzte Lebensform wie die der Nomaden. Das Märchen fällt mir ein vom kleinen Hirtenbuben, der durch seinen Witz und seine Tapferkeit König der Stadtleute wird. Die Grundfarbe des Teppichs ist ein verwaschenes Dunkelrot, während die Bäume sich wollweiß und grau abheben. Im Rand dagegen ist es genau umgekehrt: Hintergrund wollweiß, Häuser rot-grau-ocker.

Hoffentlich billigt einer von Ahmeds Brüdern das Geschäft und finanziert es, sonst müßten wir unseren Notgroschen angreifen, und der soll doch für einen wirklichen Notfall sein. Der Geschäftsfreund läßt uns etwas Zeit zum Zahlen. Im Verhandeln über die Preise merken wir auch, wie groß der Spielraum der Händler ist und wie wichtig der preisgünstige Einkauf. Ohne einen guten Blick für Qualität und ein Gespür für die Wünsche der potentiellen Kunden kann man sich arg verkalkulieren. Ich entdecke bei mir eine beginnende Leidenschaft, sowohl für die Teppiche als auch für das Handeln. Da muß ich mich bremsen, daß ich Ahmed nicht seine Aufgabe aus der Hand nehme.

Morgen ist *bayram*. Voriges Jahr war es am 8. Oktober (die Zeitverschiebung entsteht dadurch, daß sich der islamische Kalender nach dem Mondmonat richtet). Weil es im letzten Jahr so gar nicht festlich war für uns, habe ich damals nichts ins Tagebuch geschrieben. Jetzt steht im Hof angebunden schon seit Tagen der Schafbock, das Opfertier. Man füttert und streichelt ihn und kann sich gar nicht vorstellen, daß er geschlachtet werden soll. Ayhan ist aufgeregt wegen der Aussicht, seinen Vater in aller Früh in die Moschee zu begleiten.

»Notizen aus dem anatolischen Bergdorf« (12)
Kurban bayrami-Opferfest

So schön bin ich noch nie aus dem Schlaf geweckt worden. In der Luft liegt mehr als nur der Ruf zum Morgengebet; eine jugendliche Stimme singt vom Minarett arabische Verse, ziehend und weich die Kadenzen, die Geschichte des Abrahamsopfers, die sowohl im Koran als auch im Alten Testament überliefert ist. »Und Abraham sagte: ›Ich will zu meinem Herrn gehen. Er wird mich rechtleiten. Herr! Schenk mir einen von den Rechtschaffenen‹. Und wir verkündeten ihm einen braven Jungen. Als er nun so weit war, daß er mit ihm den Lauf machen konnte, sagte Abraham: ›Mein Sohn! Ich sah im Traum, daß ich dich schlachten werde. Überleg jetzt, was du meinst!‹ Er sagte: ›Vater! Tu, was dir befohlen wird! Du wirst, so Gott will, finden, daß ich von denen bin, die aushalten können.‹ Als nun die beiden sich ergeben hatten und er ihn auf die Stirn niedergeworfen hatte, riefen wir ihn an: ›Abraham! Du hast den Traum wahr gemacht.‹ So vergelten wir denen, die fromm sind. Das ist die offensichtliche Prüfung. Und wir lösten ihn mit einem gewaltigen Schlachtopfer aus. Und wir hinterließen ihm unter den Späteren: Heil sei über Abraham!«« (Koran 37, 99-109)

Es ist noch dunkel und kalt, und ich, der Gast, die Schwiegertochter aus Deutschland, brauche nicht aufzustehen, nur die Männer rüsten sich zur Moschee. Nachzudenken jedoch über den Sinn des Festes ist auch einer Frau nicht verwehrt. Abraham, den Christen, Juden und Muslime gleichermaßen als ihren Ahn reklamieren – das Urbild des Glaubens an den einen Gott – dieser Abraham hat nach der Überlieferung an der Stelle, wo in Mekka die Kaaba steht, ein Bethaus errichten lassen. Bestandteil der Wallfahrt nach Mekka, zu der jeder Muslim verpflichtet ist, wenn es seine materielle Lage erlaubt, ist auch die Schlachtung eines Opfertiers. Und in aller Welt schlachten die zu Hause gebliebenen Muslime am selben Tag wie die Pilger dieses *kurban* und nehmen so in geistiger Weise an der Wallfahrt teil. Das Opfer ist der Ausdruck der Hingabe.

Nun ist die Sonne aufgegangen, und man kann in der Küche einen Tee bekommen, gut gegen die Kälte an so einem Herbstmorgen im anatolischen Bergdorf. Im Hof steht angebunden der Schafbock. Mesut (4) streichelt ihn ein wenig ängstlich; gestern hat das starke Viech sogar die Großmutter umgeschmissen.

Da kommen der Großvater und sein Sohn – mein Mann – aus der Moschee, mit ihnen der siebenjährige Ayhan. Auch sie wärmen sich an Tee und warten im Hof auf den Schlachter. Obwohl jeder männliche Erwachsene den Schnitt in die Halsschlagader durchführen darf, überläßt man die Sache doch lieber dem Fachmann, der das routinierter könne. Oder ist es die Scheu, Hand an das liebgewordene Tier zu legen?

Bald erscheint der Erwartete. Mit vereinten Kräften werden dem Schaf die Füße zusammengebunden, das Bürschchen wehrt sich gewaltig. Unter Anrufung Allahs schneidet der Schlachter die Kehle durch; das Blut spritzt und fließt dann in breitem Strom in den Abfluß beim Brunnen. Ayhan kann sich der Tränen nicht erwehren und sucht eine Weile im Bett Zuflucht, während der kleinere Mesut ganz cool weiter seinem Vater zuschaut, wie der nun das Schaf aufbläst. Dafür wird in ein Hinterbein ein kleiner Schnitt gemacht, so daß man zwischen Fell und Fleisch Luft blasen kann wie in eine Schwimmweste. Ohne diese Maßnahme, die ziemlich viel Puste erfordert, würde das Fell schwer abzuziehen sein. Der Schlachter ist schon gegangen, weil er noch in anderen Häusern erwartet wird. Nun hängt man das Schaf an den Hinterbeinen auf, damit man das Fell vollends abziehen und den Bauch aufschneiden kann. Für die Eingeweide sind verschiedene Schüsseln bereit, und sogleich macht sich die Großmutter daran, den Magen zu waschen und abzuschaben. Kuttelsuppe ist eine wirkliche Delikatesse, wenn sie gut zubereitet ist. Auch die Därme werden gereinigt, umgedreht und eingesalzen, die sollen gefüllt eine Art Würstchen ergeben. Die beiden Männer haben inzwischen das Schaf in große Teile zerlegt, die an Wandhaken im

Schatten aufgehängt werden zum völligen Ausbluten. Mit den Bocksfüßen spielen die Kinder. Außer mir, die ich bloß zugeschaut habe, sind alle ziemlich erschöpft und zu einer Pause bereit. So braten wir uns Herz, Leber, Lunge und Nieren am offenen Feuer. Es bleibt noch viel Arbeit. Das Fleisch muß weiter zerteilt werden, damit es in den Kühlschrank paßt. Der Kopf des Tieres wird abgesengt (gekochter Kopf gilt ebenfalls als Spezialität, auf die ich aber lieber verzichte). Das zottige Fell wird mehrmals gewaschen, mit einem Schlegel geklopft und dann auf der Unterseite mit Kalk bestreut. Ich kann wenigstens bei der anschließenden Hofreinigung helfen. Um ein Uhr mittags sind wir fertig. Eigentlich ist es Brauch, ein Drittel des Tieres den Nachbarn zu bringen, aber da alle Nachbarn selbst schlachten, unterläßt man das. Wo jedoch bleiben die Armen, denen das zweite Drittel zusteht? (Das dritte Drittel ist für den, der das Tier opfert.) Man sagt mir, in diesem Dort gäbe es fast keinen, der die 6000 bis 20000 Lira (ein Monatslohn mehr oder weniger) nicht aufbringen könne, die ein *kurban*-Schaf kostet. Als der Großmutter endlich Leute einfallen, die sicher kein Fleisch haben, ist sie glücklich, denn an *bayram* möchte man auch Freude mitteilen.

Hunger hat niemand, obwohl im Herd die köstlichsten gefüllten Auberginen schmoren. So fällt das Mittagessen aus zugunsten einer längeren Siesta – inzwischen ist es auch unangenehm heiß geworden im Hof. Bis zum Nachmittag muß man wieder fit sein für den zu erwartenden Besuch.

Vor dem inneren Auge noch einmal der zappelnde Schafbock, das viele herausschießende Blut, der abgeschnittene Kopf. Ist das denn nötig? Könnte man seine Hingabe nicht anders, geistiger beweisen als durch Tötung eines Lebewesens? Sicher war es zu Abrahams Zeiten ein Fortschritt, das Menschenopfer durch das Opfer eines Tieres zu ersetzen, aber sind »wir« nicht längst auch über das Tieropfer hinaus? Theoretisch auf jeden Fall; aber ganz praktisch: Es werden immer noch Tiere hingeschlachtet, ob mit oder ohne Anrufung eines göttlichen Namens. Die meisten von uns sind keineswegs so vergeistigt, auf Fleisch als Nahrung zu verzichten (auch ich mag Lammkotelett). Man findet das ganz »natürlich«, bis man einmal zugesehen hat bei der Tötung eines Tieres, das in seiner Lebendigkeit vorher schön war, das man vielleicht liebkost und gefüttert hat. Da plötzlich erscheint einem die Forderung dieser Religion grausam. Dabei könnte gerade das Opferfest bewußt machen, welche von uns zugelassenen, bzw. in Kauf genommenen Grausamkeiten wir ständig aus dem Bewußtsein verdrängen. Noch einen Schritt weiter: Wir haben uns daran gewöhnt, in den Medien täglich die Grausamkeit gegen Menschen zu konsumieren. Entsetzen über das fließende Blut der Tiere wäre reine Heuchelei, wollte man die vielen Menschenopfer unserer Zeit nicht ebenfalls sowohl sensibler als auch realistischer wahrnehmen.

Nun bewegt sich das Hoftor in den Angeln, und die ersten Besuche treten ein, Verwandte von auswärts. Es ist eine Ehre, Besuch zu bekommen, deshalb bleiben die älteren Leute zu Hause, die jüngeren gehen herum. Nach der Standardbewirtung mit Bonbons, Obst oder einem Getränk und nach Austausch höflicher Fragen über das Ergehen der Familie erheben sich die Gäste wieder. Es gilt, an diesem ersten Festtag noch vielen die Ehre zu geben. Und jetzt klappt auch schon wieder das Hoftor, dieses Mal sind es örtliche Verwandte, danach kommen die rechten und die linken Nachbarn und so weiter. Alle, die uns besuchen, müssen wir in den nächsten Tagen wieder besuchen und noch ein paar dazu. Zum Glück brauche ich mir die Liste nicht zu merken.

Für die kommenden drei Feiertage, an denen Behörden und Geschäfte geschlossen haben, sind eine Reihe von Verlobungen und Hochzeiten angesagt. Die Großmutter freut sich auf den Tanz der Frauen und verspricht, mich mitzunehmen. *Bayram* auf dem türkischen Dorf: Da spürt man noch etwas von der Lust am Feiern. Da ergibt sich auch noch eine Gemeinschaft aus Verwandten und Nachbarn, ein Geflecht von Beziehungen, das in den Städten zu zerreißen beginnt.

Was mir sehr auffiel im Vergleich zu deutschen Hochfesten wie Ostern und Weihnachten: *Kurban bayrami* ist (noch?) nicht kommerzialisiert, sieht man einmal davon ab, daß die Schafe kurz vorher teurer werden. Da höchstens den Kindern eine kleine Freude gemacht wird, ansonsten Geschenke nicht üblich sind, kann auch das Geschäft damit nicht blühen. Einen gewissen Aufschwung erlebt allerdings der Ansichtskartenhandel. Verwandte und Freunde sollen, wenn man sie nicht besuchen kann, wenigstens Grüße bekommen. Die Frommen versenden Koransprüche in Kalligraphie oder Abbildungen berühmter Moscheen. Auch Landschaften sind beliebt. Der Kartenstand vor dem Postamt in der nächsten Stadt bot den Hit des Jahres an: einen messerschwingenden Abraham, vom Engel in letzter Minute zurückgerissen – Kitsch italienischer Herkunft. Da der Islam die Darstellung der menschlichen Gestalt verbietet, meinte der Importeur in eine Marktlücke zu stoßen. Wesentlich häufiger jedoch als dieses dem türkischen Empfinden fremde Machwerk verlangten die Käufer schlichtweg Fotos berühmter Filmstars und Folkloresänger. Ob zum

Fest oder später, über Ajda Pekkan oder Ümit Besen freut sich der Empfänger immer.

Aydinköy, Ende September

Sogar an den Festtagen hört der Schwiegervater nicht auf mit seiner Werkelei im Weinberg. Vielleicht will er aber auch bloß von zu Hause entkommen. Denn als beim Schlachten die beiden Alten zusammenarbeiten mußten, haben sie ständig gehakelt und gezankt, nicht böse, bloß so, daß jeder dem anderen »eins drauf« gab. Ich machte Ahmed aufmerksam auf diese Dialoge, und wir mußten im stillen lachen. Er bemerkte dann noch, daß seine Mutter ganz unbeschreiblich rechthaberisch sei, was ich gar nicht finde. Da kam mir plötzlich in den Sinn, wie Ahmed so sauer auf Widerspruch reagieren kann, wenn es um Dinge des Alltags geht (nicht bei weltpolitischen und sozusagen philosophischen Fragen, da darf ich die extremsten Gegenpositionen vertreten). Ach ja, er hat den Vater, der nicht aufkommt gegen ein redegewandtes Weib, vor sich (und in sich).

Auf mich scheint die Schwiegermutter stolz zu sein, da sie immerzu Gelegenheiten sucht, mich rumzuzeigen. Sie bürdet mir auch gar keine Arbeit auf, kocht das meiste allein, macht mir gerne heißes Wasser zum Kopfwaschen und für die Kinderwäsche. Einzig, wenn Gäste kommen, spielen wir das Stück »Die *gelin* als Magd«. Dann bleibt sie sitzen, und ich muß Tee kochen, Obst und Bonbons anbieten, das Geschirr spülen – und darf mich erst dazusetzen, wenn alle Arbeit getan ist. Mir gefällt das Spiel, weil auch sie es als solches versteht. Außerdem bin ich dann nicht gezwungen, die Geschichten über tausenderlei Leute anzuhören, die ich nicht kenne.

Weil die Frauen hier im Dorf auch an den Feiertagen einfach angezogen sind (şalvar und Bluse oder selbstgenähtes Baumwollkleid, Kopftuch, Latschen), wollte ich meine schlichtesten Sachen aus dem Koffer holen, um niemanden zu beschämen. Ahmed sagt, das sei völlig verkehrt. Die Besucher von auswärts müßten sich so schön wie möglich machen, man sei das der Ehre der Daheimgebliebenen schuldig. Er selbst läuft bloß im guten Anzug herum, obwohl es ihm eigentlich unbequem ist und tagsüber zu heiß. Na ja, ich trage also das Seidenjerseykleid im Weinberg, bloß die Stöckelschuhe darf ich außerhalb des Dorfes mit flachen Tretern vertauschen.

Überhaupt die Weinberge! Ahmeds Eltern haben deren drei, und zum Entferntesten gehen die Kinder am liebsten. Da muß man nämlich durch die »Wüste«, ist ein einsamer Reiter im glühenden Sand, der Märchenprinz bei seiner größten Mutprobe. Im Karst wächst nichts außer Disteln, die jetzt gelb vertrocknet sind, und wäre nicht der getretene Pfad, man müßte sich ständig Stacheliges von den Strümpfen klauben. Deshalb also sehen die majestätischen Berge ringsum so gelb aus (der Sand ist nämlich grau). Ob dann im Frühling alles grün ist? Ahmed bestätigt: Auch blau und weiß und lila, die Disteln blühen in allen Farben.

Mit Traubenkörben beladene Esel kommen uns entgegen. In dem schmalen Tal zwischen den zwei Felsenkämmen haben noch mehr Leute ihren Weinberg angelegt, dort fließt ein Wildbach, und den kalten Wind halten die Felsen ab.

Der Walnußbaum, der unseren Anteil an der Oase markiert, verlockt meinen Mann zum Klettern. Er schüttelt uns die Nüsse in ihrer grünen Schale herunter. Noch sind die Kerne weich und auch die feinen Häutchen nicht festgetrocknet, so daß man sie abziehen kann und die Nuß ganz süß schmeckt. Braunschwarze Finger nehme ich dafür gerne in Kauf. Auch Trauben essen wir schon wieder; es sind verschiedene feinste Sorten, blaue und weiße, aber auch bräunliche, die wie parfümiert riechen, und kernlose kleine – die mag ich am liebsten.

Ahmed kann nicht zusehen, wie sein Vater sich den schweren Sack mit Rosinen auf den Buckel lädt. Also Anzug hin, Anzug her, man muß dem alten Mann zeigen, daß man ein guter Sohn ist. Was allerdings nicht zur Folge hat, daß der Großvater sich nun ausruht. Vielmehr macht er sich eine Ladung Brennholz aus abgeschnittenen Reben zurecht. Der Heimweg in der Mittagshitze ist dann mühsam. Den Kindern hilft bloß noch die Aussicht auf die Quelle am Anfang des Dorfes, und Ahmed kämpft mit dem schweren Sack, dessen Haltestricke in die Schultern schneiden. »Weshalb kauft denn der Großvater keinen Esel?« – berechtigte Frage von Ayhan. Der Großvater ist halt sparsam, im Winter brauchte man den Esel nicht.

Mein Mann erinnert sich: Die Gänge vom Weinberg heim mit einer drückenden Rückenlast haben ihm als Kind immer alles verleidet. »Auf diesen Wegen hier habe ich die Haut von Händen und Füßen gelassen.« Ayhan und Mesut sind fasziniert von der Kindheitswelt ihres Vaters. So großartig und zugleich so hart.

Noch vor der Schule in der Morgendämmerung mit den Brüdern Kuhfladen sammeln (Heizmaterial), Nächte als Wächter im Garten, zwei Schäferhunde zur Seite, heute klaut keiner mehr Obst, es ist im Überfluß da. Schwimmen im Wasserreservoir, das war strengstens verboten; nachher rieb man sich die Haare mit Staub ein, aber die Mutter merkte es trotzdem. Die fünf Kilometer in die Stadt zur Höheren Schule zu Fuß, auch im Winter bei hohem Schnee. »Hast du wirklich einen Wolf gesehen, *baba*?«

Das also hat meinen Ahmed geprägt, das auch, nicht bloß die Welt, die wir beide kennen.
Er selbst betrachtet sein Dorf, seine Eltern gespalten zwischen Liebe, großer Liebe und Distanzierung.
- Ich kann es hier nicht länger als eine Woche aushalten.
- Warum? Es ist doch eigentlich das Paradies.
- Ja, eigentlich.

Wie sich die Lebensverhältnisse des Dorfes seit Ahmeds Kindheit geändert haben, das ist ein Beispiel für die Änderung der Wirtschafts- und Sozialstruktur der Türkei. Es gibt jetzt eine Mittelschule am Ort, und auch die Gymnasiasten müssen nicht mehr zu Fuß in die Stadt laufen; der dorfeigene Bus fährt alle halbe Stunde. Die Elektrifizierung vor fünfzehn Jahren brachte neben vielen Erleichterungen – angefangen von der Beleuchtung über den Kühlschrank (erspart zeitraubende und teilweise gesundheitsschädliche Konservierungsmethoden), bis hin zu strombetriebenen Gemeinschaftseinrichtungen wie Mühle und Bäckerei – auch das Fernsehen, ohne das nun viele Familien abends nicht mehr beisammensitzen können. Propangas, Tee, Zucker, Kugelschreiber und Waschpulver – Dinge, die es in Ahmeds Jugend nicht oder bloß als Kostbarkeiten gab, kann man in ausreichender Menge kaufen, und die Leute haben das Geld dafür, hauptsächlich dank der vielen auswärts verdienenden Söhne, z. T. auch Töchter.

Mir fiel noch eine andere Einnahmequelle ins Auge: Das Obst, das den Eigenbedarf bei weitem übersteigt, ließe sich vermarkten, wenn nur jemand die Initiative ergriffe. Mir tun die Falläpfel leid, die dem Boden bedecken und die vielen ungeernteten Früchte an den Bäumen. Ahmed versteht meinen Eifer und meine Kritik, findet sie aber typisch deutsch und rät mir Zurückhaltung an. Die Leute hier seien zufrieden mit dem, was sie haben. Außerdem sei der Stolz dabei, kein »Bauer« zu sein, der vom Verkauf der Viktualien leben muß.

Ein Dorf zwischen (manchmal hemmenden) Traditionen und Modernität (manchmal auch scheußlicher). Ja, ich finde die Verlobungsfeiern, die es erst seit einigen Jahren in einer von Film und Illustrierten abgeguckten Form gibt, scheußlich. Früher wurde das Eheversprechen nicht gefeiert, höchstens luden die Eltern der Verlobten Verwandte und nächste Nachbarn zum Essen ein. Inzwischen läuft eine Verlobung in Aydinköy fast wie eine Hochzeit ab, jedenfalls was die Musik, den Tanz fürs ganze Dorf, die Verteilung von Süßigkeiten an Hunderte von Leuten betrifft. Diese bilden die Kulisse für das Anstecken der Ringe durch den Vater des Mädchens. Was das Erstaunlichste ist: Die »Braut«, die im Zivilleben den Kopf bedeckt, zeigt zur Feier des Tages nicht bloß Locken, sondern wagt einen Ausschnitt, wie er zum rosa Tüllkleid wohl paßt, nicht aber in das sonstige Umfeld. Und die Verlobten, die sich eigentlich so nah noch gar nicht kommen dürften und sonst wohl auch nicht kommen, stehen für den Fotografen Arm in Arm. Was jedoch so locker aussieht, ist es keineswegs, denn das Mädchen lebt die ganze Zeit unter der Anspannung, ja nicht zu lächeln oder zu lachen, nur ja einer marmornen Schönheit zu gleichen, die keine, aber auch gar keine Freude empfindet – sonst könnte man denken, sie sei unanständig. Grotesk.

Unter welchen Zwängen der junge Mann steht, weiß ich nicht. Meine Schwiegermutter konnte nicht verstehen, daß ich von der zweiten Feier dieser Art nach Hause ging, noch ehe sie zu Ende war.

Der zweite Herbst: Wurzeln schlagen

Aydinköy, 1. Oktober

Unsere Zeit hier ist abgelaufen. Der Bus fährt heute abend um sechs Uhr; dieses Mal hat auch Mesut einen eigenen Platz. Übrigens habe ich vorgesorgt, daß nicht wieder ein Kind in die Hose pissen muß. Wegen dringender Bedürfnisse hält kein Busfahrer extra an. Die Einliterlimoflasche wird wohl reichen.

Derweil packt Ahmeds Mutter für alle drei Familien in S. Nahrhaftes in einen Karton: Rosinen, feine Weizengrütze, getrocknete *tarhana*-Suppe, graues Spezialbrot, das steinhart ist und sich ewig hält. Man muß es vor dem Essen erst ins Wasser legen. Alles selbstgemacht und für die Beschenkten vielleicht Kindheitserinnerungen.

Der Abschied scheint der Mutter gar nicht so schmerzlich zu sein, denn er ist ja nicht für lange. Wenn es hier richtig kalt wird und zu schneien anfängt, ein Bergwinter eben, schließen die beiden Alten ihr Haus zu und verbringen die Zeit bis zum Frühjahr abwechselnd bei den Söhnen.

Gestern fand, trotz *bayram*, wie jeden Donnerstag in Niğde der Teppichmarkt statt. Er interessierte uns jetzt als angehende Fachleute. In einer großen Halle hatten die Bauern der Umgebung die zu Hause geknüpften Teppiche ausgelegt. Käufer waren großenteils Händler, die auf diese Weise ihren Bestand auffüllen. Die Männer gingen, die Ware prüfend, umher, aber sobald irgendwo das Feilschen begann, versammelten sich alle im Kreis um das Geschehen. Auf diese Weise informieren sie sich über die Preise und richten selber Gebot bzw. Forderung danach.

Es wurden nicht viele alte Stücke angeboten. Einzig ein *yahyali* (nach dem Ort der Herkunft benannt) hätte mir von den Farben und vom Muster her gut gefallen, er hatte aber ein handgroßes Loch. Zu meinem Erstaunen kaufte ihn bald darauf ein Händler für einen relativ hohen Preis, obwohl jeder der Anwesenden sagte, den Schaden könne man auch bei größter Sorgfalt nicht unsichtbar machen. Vielleicht hatte der Händler schon den europäischen Touristen im Visier, der einen alten kaputten Teppich für besonders wertvoll hält. Türkische Kunden bevorzugen übrigens neue Ware.

Mir fiel auf (aber es wunderte mich nicht mehr), daß die Geschäfte wieder mal ausschließlich von Männer gemacht wurden, obwohl ja Frauen und Kinder die Teppiche herstellen. Ich will nicht sagen, daß die Männer den Erlös egoistisch verbrauchen, oft genug dient er zum Lebensunterhalt der Familie. Aber hier wird doch irgendwie der Zusammenhang zerrissen (man muß das gar nicht marxistisch ausdrücken): Die einen produzieren ein Stück, und der andere kassiert den Gegenwert dafür und verwaltet dann (»natürlich«) das Geld, das heißt, er hat die Macht, damit andere Waren zu erwerben.

Zwei Frauen sah ich bei einem Teppichstapel, aber sie waren bloß Wächterinnen. Sobald sich ein Kunde nahte, riefen sie ihre Männer. Ich selbst erregte doppeltes Aufsehen, einmal als Frau, die nicht bloß dabeistand, sondern sich Ware zeigen ließ und Fragen stellte. Zum anderen als Ausländerin, in der jeder gleich ein Opfer für überzogene Preise sah. Zum Glück gefiel uns nichts so sehr, daß es uns leid getan hätte, es nicht kaufen zu können.

Wie Ahmed so zwischen den Händlern stand und wie sich langsam bei ihm ein Maß für Qualität und Schönheit bildete, das gefiel mir sehr. Es hat mich auch unsagbar gefreut, daß er heute wiedergab, was unser Bekannter zu ihm gesagt hatte: »Mit so einer Frau kannst du wagen, ein Geschäft aufzubauen.« Genau gesagt: Nicht das Urteil des Bekannten freut mich, sondern daß es mir Ahmed wie seine eigene Überzeugung vermittelte.

S., den 3. Oktober 82

Ich habe mich noch nicht erholt von dem Schrecken. Als wir gestern nach langer Fahrt übermüdet heimkamen, war die ganze Wohnung von Einbrechern durchwühlt, sämtliche Schubladen herausgerissen, der Schreibtisch aufgebrochen, eine Fensterscheibe kaputt, und noch dazu der Boden voller Kerzenwachstropfen. Im ersten Moment war es schwierig, in dem Durcheinander festzustellen, was überhaupt fehlte: schließlich Ayhans Spargeld (ein minimaler Betrag), mein silbernes Medaillon und das Tonbandgerät, dazu 20,- DM, die ich im Schreibtisch aufbewahrt hatte. Ansonsten hatten die Diebe weder am Fotoapparat noch an diversen Elektrogeräten Interesse gehabt. Eigenartig. Profis werden es nicht gewesen sein, die hätten wohl auch eine Taschenlampe dabeigehabt, nicht Kerzen. Das Durchwühlen der Schubladen läßt vermuten, daß sie Bargeld und Gold gesucht haben, was ja bekanntlich als Diebesgut nicht auffällt. Beides hatten wir praktisch nicht im Haus. Müşerref, der wir den Schlüssel gegeben hatten, ist untröstlich. In der fraglichen Nacht – es regnete und stürmte – habe der Hund wahnsinnig gebellt. Sie habe aber gemeint, er sei wieder mal von Passanten mit Steinen beworfen worden. Ich mache ihr keinen Vorwurf, daß sie nicht nachts aufgestanden ist, um nachzuschauen. Diesen Vorwurf macht sie sich selbst. Am anderen Morgen habe sie das kaputte Fenster gesehen und die Polizei gerufen.

Übrigens soll es während des *bayram* fünf Einbrüche im Wohnviertel gegeben haben. Tief besorgt um das Ansehen der Türkei fragt mich Ayhans Freund Arif: »In Deutschland gibt es wohl bestimmt keine Einbrecher?« Ich versichere ihm, daß es dort sehr wohl welche gäbe und daß diese ebenfalls Feiertage und Ferien bevorzugen für ihre Beutezüge.

Ahmed verzichtet angesichts des geringen Schadens auf eine Anzeige. Der Einbruch ist unsere Hauptsorge nicht. Im Moment versucht Ahmed seine Brüder zu überzeugen von unserem Teppich-Plan; das bedeutet, auch den Kaufpreis, den wir dem Freund in Niğde überweisen müssen, von einem der beiden Schwager als Darlehen mit Gewinnbeteiligung zu erbitten.

Ich sitze wieder mal zu Hause und kämpfe mit einer aufkommenden Depression. Die ganze Reise über hatte ich das Gefühl, schön und geliebt zu sein und wichtig für meinen Mann. Und hier bin ich wieder ans Haus gebunden und an die Arbeit, die hauptsächlich darin besteht, das aufzuräumen, was andere hinschmeißen.

Es ist kalt, und wenn du dich nicht feste bewegst, mußt du frieren. Ich will in diesem Winter in der Küche einen Ofen haben. Das werde ich Ahmed gleich nachher vorschlagen. Soll der Kühlschrank im Schlafzimmer stehen. Und sollen sich die Männer den Kopf zerbrechen, wie sie den Schornstein funktionsfähig machen.

4. Oktober

Wie innerhalb kurzer Zeit die zerbrochene Fensterscheibe repariert wurde, erscheint mir gegenüber dem Fensterproblem im letzten Jahr ein gutes Zeichen zu sein. Ahmed war gestern abend ziemlich verunsichert durch Hasan, der vom Teppichhandel nichts hält. (Aber der hat ja noch jede geschäftliche Idee Ahmeds für blöd erklärt.) Eigenartig, daß Ahmed die abwertende Kritik Hasans, die er so oft erlebte, immer wieder provoziert. Soll er ihn doch gar nicht mehr fragen. Eigenartig auch, daß der Gegenpol dazu, nämlich die Unterstützung durch den jüngsten Bruder ihm gar nicht so bedeutend erscheint. Erst in einem langen Gespräch kriegte ich heraus, daß Mahmut uns sowohl das Geld leiht, als auch sofort einen Einfall hatte, wie wir durch Beziehungen in der Nähe von Pamukkale einen Laden bekommen könnten. Diese freudige Nachricht hält mein Mann zurück bis kurz vor dem Schlafengehen.

Nur zwei Tage in der Atmosphäre hier – und Ahmed ist ein verwandelter Mensch, wieder völlig im Bann seiner Brüder. Besonders klar wird mir jetzt die unglückliche Liebe zu Hasan, von dem er nicht die erhoffte Hilfe und Anerkennung bekommt, was ihn dermaßen lähmt, daß er sogar auf Hilfe von anderer Seite kaum reagiert.

Das Zustandekommen des Teppichhandels an einem Ort des Tourismus wäre für mich erfreulich, weil ich da vielleicht mittun könnte. Meine Sprachkenntnisse (»Wir sprechen deutsch«, »We speak English«), Kontakte mit Landsleuten, ein paar Stunden am Tag nicht Hausfrau sein, mit Ahmed zusammenarbeiten, die Freude an den schönen Teppichen.

- Aber meinen *yürüklü*-Teppich mag ich nicht hergeben.
- Als Geschäftsfrau darfst du nicht so gefühlvoll sein, die Waren müssen Geld bringen.
- Gratuliere, Ahmed!

8. Oktober, mittags

Martha hat mich heute aus dem Schlaf geklingelt. Telefonanruf zum Geburtstag! Daß sie durchgekommen ist!

Ich fühle mich prima und gar nicht alt. Statt Geschenke zu kriegen, habe ich allerdings etwas hergeben müssen, nämlich die goldene Kette; nichts Besonderes allerdings, so eine türkische Allerweltskette. Da Mahmut schon das Teppichgeld bezahlt hatte, wollte Ahmed nicht wieder betteln. Wenn es so weitergeht: Ich überschlage meinen Schmuck, lege zwei Armbänder und ein Paar Ohrringe auf die Seite, an denen ich nicht sehr hänge, aber das andere gebe ich auf keinen Fall her, das heißt die Sternohrringe, die ich täglich trage, das Goldstück aus der Sultanszeit (Ahmeds Verlobungsgeschenk) und eine Brosche, die ich mal selbst entworfen habe. Ich fühle mich entschlossen, einerseits das Unnötige abzuwerfen, andererseits das wirklich zu mir Gehörende nicht zur Disposition zu stellen. Dieser Standpunkt betrifft nicht bloß den Schmuck.

Inzwischen sehe ich, es wäre gut gewesen, in Deutschland manchmal weniger großzügig zu sein. Aber: Ich will auch nicht ins Kleinliche verfallen. Gerade heute kaufe ich mir und den Kindern zur Feier des Tages eine Tafel Schokolade (Preis: vier DM/ 100 Gramm). Unverbesserlich?

abends

Ich war bei Schwägerin Hatice, die einen schweren Kreislaufkollaps erlitten hat. Sie liegt zu Hause auf dem Sofa, die Nachbarinnen teilnahmsvoll daneben versammelt. Der Arzt vermutet als unmittelbare Ursache: zu viele Kopfwehtabletten auf einmal. Es war aber kein Selbstmordversuch. Hasans Familie schluckt Aspirin wie ein Nahrungsmittel, habe ich beobachtet. Bei jedem Ausflug ist vorsorglich ein Päckchen Tabletten im Essenskorb. Hatice hat wirklich oft über Kopfweh geklagt. Seit langem schon sieht sie elend aus, gelblich im Gesicht, sie hat Ringe unter den Augen und fühlt sich müde. Als ich mit Ahmed darüber sprach, meinte er: Sie nimmt es sich halt zu Herzen, daß der Sohn in der Schule so schlecht ist. Ich glaube eher, sie nimmt sich zu Herzen, daß man ihr das als Versagen vorwirft. Was besonders mich bedrückt: Die Gebrüder Bulut stellen mich immer als Vorbild einer guten Mutter hin, die sich intensiv um ihre Kinder kümmere, während Hatice keinen Nachmittag ohne Besuch auskomme und abends am Fernsehschirm hänge. So wenig förderlich der intellektuellen Entwicklung eines Kindes das auch sein mag, Hatice verhält sich nicht anders als die meisten Mütter der Mittelschicht hier. Und unter denselben Bedingungen ist die Tochter immerhin Klassenbeste geworden.

Wenn ich mit der Schwägerin darüber wenigstens reden könnte, nicht jetzt natürlich, da sie so bleich und kraftlos auf dem Sofa liegt. Aber wir haben ja auch vorher nie darüber gesprochen, daß ich die Rivalität unter den Frauen nicht will und es mich ankotzt, eingespannt zu werden in die Eifersuchtsspiele der Männer. Ich weiß nicht, wie ich ihr das mal sagen soll, daß sie es überhaupt versteht. Sie nimmt wohl Spannungen wahr, das schlägt sich gleich in Kopfweh nieder. Aber bewußt wird das nicht. Es ist eben das Los der Familienmutter, für das Versagen der Kinder und alles, was sonst noch schiefläuft, belangt zu werden. Als ob das nur in der Türkei so wäre.

9. Oktober

Die Kerime-Oma hat mir beigebracht, wie man Hüttenschuhe strickt. Das geht ganz einfach mit der dicken Wolle aus einem alten aufgetrennten Pullover. Diesen Winter will ich nicht an den Füßen frieren, und die Kinder kriegen auch ihre kleinen çetik (so heißen die Strickschuhe).

In den ersten Nachkriegsjahren hat meine Mutter für mich und meine Geschwister Filz-Hausschuhe genäht, die Sohlen aus geflochtenen Stoffresten. So hübsch waren die Dinger, und es gab ja auch keine zu kaufen, daß bald fremde Leute bei meiner Mutter bestellten, und sie nähte und flocht nachts zum Tausch gegen Butter, Zucker und

Fleisch. Wie sie mir damals ihre verarbeiteten, aufgeplatzten Hände gezeigt hat, das habe ich gar nicht verstanden.

Der 14jährige Alakan aus der Nachbarschaft hat vor Wochen beim Sturz vom Traktor sich eine handgroße Fleischwunde in den Oberschenkel gerissen. Weil der Bursche heute aufs Radfahren nicht verzichten wollte, ist der Schorf wieder abgeplatzt. Man holt mich, wie schon in ähnlichen Fällen, mit meinem Penicillinpuder. Unter den Resten von Schorf eine rosa Suppe. Das sieht nicht schön aus. Die Mutter muß mir versprechen, mit dem Jungen am Montag zum Arzt zu gehen, und falls er am Wochenende Fieber kriegt, sofort in die Krankenhausambulanz.

Alakan hat damals den Traktor selbst gefahren, so wie er auch regelmäßig das Lieferauto für seinen Vater durch die Stadt steuert. Schätzungsweise die Hälfte aller Autofahrer in S. hat keinen Führerschein. Man braucht eine Prüfung bloß zu machen, wenn man ein eigenes Auto hat. Die Praxis eignet man sich von Kindheit auf an mit dem Wagen des Vaters, des Onkels. Fahren ohne Führerschein ist nicht strafbar. Unfälle sind trotz allem relativ selten.

12. Oktober

Den guten Mann bei Pamukkale, der wiederum Beziehungen habe zu einer staatlichen Stelle, die die Läden bei den antiken Sehenswürdigkeiten in jener Gegend vermiete, versucht Schwager Mahmut seit Tagen telefonisch zu erreichen. Mahmut rechnet uns einen blühenden Umsatz aus, nicht bloß im Geschäft mit einzelnen Touristen, sondern beim Teppichexport en gros nach Deutschland. Da könne er sich beteiligen mit seinem Kapitel. Aber je mehr er sich für seine Idee begeistert, desto kühler wird Ahmed. »Was sollen wir denn in Pamukkale? Schau dir die Karte an, weit und breit kein Meer, bloß hohe Berge, da gehen wir lieber gleich nach Niğde.«

Ich bin zwar erst mal enttäuscht, daß »es« nun wieder nichts wird. Aber schließlich gebe ich Ahmed recht. Bloß um hier wegzukommen, muß man ja nicht jede Gelegenheit ergreifen.

- Solltest du nicht wenigstens den Kontakt mit diesem Mann suchen? Vielleicht ist er dir doch noch nützlich.
— Wozu?

14. Oktober

Heute am Nachmittag war Schwägerin Melek mit dem Baby bei uns. Aber nicht einfach so. Babyausführen ist ein Ritual. Wenn das Kleine zum erstenmal in ein Haus gebracht wird, besteht Anlaß zum Feiern. So habe ich Kuchen gebacken und die Nachbarinnen eingeladen. Und dann war das große Wohnzimmer wieder einmal voll mit an die dreißig schwatzenden, strickenden und später tanzenden Frauen. Das macht mir allmählich richtig Spaß, wenn es nicht zu oft ist. Eine Mutter mit Baby ist nicht so isoliert, wie ich das in Deutschland gesehen und selbst erlebt habe. Bei allen Frauennachmittagen sind kleine Kinder dabei. Ohne Unterbrechung des Gesprächs wird die Brust gereicht. Auch größere, bis zu zweijährige Kinder holen sich ungeniert noch ihre Muttermilch. Das lange Stillen geschieht nicht bloß im Interesse der Kinder, sondern wird bewußt als Mittel der Geburtenregelung eingesetzt; denn normalerweise tritt eine neue Empfängnis erst nach dem Abstillen ein.

Was mir noch auffiel: Es sind immer viele Arme da, um das Baby zu halten, damit die Mutter in Ruhe essen, häkeln, eine Zigarette rauchen kann. Omas, junge Mädchen, nehmen das kleine Bündel gerne, und die Mütter übergeben es auch unbesorgt. Denn hier hat jede Frau vielfältige Erfahrungen mit Säuglingen, und die Mädchen werden früh angelernt. Wie munter Meleks Kleiner mit seinen drei Monaten in die Welt schaut! Das Lachen, Erzählen und Tanzen an dem Nachmittag schien ihm gut zu gefallen.

15. Oktober

Heute war Waschtag, aber ich bin – eine ganz neue Erfahrung – nicht völlig erledigt. Ich glaube nämlich kapiert zu haben, daß man sich eine so große Anstrengung zerlegen muß, rhythmisieren. Nach den einzelnen Arbeitsgängen habe ich Pausen gemacht, besonders eine lange Mittagspause; da habe ich schön gegessen und mich bei einem Kaffee entspannt. Die Nachmittagsarbeit ging dann ganz leicht. So machen es auch die Türkinnen. Wenn Hatice einen Zehnliterkanister mit Quellwasser holt, strengt sie sich eine kurze Strecke an, dann ruht sie aus, und das immer wieder, bis sie den Kilometer nach Hause geschafft hat. Müşerref hackt Holz wie ein Mann, aber dann läßt sie das Beil liegen, setzt sich in die Sonne und hat Zeit für einen Schwatz. Meine deutsche Unermüdlichkeit ist geradezu falsch für richtig schwere Arbeiten.

Schlimm war, daß unser Hund heute ein Kind, das in den Garten kam, gebissen hat. Die Haut an der Wade war nur abgeschürft, blutete nicht, aber die Stelle schwoll an, so daß die besorgte Mutter mit ihm in die Ambulanz gegangen ist. Wir müssen den Hund nach zehn Tagen dem Tierarzt vorführen, wurde uns gesagt. Ans Hoftor hänge ich ein Schild, daß keine Kinder mehr zum Spielen in den Garten dürfen und daß man den Hund nicht durch Steinwürfe reizen solle.

Ayhan will sich schieflachen über meinen türkischen Text, in dem der Hund die Steine wirft. Gemeinsam machen wir einen neuen Entwurf. Mein kluger Junge hatte im Heft ein Lob der Lehrerin, weil er schnell und richtig schreibt, wenn auch nicht immer schön. Jeden Tag Hausaufgaben. Das Kind kommt um drei Uhr erschöpft nach Hause, mag nicht mal mehr mit den Freunden nach draußen, lieber ein bißchen Musik hören. Er versichert mir aber, er sei gerne in der Schule, sie dürften viel malen, singen, zwischendurch Bewegungsspiele machen.

17. Oktober

Es ist wieder mal Sonntag, und wie schon so oft: Ahmed ist losgegangen, wohin, das sagt er nicht, aber ich kann mir vorstellen, er versucht einen von seinen Brüdern zu treffen. Die räumen am Sonntag im Geschäft herum, oder sie fahren mal schnell aufs Land, ohne Frauen, unter dem Vorwand, bei einem Kunden Geld eintreiben zu müssen. Ich wäre bei dem schönen Wetter auch gerne draußen. Aber das ist ja vermessen! Meine Wut macht mich ganz steif. Das Glas mit Marmelade rutscht mir aus der Hand auf den Teppich. »Du bist aber blöd, Mamie.«

Mir wird bewußt, ich drehe mich mit meinen Reaktionen im Kreis. Jedesmal dasselbe: Wenn ich mich verlassen fühle, bin ich entweder wie gelähmt oder tobe mich in blinden Aktionen aus.

Beim Ausloten des verbliebenen Handlungsspielraums zeigt sich, ich kann mir erst mal einen schönen starken Kaffee machen und dann mit den Kindern und dem Hund einen Spaziergang zur unteren Quelle beim Apfelhain. Sei's drum, daß wir dadurch den Anruf verpassen, der ja irgendwann kommt und – vielleicht – bedeutet, wir fahren mit den Onkels in den Wald. Bewegen muß man sich auch deshalb, weil es langsam zu Hause zu kalt wird.

Später

Wie gut tut so ein Gang durch die Felder. Die Kinder tollten mit dem Hund um die Wette. Vor lauter Lust warf sich Mesut immer wieder in die frisch gepflügten Furchen. Stellenweise war schon Winterweizen eingesät – es müßte mal regnen. Am Nachmittag scheint die Sonne so warm, daß man ohne Mantel gehen kann. Die Ferne im Dunst verschwimmend, pastellige Farben, Erdfarben.

Als Ahmed vorhin kam, hatte er keineswegs einen schönen Tag verlebt, sondern im Lager Mahmuts beim Räumen geholfen.
- Er hätte mir ja telefonisch Bescheid sagen können, was er macht und weshalb er nicht kommt.
- Ich hätte mir ja denken können, daß etwas Wichtiges zu tun gewesen sei.
Das alte Hickhack, ich mag es nicht mehr. Was nützt es denn, recht zu haben? Vor allem muß die Verwurschtelung unserer Probleme aufhören. Er soll seinen Bruderkomplex ausspinnen; ich will damit wiederum nicht meine eigenen Schwierigkeiten verknüpfen.

20. Oktober

Nun hat Ahmeds ältester Bruder in Istanbul das Haus hier verkauft, – das war ja seit langem zu erwarten. Bloß daß der neue Hausherr in drei Wochen einziehen will, kommt überraschend. Da wir vertraglos wohnen, gibt es keine Kündigungsfrist. Ahmed meint, man wird uns nicht rauswerfen, ehe wir nicht eine Bleibe gefunden haben. Im Grunde bin ich froh, daß wir nicht noch einen Winter in der kalten, zugigen Bude aushalten müssen.

Betroffen von unserem Auszug ist auch die jüngste Tochter der Kerime-Oma, die in letzter Zeit fast täglich zum Telefonieren herkam. Sie hat einen Schatz, was die Eltern nicht wissen, dafür aber alle Nachbarn. »Wir verstehen uns sehr, und es liegt nur am Geld, daß wir noch nicht heiraten.« Wenn ich Geld hätte, würde ich ihr was geben für ihren Mut.

Schwägerin Hatice war in Istanbul beim Arzt. Die Reichen schicken ihre Frauen zum Professor in die Großstadt, obwohl es hier in S. gute Ärzte gibt. Die Diagnose lautet ganz verschieden, je nachdem, wer sie wiedergibt: Eierstockentzündung (sagt die Tochter, die mit bei der Untersuchung war), Magenweh (sagt ihr Mann), Blutarmut (sagt sie selbst). Jedenfalls hat sie Medikamente verschrieben bekommen, und das beruhigt alle.

Gestern haben wir Ayşe und Halil besucht, die nun endgültig von München hierher übergesiedelt sind. Ich hatte schon von ihrem »Chateau« gehört, und tatsächlich war es überwältigend. Sie haben sich ein hundert Jahre altes Gemäuer gekauft, ein sogenanntes Griechenhaus, wunderschön mit Freitreppe, breitem Flur, vielen Zimmern, zwei Bädern, kleinem Garten. Innen hochmodern, von der Einbauküche über die Toilette bis zum Lichtschalter alles aus Deutschland. In einem der Zimmer lagern Geräte, die zum Verkauf bestimmt sind: Spülmaschine, Waschmaschine, Mikrowellenherd, Stereoanlage, Vi-

deorecorder, aber auch Fahrräder. Halil sagt, er gewinnt ganz ordentlich dabei trotz des hohen Zolls, den er bezahlen mußte. Leider habe er gestern seinen Kleinbus bei einem Unfall zu Schrott gefahren. Er habe aber vor, noch ein paarmal zwischen Deutschland und der Türkei zu pendeln, bis seine Arbeitserlaubnis abgelaufen sei. Finanziell habe er sich ziemlich übernommen, aber das sei ja nun einmalig mit dem Haus. Was er später zu arbeiten vorhabe? Achselzucken. Darüber redet man nicht. Ayşes Brüder sind auch noch da.
- Ayşe, bist du nun glücklich?
- Na ja, schau doch meinen Mann an. Zuletzt hat er in Deutschland noch sechs Wochen mit Magenbluten im Krankenhaus gelegen.

Ich nehme meine erste Regung, daß mir Ahmed eigentlich auch so ein Haus hätte bieten können, wieder zurück. Nicht bloß wegen des Magenblutens. Was sollten wir mit einem schönen Haus hier in S.? Ahmed findet glücklicherweise noch anderes wichtig an einem Wohnort als nur, daß man dort Geld verdienen kann. Sein Zögern hat wohl auch damit zu tun, daß er herausfinden will, was für uns in Zukunft gut ist.

Wie schwer einzusehen, daß er Zeit braucht für eine Klärung.

Wie schwer, einem Mann Freiheit zuzugestehen in der Entwicklung.

22. Oktober

Schön ist die nächtliche Stille. Was ich immer so geliebt habe: Wenn man im Haus die Lichter ausschaltet, schauen die Bäume und Büsche herein. Die Nacht ist sternenklar. Wohin wird es uns verschlagen? Alles völlig offen. Ahmed ist heute abend nach Izmir abgereist. Ob es sich so schnell ergibt, daß wir gleich dorthin ziehen können und nicht noch einmal hier in ein anderes Haus? Ahmed hat die fünf Teppiche mitgenommen. Es scheint ihm Spaß zu machen, mit dem Sack auf der Schulter als Teppichhändler aufzutreten. Wie froh bin ich, daß sich überhaupt etwas bewegt. Und dann unser Gespräch gestern. Es ging um die Verantwortung für das eigene Schicksal. Ahmed hat endlich mal die Schuld für unsere Misere nicht bloß bei anderen gesucht (bei der Wirtschaftslage, den Brüdern, mir), sondern sich selbst gefragt, was er falsch macht. Ich glaube, es geht gar nicht um einzelnes Falschmachen, sondern um die Selbstverantwortlichkeit. Das ist ja auch mein Problem.

Endlich hörte Ahmed mir zu.
Endlich hörte ich ihm zu.

Für einen Augenblick war Übereinstimmung der Gedanken. Wir sahen, man macht sich sein Schicksal, indem man das, was auf einen zukommt, interpretiert und sich anverwandelt. Insofern ist die gegebene Situation die jeweils beste für einen, wie die islamischen Mystiker sagen. Ein Höchstmaß an Freiheit der Gestaltung. Wir sehen oft nur einen Weg und legen uns den dann als Gottes Willen aus.
Es ist aber schwer, mit Ahmed über Religiöses zu reden, weil er stark in moralischen Kategorien befangen ist (er setzt z. B. »Hingabe« mit »Gebote erfüllen« gleich bzw. sogar mit »Schlechtes nicht tun«.).

Ganz ohne Geld bin ich nicht. Wir haben eine Überweisung von der Rentenversicherung bekommen.
Ich weiß gar nicht, wie das die Leute mit mehreren Kindern und geringem Einkommen machen. Dauernd braucht Ayhan in der Schule etwas Neues. Innerhalb von einem Monat war folgendes zu bezahlen:

Schulgewand zweimal	2500
Schultasche (billigste)	600
Bücher	400
Übungshefte	350
Trainingsanzug (billigst)	800
heute Heizungsgeld	1000
	5 650 Lira

Das wäre die Miete in einer normalen Wohnung oder die Hälfte vom Monatsverdienst eines Arbeiters.

Es wird arg kalt abends. Am Schreibtisch ziehe ich den Mantel an und wickele eine Decke um die Beine. Das bißchen Holz im Keller ist bald verbraucht. Aber es lohnt sich nicht, neues zu bestellen, weil wir ja ausziehen. Genauso brauchen wir in der Küche auch keinen Ofen mehr zu montieren. Ich kriege schon wieder eine Wut. Wenigstens im Bett müßte ich nicht frieren, wenn Ahmed es geschafft hätte, die wollene Schlafdecke machen zu lassen, um die ich seit vierzehn Tagen bitte. Er fände nicht die dazu nötige Spezialwolle, sagte er.
- Dann mit gewöhnlicher Wolle ...
- Die klumpt. Ich lasse dir das Beste besorgen.
- Wann?
Um Gas zu sparen, bin ich wieder auf die altbewährte Kochkiste gekommen, in der sich Reis, Bohnen, Grütze von selbst weichquellen.

Erinnerung an Mutters Kochkiste, die eine Freundin liebevoll mit bunten Kissen ausgestattet hatte. Das waren damals die Geburtstagsgeschenke.

24. Oktober

Sonntag der Überraschungen. Das Telefon klingelt mich und die Kinder aus dem Schlaf (es ist 7.30 Uhr). Wir sollen zu Schwager Mahmut zum Frühstück kommen. Melek hat eine herrliche Tafel für die ganze Sippschaft hergerichtet; auch die Hasanfamilie ist da. Käse, Oliven, frisches Fladenbrot, Eier, Süßrahmbutter (eine Seltenheit), selbstgemachte Erdbeermarmelade. Wir fressen.
Bis man sich schließlich nach vielem Gerede und Fernsehen erhebt, ist es drei Uhr nachmittags. Kaum bin ich mit den Kindern zu Hause, ruft Schwager Hasan an, mit dem wir ja eben noch zusammen waren: Wir wollen alle in den Wald fahren, sofort. Man telefoniert sich wieder mit den Mahmuts zusammen, macht aber nicht ab, wo man sich treffen will. Das wäre ungehörig, aufdringlich. Durch Zufall und Umschauhalten finden sich alle auf einem Picknickplatz wieder, von dem aus man weit unten das Meer sehen kann. Es ist warm. Das Essen wird ausgepackt. Mich deprimiert es, daß immer wieder ich die Eingeladene bin und ich mich nie richtig revanchieren kann. Die alte Tante nimmt mich zur Seite und hält mir eine regelrechte Ansprache, daß ich mich nicht genieren solle, ich gehöre wirklich dazu, sie würden mich nicht im Stich lassen. Im Namen der Hasanfamilie kann sie, die dort selbst nur eine Aufgenommene ist, wohl nicht sprechen. Ich verstehe es eher als Solidaritätserklärung von der Frauenseite.
Als die Sonne untergeht, fahren wir heim. Es war ein Tag voller Überraschungen, die ein bißchen im Gewand der Unbequemlichkeit daherkamen, was mich immer erst widerspenstig macht, so daß mir der Anfang der Freude verdorben ist. Ahmed hat mal gesagt, bei den Türken sei es genau umgekehrt: Die Planung verderbe ihnen die Freude.
Kann ich mir denn vornehmen, spontan zu sein?

25. Oktober

Ach, diese Männergesellschaft! Heute erlebte ich gleich zwei Beispiele. Das erste: Der Hund mußte, zehn Tage nach dem Biß, dem staatlichen Veterinär vorgestellt werden. Daß er keine Tollwut hat, sieht man ja als Laie, und natürlich mußte auch der Arzt bloß einen Blick tun, um den Hund freizusprechen. Da aber die Unterlagen aus

dem Labor (Blut des Kindes) nicht angekommen waren, konnte der Fall trotz allem nicht endgültig abgeschlossen werden. Dem Doktor war es sichtlich unbehaglich, daß ein Weib den Hund brachte, was großes Aufsehen bei den mit ihren kranken Schafen wartenden Bauern machte. Er schlug mir vor, den Hundekram doch während der Abwesenheit Ahmeds meinem Schwager Mahmut zu übertragen.
»Dem folgt der Hund nicht«, sagte ich.
»Dann schreibe ich Ihnen.«
Lieber will er den Hund nicht noch mal sehen (ich weiß nicht, ob das seine Pflicht wäre) als mich mit dem Hund.

Das zweite: Wegen der wollenen Bettdecke spreche ich in dem Geschäft vor, wo Ahmed sie machen lassen wollte. Noch ist keine Wolle gekommen. Ob man das nicht betreiben könne? Ich rede mir den Mund fusselig, der Patron versteift sich darauf, daß mein Mann den Auftrag gegeben habe und ich warten solle, bis er wiederkommt.

Komischerweise hat man mir im Süßigkeitenladen meine Tafel Schokolade, die ein Unsinnsgeld kostet, anstandslos gegeben.

Mir steigt der Verdacht auf, diese Exklusivität der Männerwelt könnte eine Reaktion sein auf die starke Frauenmacht in allem, was das Leben erhält. Sehen wir es mal so: Nicht die Frauen sind zuerst ausgeschlossen worden vom Geschäftsleben, öffentlichen Angelegenheiten, Teestuben, sondern die Männer wurden rausgeschmissen und hatten nichts zu sagen bei so wichtigen Vorgängen wie Essensbereitung, Feuerhüten, Kindergebären, Brautschmücken. Die armen Kerle brauchen ja schließlich auch einen Bereich.

Was ich da ausspinne, würde jeder Mann als bloße »Reaktion« auf meine Erlebnisse interpretieren.

1. November

Ahmed ist von Izmir wiedergekommen und hat vier der fünf Teppiche verkauft. Auch mein lieber *yürüklü* ist weg. Der Gewinn hält sich in Grenzen, wichtiger ist die Erfahrung, daß unsere Stücke mit Ausnahme des Nomadenteppichs für Izmir nicht exklusiv genug waren. Die Händler, die Ahmed seine Ware abkauften, haben ihn gleichzeitig auch freundschaftlich belehrt, worauf er als Anfänger vor allem achten müsse. Da ging es nicht bloß um Qualitätsmerkmale, sondern auch um das zünftige Auftreten (nie mit Krawatte; bist du denn ein Beamter?). Sorge bereitet allen in der Branche das Schlepperunwesen. Sprachkundige Schlepper führen ganze Reisegesellschaften direkt vom Bus oder Schiff zum Laden und kassieren dafür bis zu 40% vom Gewinn. Teppichhändler, die mit Schleppern nichts zu tun haben wollen, müssen sich mit der zahlenmäßig geringem »freien« Kundschaft begnügen.

Was die Grundstücke betrifft, so haben auf die Anzeige in der Zeitung zwar mehrere Interessenten angerufen, aber gekauft hat keiner. Das hatte Ahmed eigentlich für diese Woche gehofft. Er war nämlich ursprünglich bloß zum Wochenende hergekommen und wollte heute wieder fahren. Nun ist Schwager Mahmut krank geworden, weswegen Ahmed sich verpflichtet fühlt, seine eigenen Pläne aufzugeben, um für den Bruder das Geschäft zu führen.

Richtig, richtig, man darf seinen Bruder nicht im Stich lassen. Besonders, wenn man schon so viel Gutes von ihm empfangen hat. Andererseits ärgert sich Ahmed, daß Mahmut die Adresse und Telefonnummer eines Mannes, der vielleicht ein Grundstück kaufen will, verschlampt hat. Seinen Ärger läßt er an mir aus.

An mir, die ich gerade dabei bin, den Satz zu verlernen: »Wozu habe ich zehn Jahre in Deutschland gearbeitet und gespart, wenn ich jetzt nicht mal in Izmir ein Haus mit Garten haben darf?«

An mir, der Allertreuesten, die alles mitgemacht hat, die sich die Hände wundwäscht, und und und ... Ich weine, heule krampfhaft, kann nicht mehr aufhören.

Was kapiere ich denn nicht?

Was in aller Welt soll ich verstehen?

Ich rufe Ahmed an, kann aber am Telefon nur schluchzen.

Er kommt sofort aus dem Geschäft, tröstet mich. Dann reden wir auch. Daß er den Eindruck hat, ich sei nicht zufrieden mit ihm. Ich sollte mehr anerkennen, was er tatsächlich leistet. Und ich sollte ihn mehr unterstützen.

Also auch du ein Verletzter. Wir Fußkranken auf dem Weg zur großen Liebe.

4. November

Mit Izmir wird es also nichts in nächster Zeit. Deshalb haben wir uns diverse Häuser angeschaut, zuerst einmal in der *mahalle*, damit Ayhan nicht die Schule wechseln muß – und ich nicht die Nachbarn. Ganz in der Nähe ist ein ehemaliges Bauernhaus freigeworden, zwei Stuben, eine Küche, ein Nebenraum. Es wirkt heimelig mit dem niederen Dach und den dicken Mauern. Bloß sind Wasserleitung und Klo im Hof. Wenn die Kälte nicht so weh täte!

Dann sind da die vielen Neubauten zu den Feldern runter. Aber neue Häuser zur Miete scheint es gar nicht zu geben; wer gegenwärtig unter Mühen sein Haus fertigstellt, tut es für den Eigenbedarf.

Immer wieder die Überlegung, doch in ein Appartement in eines der großen neuen Häuser zu ziehen.
- Dann müssen wir unseren Hund weggeben.
- Unsere Kinder toben so viel, das bringt Konflikte mit den anderen Mietern.
- Die Sterilität der modernen Wohnanlagen.
Schwager Hasan läßt seine Beziehungen spielen. Da wäre ein ganz romantisches, mit Wein bewachsenes Hexenhäuschen in einem großen Garten. Wir gehen zweimal hin. Ich verliebe mich, male mir aus, wie ich mit allerhand technischen Schwierigkeiten zurechtkommen will. Aber schließlich muß ich einsehen, was Ahmed viel nüchterner gleich gesehen hat: Hier bricht alles zusammen, Fußboden, Wände, Leitungen, Treppe. Der Hausherr will es sowieso abreißen lassen nächstes Jahr, der steckt nicht mehr viel rein.

10. November

Zu Ehren von Atatürks Todestag (gestorben 1938) mußten die Kleinen heute ohne weißen Kragen, also ganz schwarz zur Schule kommen. Ayhan erzählt, in der Eingangshalle des Schulhauses habe eine Feierstunde stattgefunden vor der blumengeschmückten Büste des Verstorbenen. Im Heft zwei Seiten »Atatürk, wir lieben dich sehr.« Aus der Zeitung werden Bilder ausgeschnitten und eingeklebt.

Am Abend versuchen wir, dem Kind die Perspektiven zurechtzurücken. Erzählen von der historischen Leistung Mustafa Kemals, über die Ayhan in den Grundzügen schon Bescheid weiß – dank der Bilderwand im Klassenzimmer, die Yüksel *hanim* erläutert hat. »Aber er war kein Gott, kein Prophet«, sagt der Vater.

Ich frage Ayhan, ob er mir auch einmal ein Denkmal setzen würde. Da meint er: »Du brauchst keins, ich denke sowieso immer an dich.«

Am 7. November war übrigens die Abstimmung über die neue Verfassung, der erste Schritt zur Ablösung des Militärregimes. Wie zu erwarten, wurde sie mit großer Mehrheit (etwa 90 %) angenommen. Im Radio kamen die genauen Zahlen der Ja- und Neinstimmen in den einzelnen Bezirken durch. So einfach, wie die deutsche Zeitung meint, daß nämlich hauptsächlich die Landbevölkerung dafür stimmte, war es keineswegs. Und sein »Nein« konnte man wirklich unkontrolliert in die Urne stecken. Die künftig starke Stellung des Präsidenten ist eine bedenkliche Sache, mir fiel sofort die Verfassung der Weimarer Republik ein und das unselige Spiel, das mit ihr getrieben wurde. Den Türken, mit denen ich sprach, leuchtet aber eher das Beispiel aus der eigenen Geschichte der 70er Jahre ein, wo eine liberale, demokratische Verfassung nicht verhindern konnte, daß Parteienegoismus und Terror von rechts und links Staat und Wirtschaft ruinierten. Ahmed sagt, es sei falsch, die Türkei mit deutschen Augen zu betrachten und die Erfahrungen der deutschen Geschichte auf die türkische Zukunft zu projezieren.

Er erhofft sich einen kleinen Wirtschaftsaufschwung. Manche Geschäftsabschlüsse sind auf die Zeit nach dem Referendum verschoben worden, weil man abwarten wollte. Mit der Stabilisierung entfalte sich auch die Kauf- und Baulust, nimmt er an.

11. November

Die deutsche Zeitung hat einen Text von mir gebracht, eine ganze Seite aus dem Tagebuch vom Oktober/November 1981. Das war also vor einem Jahr.

Die Sache gedruckt zu sehen, bereitet nicht bloß Vergnügen. Der Ausschnitt hat eine weinerliche, anklagende Tendenz, so daß der Leser Mitleid kriegen könnte mit der armen, ins Ausland verschleppten Frau. Das liegt wohl auch an der Auswahl und den Kürzungen, die die Redaktion vornahm.

Lieb war heute Ahmed. Er sah meine vom kalten Wasser wieder ganz aufgeplatzten Hände und meinte: »Wenn wir Geld haben, kommt eine Frau für die Wäsche und das große Putzen.«

Wird dieser Frau die Kälte nicht wehtun? Zum Vergnügen wäscht sich keine die Finger wund. Im Hintergrund steckt da immer ein Stall voll Kinder und ein arbeitsloser Mann oder ähnliches. Ich werde dann fein raus sein. Aber die andere?

12. November

Nun ist es doch nichts geworden, das Grundstücksgeschäft mit einem Freund der Schwäger, einem reichen Kaufmann hier in S.. Nach einer Woche der Verhandlungen kam heute das Aus. Teilweise habe ich das Pokern ja miterlebt, und von Ahmed bin ich immer genau über den Stand der Dinge unterrichtet worden. Es ging nur um den Preis. Kein Zweifel, daß die Grundstücke vom Standort her wertvoll und zukunftsträchtig sind, kein Zweifel auch, daß Ahmeds Angebot mehr als angemessen ist. Er ist ja von seiner ursprünglichen Vorstellung inzwischen weit abgerückt. Im Moment fällt es aber auch einem reichen Kaufmann schwer, vier Millionen Lira bar zu bezahlen, für 700 qm. Das war jedoch nicht ausschlaggebend, Izzet *bey* hätte das Geld gehabt. Schließlich hat dann auch nicht er nein gesagt, sondern mein Mann,

weil er überzeugt war, der andere nutze die allgemeine Baisse und unsere spezielle Notlage aus, ihn zu drücken. Als Izzet *bey* heute vorschlug, noch einmal um ein Viertel unter den bereits vor Zeugen ausgehandelten Endpreis zu gehen, war das für Ahmed ein Ehrenpunkt. »Komm her, mein Schatz, sei nicht traurig, wir finden schon wieder eine Gelegenheit.«
Mein Mann im feindlichen Ausland (und ich dachte immer, er sei hier daheim).
»*Hayat arkadaşi*« nanntest du mich, »Lebengefährte«. Der *arkadaş*, ist der, mit dem man Rücken (*arka*) an Rücken im Kampf steht, so daß die Feinde einen nicht von hinten überraschen können. Dieses ungeheure Gefühl der Solidarität, gerade heute, wo sich wieder einmal eine Hoffnung verflüchtigt hat.

Sprachentwicklung der Kinder zu Anfang des zweiten Jahres

Nach dem langen Deutschlandbesuch war Mesut in der ersten Woche hier fast stumm, nun redet er wieder unaufhörlich türkisch, auch mit mir, und es kostet mich schon Kraft, ihn immer wieder zu ermahnen, zu Hause deutsch zu sprechen oder wenigstens nicht in die deutsch angefangenen Sätze türkische Wörter einzuflechten. Oft fallen ihm die gebräuchlichsten Vokabeln nicht mehr ein. Da er beim abendlichen Vorlesen (nach der »Unendlichen Geschichte« jetzt »Pole Poppenspäler« von Storm) fast immer gleich einschläft, kriegt er vormittags seine eigene Lese- und Erzählstunde, – wenns nach ihm ginge, könnten das Stunden sein.

Im Augenblick verstehe ich unter »Sprachentwicklung« in erster Linie eine Entwicklung der Muttersprache, während die Erweiterung des Türkischen ohne viel Zutun verläuft. Ayhan hat in der Schule keine Verstehensprobleme, abgesehen vielleicht vorn Text der Nationalhymne – aber man möge mal türkische Kinder fragen, was sie sich unter den hochpoetischen Versen vorstellen.

Manchmal lesen wir zusammen aus der türkischen Zeitung oder auch Witzhefte, Comics, »Heidi« auf türkisch! Dabei regt Ayhan an, unbekannte Wörter im Lexikon nachzusehen. Andererseits traut er dem Wörterbuch seit neuestem nicht mehr, nachdem wir uns mal die Entsprechung für »Büroklammern« rausgesucht hatten, die Leute im Schreibwarengeschäft aber einfach dasselbe wie »Wäscheklammer« dazu sagten. »Kann es nicht sein, daß auch in Deutschland die Wörter sich inzwischen verändert haben und man uns gar nicht versteht, wenn wir wiederkommen?« – Kind, du hast recht, wie sollen wir über die neueste deutsche Sprachentwicklung unterrichtet sein ohne deutsche Schule, vor allem ohne das deutsche Fernsehen.

15. November

Wir haben ein Haus gefunden. Es ist stabil und anscheinend technisch in Ordnung, was Wasser, Abflüsse, Schornsteine, Fenster betrifft. Drei kleine Zimmer, davon das größte nicht heizbar. Alles ziemlich dunkel, besonders die winzige Küche und das Bad (wieder mal ohne Wanne, aber der Badeofen soll funktionieren). Es riecht muffig. Kein Garten, bloß ein zementiertes Fleckchen zum Wäschetrocknen. Einziger Trost: ein Feigenbaum vor dem Eingang. Die Miete ist mit 9000 Lira ganz schön hoch für dieses einfache Objekt. Aber wenn ich denke, was wir sonst noch alles angeboten bekommen haben! Es soll ja nur für den Übergang sein. Und wir hatten das Suchen satt. Ahmed war mit seinen Gedanken ständig schon in Izmir.

Leid tut mir mein Ayhan, der nun die Schule wechseln muß. Ob er hier Freunde finden wird? Es fehlt in dieser neuen *mahalle* das ländliche Element. Keine leeren Grundstücke, wenig Bäume, außer Katzen und Hunden keine Tiere. Der Hausbesitzer versichert, die Nachbarn seien ehrliche, gute Leute.

17. November

Nachdem Müşerref mit einer anderen Frau die ganze Wohnung gründlich geputzt hat, sogar die Wände abgeseift, sieht es freundlicher aus. Bloß fällt nun auch stark ins Auge, wie abgestoßen der Lack an den Türen ist. Und der dumpfe Geruch, halb Urin, halb Moder, ist nicht wegzukriegen.

Vergebens suche ich nach einer geerdeten Steckdose. Es gibt zwar welche mit kleinen Löchern (altes System), in die man aber den normalen Schuko-Gerätestecker nicht hineinbringt.

Müşerref sagt, sie habe sich meinen Schreibtisch vor dem Fenster im kleinen rosa Zimmer vorgestellt – mit Ausblick auf den Feigenbaum. Das ist tatsächlich auch der Platz, wo ich selbst ihn hinstellen will.

Gerade schien es mir, ich könnte völlig glücklich sein, wenn ich nur die Sorgen ließe. Sorglosigkeit, Spielen, Zeithaben – das wäre auch ein Beweis des Glaubens.

18. November

Habe Ahmed auf das Problem mit den Steckdosen hingewiesen. Er kapiert es erst nicht, und ich gerate beim Erklären in Eifer, werde dringlich, was wiederum ihn wütend macht. »Deine Hartnäckigkeit versetzt mich in Angst«, sagt er.

Nach der nötigen Besinnungspause verlangt mein Mann dann eine Mängelliste für den Hausherrn von mir. Wir sind noch einmal hingegangen und haben alles aufgeschrieben:
fünf Steckdosen,
Fenster in der Küche nicht zu schließen,
drei Türklinken ausgerissen,
Badeofen hat kein Ofenrohr (das war bei der ersten Besichtigung noch da),
Fenster im Klo fehlt.
Mit dieser Liste ist Ahmed sofort dem Vermieter auf den Pelz gerückt. Mein deutsches Herz lacht.

Als Gegenleistung versuche ich ganz locker zu sein, was den Umzugstermin angeht. Wir könnten jederzeit ziehen und sollten es auch, weil Holz und Kohlen hier wirklich am Ende sind. Da aber Schwager Hasan seinen Lastwagen angeboten hat, muß man warten, bis der im Geschäft nicht gebraucht wird. Ahmed zu drängen wäre ganz unfair, er hat es ja nicht in der Hand. Bloß wüßte ich gerne ungefähr, wann ich packen muß. Mit den Büchern habe ich angefangen, aber das übrige wird doch noch benötigt. Die Kinder haben einen alten Koffer mit Spielsachen gefüllt und holen nun stückweise alles wieder heraus.

Viele Tränen gab es wegen des Hundes, der schon wieder ein Kind gebissen hat. So ernst nimmt er seine Aufgabe, das Anwesen zu beschützen. Wir haben ihn wohl auch zu wenig erzogen. Beim neuen Haus hätte er nicht mal einen Garten. So steht zu befürchten, er fällt die Leute an, die auf der Straße vorbeikommen.

Ahmed hat einen Bauern gefunden, der noch einen Bewacher für seine Rinderherde braucht, auf einem einsamen Gehöft, 20 Kilometer von hier entfernt. »Unser Hund wird Cowboy«, sagen wir uns zum Trost. Darauf Ayhan mit Tränen in den Augen: »Aber ohne Colt und Hut.«

»Notizen aus der türkischen Kleinstadt« (13)
Umzug auf türkisch

Auch in Deutschland bin ich ein paarmal umgezogen und kann deshalb aus Erfahrung behaupten: Es gibt Gemeinsamkeiten zwischen deutschen und türkischen Umzügen, wenn auch geringfügige. Zum Beispiel, daß Hammer und Zange, die man im alten Haus noch ganz sicher hatte, beim Einzug in die neue Wohnung plötzlich unauffindbar sind, und wie soll man nun den sperrigen Wandschrank unzerlegt durch die kleine Küchentür bringen? Oder der klassische Nervenzusammenbruch der Hausfrau, nachdem alles überstanden ist, aber nichts an seinem Platz. Ansonsten verläuft alles unvorhersehbar, angefangen vom Termin, der sich ganz spontan ergibt, weil man zufällig einen Mann trifft, der einem für den nächsten Tag billig einen Lastwagen zur Verfügung stellen will. Die Ehefrau wird von dieser Tatsache so etwa in der Dämmerung des Vorabends unterrichtet. Immerhin wäre genügend Zeit zum Packen, gäbe es nicht gerade in dieser Nacht eine mehrstündige Stromsperre. Auch fehlen die seit langem angemahnten und versprochenen Kartons. So bleibt vieles »offen«, auch, ob man den ganzen Umzug nicht doch wegen Regen wieder absagen muß, denn der Lastwagen hat weder Dach noch Plane. Als die Hilfskräfte am anderen Morgen anrücken, steht das Familienoberhaupt gerade auf einem wackeligen Tischchen und montiert die Lampen ab; eine Leiter war in der ganzen Nachbarschaft nirgends aufzutreiben. Aber gemach: So schnell geht es sowieso nicht. Die drei Packer, eigentlich Arbeitslose, die man zu diesem Zweck angeheuert hat, streiken erst mal für den doppelten Lohn, das heißt, ihr Sprecher behauptet, er habe die 1 500 Lira bloß fürs Aufladen ausgehandelt. Was will man machen? Der Lastwagen wartet, und es regnet gerade nicht.

Sobald man sich geeinigt hat, wird zügig und dabei vorsichtig gearbeitet. Für die vielen Einzelteile, als da sind Kochtöpfe, Grillgerät, Bohnensack, Gartenschirm, Guitarre, Taschen und Täschchen, zeigen die Männer viel Verständnis und Geduld.

Obwohl es wieder anfängt zu tröpfeln, kommen die Matratzen zuletzt auf den hochbeladenen Wagen. Dann setzen sich die Packer zum Festhalten oben drauf. Im Schritt steuert der Lastwagenfahrer den uralten Brummi um Kurven und Schlaglöcher.

Beim Ausladen entsteht das totale Chaos. Wo ist bloß der kleine Koffer mit den wichtigsten Papieren und den paar Wertsachen geblieben? Wenn die Packer während der Fahrt die Weintrauben aus dem Obstkorb futtern, klauen sie sicher auch anderes – so der schlimme und schließlich unbegründete Verdacht. Das Köfferchen findet sich unter dem Bettzeug wieder.

Ein Blick durch die Wohnung zeigt: Nichts von dem, was man vor einer Woche, den Vermieter zu richten gebeten hat, ist in Ordnung. Zwei Fenster und drei Türen sind nicht dicht, der Badeofen hat kein Rohr, vor allem ist keine geerdete Steckdose da. Also kann man weder Kühlschrank noch Schreibtischlampe anschließen, kann nicht staubsaugen, nicht toasten, nicht föhnen. Aber das braucht es ja auch alles nicht. Schwerer wiegt, daß unsere Öfen, nebst einigen Kleinigkeiten, beim Transport zurückbleiben mußten, weil der Lastwagen voll war. Ihn ein zweites Mal fahren zu lassen, verbietet sich wegen der Unkosten. So muß man also ein Pferdefuhrwerk suchen, das gegen Abend Öfen und Ofenrohre, Blumentöpfe und Lampenschirme sowie vier Säcke voller Tannenzapfen nachliefert. In der Wohnung herrscht inzwischen soweit Klarheit, daß jeder eine Matratze zum Schlafen vorfindet. Wo ist aber das Zahnputzzeug? Und da es unheimlich kalt ist, die Öfen sich aber nicht mehr montieren lassen ohne Hilfe, verkriecht man sich um 8 Uhr unter die Bettdecke. Vielleicht das beste nach allen Strapazen. Wie rettende Engel werden am anderen Tag die beiden Zigeuner begrüßt, die fachkundig die Öfen setzen und versprechen, »morgen« alle Regale zu verdübeln. Was freilich dann nicht geschieht.

Von nun an geht es weiter wie auch in Deutschland nach dem Umzug: Gardinen aufhängen, Koffer und Kisten auspacken, Möbel hin- und her rücken, über den Kram stolpern, die Kinder anschreien, nichts wiederfinden, vieles doch wiederfinden.

Ein erstes Aufatmen bei Nudeln und Tomatensoße.

Wir haben viel zu viele Sachen. Beim nächsten Umzug schmeiße ich die Hälfte vorher weg, ehrlich!

25. November

Seit gestern sind wir im neuen Haus. Es ist noch überall viel Durcheinander, was mich weniger stört als die Primitivität von Klo, Bad, Küche. Alles so grau und abgeschlagen, dazu dieser Geruch. Verstopft war bisher aber noch nichts. Als spürbarer Vorteil gegenüber früher erscheint auch, daß dieses Haus viel weniger kalt und zugig ist. Eigentlich haben wir eine Bruchbude verlassen (das sah man nach dem Ausräumen besonders deutlich) – ich weine ihr aber trotzdem nach, oder eigentlich dem Garten, der einen Anflug von Natur und Freiheit suggerierte.

Noch einmal die riesige Arbeit, das Fremde sich vertraut zu machen, das Häßliche zu transformieren. Ich sträube mich, möchte mich totstellen und bin doch schon dabei, die Fenster mit Blumen zu dekorieren und die neuen Nachbarinnen zu grüßen.

Was man heute schon kann: heizen, kochen und, da der Elektriker wirklich erschienen ist, Geräte anschließen. »Kinder, wollt ihr Biermann, Jandl oder die ›Zauberflöte‹?«

Was wir nicht können: den Badeofen heizen, Kleider aufhängen (ein Schrank wird erst geliefert, wir haben ja unseren großen Einbauschrank nicht mehr), Bücher auspacken (die Regale wackeln, als wollten sie einem gleich auf den Kopf fallen). Über das Wäschewaschen denke ich vorerst nicht nach. Ahmed hat gesagt, ich dürfe mir eine Frau zu Hilfe nehmen. Obwohl wir gar nicht »viel Geld« haben.

Siebter Brief an die Freundin

S., den 27. November 82

Liebe Martha,

wie habe ich mich über Deinen Brief gefreut; ich hatte schon ungeduldig gewartet. Mußtest Du denn erst Grippe kriegen, damit Du Zeit fandest zum Schreiben?

Laß Dir kurz berichten. Wir sind umgezogen – es mußte sein, denn das Haus, in dem wir bisher wohnten, ist verkauft worden. Ich bin ziemlich erledigt; die neue Wohnung kommt mir noch primitiver vor als die bisherige, obwohl das, was die technischen Funktionen betrifft, nicht stimmt. (Klo ist nicht verstopft, Öfen rauchen nicht.) Aber die Zimmer sind dunkel, riechen schlecht. Mief, Armut, eine ganz arme Gegend überhaupt.

Man fragt sich, weshalb das sein muß, noch tiefer eingetaucht zu werden. Habe ich irgend etwas an meiner Lektion bisher nicht gelernt? Ich bin seit Tagen in einem dumpfen Zustand, mag nicht reden mit den Leuten hier. Wenn Nachbarinnen mich ansprechen, setze ich die Maske der nichtverstehenden Ausländerin auf. Noch einmal die immense Anstrengung des Einlebens durchmachen wie voriges Jahr, dazu habe ich momentan keine Kraft. Noch dazu sind wir alle krank, erkältet. Besonders Ayhan hat es richtig erwischt, er liegt mit Fieber und ist sehr matt. Aber auch Mesut quengelt im Zimmer herum und will nicht draußen spielen: Es seien keine Freunde da. Eine Krise der ganzen Familie. Ahmed hat das für sich so gelöst, daß er nach Izmir gefahren ist, von wo ihn ein Anruf erreichte, Interessenten für Grundstücke erwarteten ihn. Hoffentlich tut sich wenigstens da etwas.

Mir ist im Kopf klar: Es liegt an mir, wie ich meine Situation interpretiere. Entweder als deprimierenden Abstieg (»dieses elende Loch habe ich anscheinend verdient«) oder als letzte Prüfung vor dem glücklichen Ausgang. Klingt zu märchenhaft, was? Inzwischen sind die Nerven zerschlissen, graben sich Falten ein, bringt man die chronischen Durchfälle nicht mehr weg. Sollten wir je nach Izmir gelangen, bin ich eine alte Frau. Das habe ich nun von den großen Worten, daß jeder für sein Schicksal verantwortlich ist. Gleichzeitig weiß ich, wie unrecht es ist, sich angesichts der wirklich Armen zu beklagen. Schräg gegenüber wohnt eine Familie mit fünf Kindern, deren Jüngstes (2) vorhin blaugefroren und mit Laufnase bis zum Kinn ohne Jäckchen im nebeligen Abend auf der Straße stand, dazu die fünfjährige *abla*, ebenso bloß und erkältet. Ich suchte spontan ein paar Wollsachen zusammen. Als ich der Mutter die Kleidungsstücke gab, meinte sie, die Kleinsten seien ja noch am besten dran, weil sie immerhin von den älteren Geschwistern die abgelegten Sachen erbten. Martha, ich mag gar nicht mehr von mir reden. Es wird sich schon irgendein Sinn herausschälen.

In Anatolien habe ich ein Liebeslied gehört, das ich für Dich übersetze:

Als ich ihn endlich erkannte, den Grauen,
War er schon fort zum Gebirge geflogen.
Allzulang hatte ich den Geliebten
Bei den bunten Vögeln gesucht.

Ach komm zurück, du grauer Geselle
Vom Gebirgswald, vom schroffen Felsen;
Bau einen Horst dir in meinen Haaren,
Da soll dem Fremdling Heimat sein.

Ich habe versucht, das Andeutende, Schwebende der Bilder zu belassen. Eine Frau spricht. Das Risiko, mit einem Mann wirkliche Liebe einzugehen. Die Gefahr, sich selbst dabei, schon automatisch, die Rolle des Opfers zuzuweisen.

Liebe Freundin, wenn Du Mut hast, komm her. Es hat keinen Zweck, daß ich weiterhin schamhaft Ausflüchte suche. Eine Matratze ist frei, alles andere wird sich finden. Gib vorher Bescheid, dann komme ich Dir bis Istanbul entgegen.

Sei umarmt von Deiner
I.

P. S. Schick mir nichts zu Weihnachten. Wir haben »alles«, d. h. richten uns mit dem Vorhandenen ein. Und der lebensnotwendige Kaffee ist ja hier auch wieder zu kriegen.
P. SS. Wir haben kein Telefon mehr.

30. November

Ayhans Krankheit erweist sich als langwierig. Da der Kinderarzt eine Runduminfektion diagnozierte (Ohren, Darm, eventuell Leber), stimmte ich den fünf Penicillinspritzen zu. Diese werden in der Türkei nicht in der Arztpraxis verabreicht, sondern durch eigens dafür vom Staat eingesetzte Krankenschwestern in der *mahalle*. Man bezahlt bloß das Medikament, der Service ist kostenlos. Im Gesundheitszentrum ganz in unserer Nähe arbeiten sogar mehrere Schwestern und ein Arzt. Das Volk steht Schlange vor dem Behandlungszimmer, denn die einzige Intravenösspritze und die zwei anderen Spritzen mit den paar Nadeln sind alle halbe Stunde zur Desinfektion im Kocher. Die Schwestern tragen das mit Humor, plaudern und stricken in den Wartezeiten und lassen sich von schimpfenden Männern und jammernden Frauen nicht aus der Ruhe bringen. Sie nehmen sich auch Zeit, mich über die Schwesternausbildung und das Krankenhauswesen in Deutschland zu befragen. Wir kommen auf die vielen kranken Kinder hier zu sprechen und die Lebensbedingungen, die daran schuld sind: zugige, feuchte Wohnungen, vitaminarme Ernährung (geradezu hungern muß wohl niemand), Klo und verstreuter Abfall als Infektionsherde, immer wieder Colibakterien im Trinkwasser, verbreitet Tuberkulose; Schulkinder und kleinere Geschwister werden jedes Jahr gegen Tbc geimpft.

Die Schwestern sprechen zugleich sachlich und mitleidend.

Schauergeschichten vom Krankenhaus: Wenn der Strom ausfällt während einer Operation, läßt sich der Chirurg – er soll geschickt sein – mit der Taschenlampe die Wunde ausleuchten.

1. Dezember

Bei diesen Nachbarinnen kann man sich nicht totstellen. Elmas *teyze* von nebenan will mir eine Wäscherin vermitteln, und die Frau des Hausbesitzers montierte eigenhändig das Ofenrohr im Bad, weil ihr Mann keine Zeit hat. Ich soll doch endlich mal zu ihr kommen, bei ihr Tee trinken.

3. Dezember

Ratten!

Als ich aus dem Küchenfenster schaute, lief gerade eine über den Hof und verschwand in der Kanalisation. Ob so ein Vieh auf geheimen Wegen, z. B. durch den Abfluß, in der Küche erscheinen kann?

Es fallen mir Geschichten ein, wo Ratten schlafende Kinder annagten! Ich werde sofort Gift kaufen.

Wir haben auch »gebadet«. Es war nicht so toll. Das Wasser fließt braun wie Kaffee aus dem Badeofen, innen scheint der ganz verrostet zu sein. Und dann muß man sehr aufpassen, daß man nicht den Flur überschwemmt, denn das Bad hat keine Schwelle, und so fließt das Wasser wegen einer sanften Abwärtsneigung des Bodens eben bis in den Flur. Als ich die Hausherrin darauf ansprach, meinte sie: »Das hat der Baumeister so gemacht.« Es erschien ihr weder ungewöhnlich noch empörend.

5. Dezember

Habe heute die Regale wackelfest gemacht nach eigenem System ganz ohne Dübel. Nämlich durch das Drunterschlagen von Holzkeilen. Ihr Männer könnt mich gernhaben!

Eine Jasimin *abla* hat für uns gewaschen und sich weder vom rostigen Wasser noch vom Fließen der Soße bis in den Flur abschrecken lassen. Sie hockte im engen Badezimmer, heizte und rubbelte. Die Maschine zum Spülen und Trockenschleudern kann man dagegen nur in der Küche anschließen. Heute wiederum aber nicht, weil das Wasserdepot völlig leer ist. In der Nacht wird wohl Wasser kommen. Ich warte. Jasimin *abla* hat mich angesteckt mit ihrer Gelassenheit.

6. Dezember

Für 500 Lira, so war es abgesprochen, sollte der arme Mann unser Holz hacken. Die Kinder machten mich aufmerksam, daß er bei jedem Hieb einen leisen Heulton von sich gab, das Geräusch des Ausatmens, mit dem er die ganze Kraft seines ausgemergelten Körpers in den Schlag übertrug. Der festgesetzte Lohn erschien mir plötzlich verzweifelt unangemessen. Teepause und Zigaretten konnten da nichts gutmachen. Es wurden Zwiebeln und Bohnen versprochen und eine alte Hose. Einigermaßen beruhigte sich aber mein Gewissen erst, als ich den ganzen Stoß des zerkleinerten Holzes stückweise in den Verschlag trug und dort aufstapelte, wobei ich mich mehrmals an Splittern und herausstehenden Nägeln verletzte.

7. Dezember

Nachricht von Ahmed. Er ließ mich bei Nachbarn ans Telefon rufen: Vier Grundstücke sind verkauft. Es ist nicht zu fassen!

Nun können wir endlich die Installationen in dem Sommerhaus in Kuşadasi machen lassen und sogar selbst ans Bauen denken. Ich solle mir einen Grundriß für unser Haus überlegen. Seitdem bin ich dauernd am Planen. Er wird mich wieder anrufen, wenn ich nach Izmir kommen soll.

Wahnvorstellung: »Jetzt, wo alles vorbei war, konnte sie den mißmutigen Zug um den Mund nicht mehr abstellen, ebensowenig die Schärfe in ihrer Stimme, wenn sie mit den Kindern sprach.«

9. Dezember

Die Welt geht bald unter, so sagt die Zeitung: Raketensilos in den USA; der Hungertod in Afrika und Asien. Und ich bin doch tatsächlich niedergeschlagen, daß sich in ganz S. kein Strickkleid für mich findet, obwohl nun endlich Geld da wäre. Hätte ich nur gleich dem Ausspruch der ersten Verkäuferin geglaubt: »Wir haben hier nur normale Nummern, du bist dafür zu groß.« Und ich hatte das zuerst für einen Witz gehalten.

10. Dezember

War nun Ayhans Krankheit schuld? Jedenfalls klappte die Eingewöhnung in die neue Schule überhaupt nicht. Ich hatte ihn angemeldet, als er noch im Bett lag, dabei aber keinen guten Eindruck von der Lehrerin bekommen. Sehr gestört hat mich auch die Größe der Schule und der Klassen und der Schichtunterricht. Vielleicht hat sich meine Abneigung auf das Kind übertragen. Jedenfalls ging er zwei Tage lang mit Weinen hin, dann erklärte er, er sei wieder krank und stand in der Frühe nicht auf. Der rettende Gedanke: ihn in seine alte Schule zurückzutun, wo er Lehrerin und Kameraden kennt. Im Verhältnis dazu ist ein etwas längerer Schulweg akzeptabel. »Eigentlich« müssen die Kinder wohl in die nächstgelegene Schule gehen, doch nach einem kurzen Gespräch mit dem Rektor erfolgte die Wiederaufnahme ganz unbürokratisch. Die Unterlagen waren sogar noch nicht einmal weitergereicht worden.

Ayhan wurde heute von drei Freunden heimbegleitet.
Im Haus sind Türen und Fenster gerichtet worden. Nun fehlt bloß noch der Schrank.

12. Dezember

Für die Kinder Kleidung gekauft, mal ohne Angst, daß das Geld nicht reicht. Ayhan brauchte dringend Pullover, Hosen und Schlafanzüge, und auch Mesut kriegte einen schönen Pulli. Rechnet man die Preise in DM um, sind Kindersachen hier noch immer spottbillig. (Die beste Cordhose 15 DM, ein guter Pullover etwa 10 DM). Trotzdem ist deutlich der Preisanstieg (etwa 30 %) gegenüber dem Vorjahr zu bemerken. Die Inflation zeigt sich in allen Bereichen, seien es Mieten, Fahrpreise oder Lebensmittel. Das Kilo Joghurt hat sich innerhalb eines Jahres von 60 Lira auf 100 Lira verteuert, der Preis für das Kilo Lammfleisch stieg von 350 auf 450 Lira. Für ein Brot sind vom Staat jetzt 25 Lira (vorher 20) festgelegt – das Mehl wird subventioniert. Bei Obst und Gemüse ist die Verteuerung nicht so leicht festzustellen, weil auf dem Markt viele Bauern sich gegenseitig unterbieten und eventuell Gewinneinbußen hinnehmen. Der Besuch im *hamam* kostet jetzt 150 Lira (vorher 100). Und das grüne oder graue Klopapier, also nicht der weiße Luxus, erscheint mit 140 Lira (vorher 100) pro Doppelrolle schon fast unerschwinglich. Sogar die Bettler am Eingang zum Markt verlangen jetzt 10 Lira als Mindestgabe, der Fünfer tut es nicht mehr wie im Vorjahr.

Löhne und Gehälter sind zwar auch gestiegen, aber nicht in dem Maße – darüber berichten die Zeitungen täglich. Daß wir persönlich es jetzt etwas leichter haben, darf nicht darüber hinwegtäuschen, daß sich für viele Menschen die Lebensumstände schrittweise verschlechtern. Aber laut Zeitung ist – paradoxerweise – die Gesamtwirtschaftslage der Türkei gegenüber den vergangenen Jahren erfreulich: Abbau der Auslandsschulden bzw. Verbesserung der Handelsbilanz; Drosselung der Inflation auf »nur« 30 %.

Seitdem sie auch hier eine Ruine zum Spielen entdeckt haben, sind die Kinder versöhnt mit dem Umzug.

14. Dezember

Die Nachbarinnen aus der alten *mahalle* hatten sich angesagt. Und so saßen wir denn heute beisammen wie früher: Müşerref, die Kerime-Oma mit Töchtern und Schwiegertochter (und dem Baby), Sezen und die Dudu *teyze*. Ich lud zwei von den neuen Nachbarinnen dazu, und dann war mein kleines Wohnzimmer voll. Der Nachmittag verlief so heiter, daß ich vergaß, mich zu schämen für meine primitive Wohnung. Und jetzt beim Tagebuchschreiben im warmen Wohnzimmerchen, wo Bücher und liebe Dinge ganz eng um mich versammelt sind, fühle ich, daß Schämen etwas ist aus einem äußeren Bereich, der eigentlich mit »mir« nichts zu tun hat.

Aussöhnung ist leicht, wenn man nicht frieren muß, wenigstens nicht so erbärmlich wie letztes Jahr. Es zieht nicht durch alle Ritzen. Auch in der Küche ist es erträglich. Ebenso hat sich die wollene Bettdecke erübrigt. Das heißt, Kampf und Aufregung waren umsonst.

Auch zu Ayhan kommen am Nachmittag die alten Freunde, Arif, Ercan und manchmal Cem. Unser Kinderzimmer mit dem Schrank voller Spielsachen und Bücher ist für türkische Kinder etwas Außerordentliches. Im Winter haben die Buben eigentlich keinen »Ort«. Draußen ist es kalt, und drinnen darf man sich nicht rühren.

Was mich besonders überraschte: Arif übte gestern ein Rollenspiel ein, in dem meine beiden die »Ausländer« spielen mußten. Sollen sie ihre Konflikte ruhig artikulieren, ich schmiere ihnen derweil ein Tablett voll Marmeladenbrote.

15. Dezember

Heute endlich wurde der Schrank geliefert. Das Furnier verkratzt und die eine Tür nicht zu schließen – für türkische Verhältnisse kein Grund zur Reklamation. Bloß daß halt meine sämtlichen Kleider unten zehn Zentimeter zu lang sind bzw. der Schrank zu kurz, so daß die Säume am Boden schleifen ...Das sei die Normgröße, meinte der Möbelhändler, die türkischen Frauen kämen damit aus. Sonst müsse ich mir einen Schrank anfertigen lassen. Egal, nicht wichtig, sollen die Säume schleifen!

Viel aufregender, Ahmed hat angerufen, aber eigentlich nicht mit einer guten Nachricht. Er sitzt noch immer in Kuşadasi fest. Das Material für die Installationen sei nicht vollständig angekommen und die Arbeiter könnten nicht weiter. So muß er erst mal dort bleiben, bis es läuft, und kann nicht gleichzeitig die Baugenehmigung in Izmir betreiben. Seine Stimme klang deprimiert. Keine Rede davon, daß ich kommen soll. Aber Geduld habe ich ja gelernt. Nun machen ein paar Wochen auch nichts mehr aus. Hasan (bei ihm zu Hause erreichte mich das Gespräch) verstreute giftige Bemerkungen, daß man ja nicht ewig brauchen müßte, um drei Wasserhähne einbauen zu lassen.

Obwohl wir deutsch sprachen, doch das ungute Gefühl, wir werden belauscht.

22. Dezember

Ich hatte eine Angina mit ziemlich hohem Fieber. Noch jetzt schwitze ich dauernd und bin matschig. Und die starken Medikamente schlugen sich auf den Magen.

Wie lieb die Kinder waren. Ayhan legte mir immer wieder die kühle Hand auf Stirn und Arm; ich durfte auch stundenlang ungestört liegenbleiben. Im Fieber Sprachhalluzinationen. Ich hörte Sätze, ganze Passagen Poesie, konnte sie mir aber nicht merken.

Traum: Habe zweimal falsch geparkt und deshalb jetzt kein Auto mehr. Mit einem naßgepißten Kinderdeckbett über der Schulter steige ich zum U-Bahn-Eingang hinunter. Ein Mann überholt mich und läßt sein »Bündel«, eine Segeltuchtasche, fallen. Ich will einerseits helfen, andererseits nicht den Eindruck erwecken, als suchte ich Annäherung. Der Mann verschwindet im Zwischengeschoß in der »Rechtsabteilung« (das steht mit goldenen Buchstaben auf der Glastür). Ich schleppe seine Segeltuchtasche ein Stück weit.

Der Traum hat mich stark berührt. Als sei ich nahe dran, etwas Wichtiges zu verstehen. In beiden Teilen des Traums war eine Last für andere zu tragen; es waren aber keine schweren Lasten. Beim Aufnehmen der Segeltuchtasche ging es vor allem um die Entscheidung, wie weit ich mich einlassen sollte. Der Mann sah völlig fremd aus; mir ist aber klar, daß nur Ahmed gemeint sein kann.

24. Dezember 82

Wären heute nicht von den lieben Tanten aus Deutschland die beiden Bücherpäckchen für die Kinder gekommen, wir hätten wohl gar nicht daran gedacht, daß »Heiliger Abend« ist. Hier läuft ein normaler Werktag, ohne einen Hinweis auf das große Fest der Christenheit.

Ich habe keine Sehnsucht nach dem deutschen Weihnachtsstress, aber Ayhan packt plötzlich Erinnerungen aus, an den Heiligen Abend vor zwei Jahren, den wir bei meiner Schwester verbracht haben. Und nun jammert er ein bißchen dem Baum nach, den Plätzchen und den Geschenken. »Wie war es bei dir denn, Mamie, als du ein Kind warst?«

Wie sich meine Mutter verausgabt hat, uns in schlechten Zeiten Freude zu machen. Wochenlang wird sie gebastelt haben an dem Kaufladen; all die kleinen Schubladen mit Mehl, Zucker, Linsen, das Säckchen mit den Marzipankartoffeln. Eine richtige Waage war da und eine winzige Pendeluhr. Dann für jedes Kind der Teller mit selbstgebackenen Plätzchen, da durften nicht zwei Stücke gleich sein. ich kann mich nicht erinnern an meine Freude, nur an ihren Zusammenbruch regelmäßig zum Fest.

Und dann das letzte Weihnachten, das ich zu Hause erlebt habe – da lagen beide Eltern nach einem Autounfall im Krankenhaus. Wir Geschwister, gerade zynisch gewordene Teenager, wollten uns schier kaputtlachen, als mitfühlende Bekannte uns einen geschmückten Tannenbaum ins Haus brachten. Nein, mit Weihnachten bin ich fertig. Bloß gibt es hier halt nichts Entsprechendes, und da fehlt dem »Gemüt« etwas, so scheint es mir mit einemmal.

Seit Ahmeds Anruf sind schon wieder zehn Tage vergangen. Ob er noch in Kuşadasi ist? Eigentlich müßte sich der Mensch ein bißchen öfter melden. Wir haben ja keine Kriegszeiten. Es ist freilich umständlich vom Hotel aus, und Ahmed geniert sich, mich bei fremden Leuten ans Telefon holen zu lassen. Aber das sind doch keine Gründe, so lange zu schweigen. Ich war krank immerhin, und er hat sich nicht gekümmert.

Ob er wohl auch krank ist? Morgen versuche ich es mal, vom Postamt aus. Und wenn er gar nicht im Hotel ist? Am Tage erreiche ich ihn da bestimmt nicht.

Mein Herr, Sie haben sich weit entfernt, sich unerreichbar gemacht für meine Schwingungen. Wären da nicht zwei kleine Lebewesen, ich würde gehen, gehen übers Feld und mich irgendwo fallenlassen. Warum denn sollte ich hier die Stellung halten für Sie?

Brauchst Du mich eigentlich, Ahmed?

Bei dem zunehmenden Mond, der mir ins Fenster scheint, gib mir ein Zeichen. Was bedeute ich denn für Dich? Anscheinend doch keinen Trost, wenn Du deprimiert bist, sondern eine lästige Pflicht, zu der Du Dich jetzt zu matt fühlst.

»Der Anruf bei mir – kein Lebenselixier.«

War ich so gestrenge, so fordernd und mißmutig all die Zeit, daß Du Dich nur noch mit Erfolgsmeldungen anzukommen traust?

Du bist doch mein Tagundnacht, mein Rückhalt, mein Stachel im Fleisch, mein ständiger Widersprecher, mein wilder Adler, Bergsohn aus Anatolien, Du Schmuser, Du Bumser, Du Vater meiner Söhne. Ich will mit Dir lachen und spielen und den schrecklichen Erwachsenenernst vergessen, den wir uns dummerweise angetan haben, obwohl die Zeit doch so kurz ist.

Müde, müde, und morgen ist wieder ein Tag.

Lieber lieg ich im Bett als im kalten Feld.

So verzweifelt, mich zu ermorden, wenn keiner zuschaut, bin ich noch nicht.

Brief an eine junge Münchnerin

S., Anfang Januar 1983

Liebe Frau Ursel,

Sie fragen mich, ob Sie es wagen sollen, mit Ihrem Mann Ibrahim und Ihrem Kind im nächsten Sommer in die Türkei zu gehen. Da ich Sie nicht kenne, wäre ein Urteil darüber eine große Anmaßung. Vielleicht ist ja die Entscheidung schon gefallen und Sie wünschen sich nur noch eine Bestätigung, daß es sich lohnt, die Sicherheiten in der Heimat aufzugeben für eine ungewisse Ferne.
Von dem, was in Deutschland für jeden zum Lebensstandard gehört, muß man schon Abstriche hinnehmen. Sie waren im Urlaub in der Türkei und haben bemerkt, daß hier Elektrizität und Wasser rationiert werden, daß die Müllabfuhr oft nicht funktioniert, daß viele industriell hergestellte Waren Geduldsproben aufgeben, weil Material und Verarbeitung mangelhaft sind. Diese Mängel können den Erfindungsgeist, die vielgepriesene Kreativität beleben. Ich komme mir manchmal vor wie im Überlebenstraining. Auch das Gefühl, nicht zu den Privilegierten zu gehören, sondern teilzuhaben oder wenigstens näher zu sein an dem Los der meisten Menschen auf dieser Erde – das beruhigt ein wenig das schlechte Gewissen dessen, der im Wohlstand aufgewachsen ist.
Stark und überwältigend haben Sie in den Urlaubszeiten die Herzlichkeit und menschliche Nähe der Türken gespürt. Das kann ich bestätigen: Nachbarn und Verwandte machen es der Fremden leicht, sich dazugehörig zu fühlen. Ob man allerdings die damit gegebene starke soziale Kontrolle zu ertragen gewillt ist – mir jedenfalls ging die Anteilnahme schon manchmal zu weit, und ich mußte meinen persönlichen Bereich in aller Deutlichkeit abgrenzen.
Überhaupt gewinnt man als Frau nicht gerade an Bewegungsfreiheit. Die Tradition verweist uns auf Haushalt und Kindererziehung. Berufstätigkeit ist möglich, führt aber, ähnlich wie in Deutschland, nicht automatisch zu größerer Selbstbestimmung. Außerdem verschlingt die Haushaltsführung hier sehr viel mehr Kraft und Zeit, so daß die berufstätige Frau auf das Zusammenspiel mit einer Verwandten (Schwiegermutter, Schwägerin) angewiesen ist, die ihr Essensbereitung, Waschen und Heizen weitgehend abnimmt. Nichts gegen Großfamilie oder Wohngemeinschaft, aber sie setzt doch, wenn sie nicht zur Belastung werden soll, ein gewisses Maß an Übereinstim-

mung des Bewußtseins voraus. Ich persönlich leide am meisten darunter, keine gleichgesinnte Frau gefunden zu haben; trotz aller Herzlichkeit und Hilfsbereitschaft komme ich mir oft sehr fremd und einsam vor.

So ist der Ehepartner der einzige, mit dem man sich intensiver besprechen kann. Und gerade der fühlt sich vielleicht überfordert. Denn er muß sich ja in der veränderten Heimat nach vielen Jahren erst wieder zurechtfinden. Bei der heutigen wirtschaftlichen Lage der Türkei ist eine Existenzgründung nicht leicht. Daß der Mann mit der Rückkehr in den Orient plötzlich seinen Charakter verändere, war die Schreckensvision meiner besorgten Freunde und Verwandten gewesen. Was sich veränderte, waren die Anforderungen: Der deutschen Frau jetzt etwas »bieten« zu müssen und gleichzeitig diese Deutsche den eigenen Landsleuten zu vermitteln, das ist die doppelte Last, die auf dem türkischen Ehemann liegt. Und da mögen dann schon mal die Nerven durchgehen und böse Worte fallen. Ja, die Partnerschaft wird sicher belastet durch den Wechsel, aber es besteht auch die Chance, daß diese Belastung erst erweist, was man einander ist.

Viele Schwierigkeiten, viele Einschränkungen – und was kriegt man dafür? Ich kann nicht nur auf die sternenklaren Nächte und den langen ungetrübten Sommer als Entschädigung verweisen –, das sind doch keine Gegenwerte. Und der Charme des morgenländischen Lebens verblaßt im Alltag schnell. Das einzige, was sich mir im Laufe der anderthalb Jahre hier immer mehr als Gewinn herauskristallisiert: die »Möglichkeit, einen neuen Anfang zu machen«. Von diesem andersartigen Leben fühlte ich mich herausgefordert, überkommene Einstellungen und Werthaltungen neu zu überdenken. Um nur einiges zu nennen: deutsche Sauberkeit, Pünktlichkeit, Präzision und Effektivität – soll man dafür auch hier in der Türkei eintreten, kämpfen? Vielleicht wäre das sogar ein Freundschaftsdienst am Gastland? Oder im Gegenteil eine Anmaßung?

Nicht nur das Wertesystem gerät in Bewegung, die fremde Umgebung wirkt vor allem für den psychischen Haushalt wie ein Katalysator, so daß Macken, Verdrängtes, krankmachende Prägungen überdeutlich hervortreten. Das Ausland kommt mir wie eine Extremsituation vor, wie sie die Psychotherapie herbeizuführen sucht. Nur steht mir hier für die Tiefenarbeit kein geschulter Berater zur Seite, und die Möglichkeit des Scheiterns ist durchaus gegeben. Sie wollten »offen sein« – das ist schwer zu verwirklichen –, aber tatsächlich die einzige Haltung, in der man so etwas wie Freiheit gewinnen kann. Freiheit von den alten Verkrustungen, Freiheit zu ungeahnten Erfahrungen und schließlich die Freiheit, aus einer neuen Selbstgewißheit heraus auch anderen Menschen nützlich zu werden.

Lernen Sie schon feste türkisch. Die grammatischen Regeln und möglichst viele Vokabeln. Suchen Sie doch in der Nachbarschaft nach einer türkischen Familie, mit der Sie den Austausch von Umgangssprache etwas üben können. Sonst sitzen Sie ganz dumm da. Ich hatte mir vor meiner Übersiedlung eine gute sprachliche Grundlage geschaffen, die war meine Rettung aus völliger Isolation und die Basis für neues leichtes Weiterlernen. Inzwischen spreche ich zwar nicht perfekt, aber doch so, daß ich im Alltag alles ausdrücken kann. Der ungeheure Vorteil: Man ist nicht immer auf den vermittelnden Ehemann angewiesen, kann selbst einkaufen, Anweisungen geben, sich beschweren, reisen, auf Behörden und zum Arzt gehen, Kontakte pflegen.

Und der zweite Rat: Behalten Sie einige Devisen in Reserve. Es klappt am Anfang vielleicht mit den Einkünften doch nicht gleich, und die Ausgaben sind ungeahnt hoch. Auch sollte immer noch Geld für die Fahrkarte nach Deutschland da sein. Besprechen Sie mit Ihrem Mann diese etwas heikle Frage vor der Übersiedlung, und nicht erst im Streit.

Ach ja, jetzt mische ich mich doch ein und spiele die Expertin. Und dabei haben mich die guten Ratschläge vor meiner Abreise fast ausnahmslos genervt, weil die so voller Mißtrauen und Angstmache waren. Aber das wäre das letzte, was ich bei Ihnen erwecken wollte. Ich lebe ja noch, und mir geht es zunehmend besser. Ich bereue es nicht, hier zu sein. Und dasselbe wünschte ich auch für Sie.

Ihre Irmgard Bulut